LA DANSE
AVEC LE DIABLE

DU MÊME AUTEUR

Le Fils du chiffonnier (Les Presses de la Renaissance)

KIRK DOUGLAS

LA DANSE AVEC LE DIABLE

roman

Traduit de l'américain
par Jean-Michel Dulac

Olivier Orban

Paru aux éditions Random House, inc. (New York) sous le titre original :

DANCE WITH THE DEVIL

ISBN 2.85565.625.7

A Stolz, avec mon affectueuse gratitude.

Le crucifix que je décris dans les pages de ce livre existe au musée du camp de concentration de San Sabba, à Trieste. Le déporté juif qui l'a sculpté y est mort. Nous ne savons rien de lui et l'histoire que je raconte est entièrement imaginaire. De même, les noms, les personnages, les lieux, les actions sont fictifs ou utilisés de manière fictive. Toute ressemblance avec des personnages réels, morts ou vivants, ne serait que pure coïncidence.

K. Douglas

Prologue

1987 : LONDRES

Assises de travers sur des chaises pliantes en métal, les six jeunes femmes se tortillaient nerveusement, mal à l'aise devant leurs images multipliées par les miroirs de la lugubre salle de répétition. Elles lançaient avec inquiétude des regards furtifs vers la porte, jusqu'à ce qu'apparaisse enfin celui qu'elles attendaient.

Danny Dennison ne passait pas inaperçu — un mètre quatre-vingt-dix, carrure d'athlète, chevelure noire aux boucles drues rehaussée de reflets argentés, pommettes hautes, yeux bruns dont le regard perçant, parfois intimidant, lui durcissait l'expression lorsque, paupières mi-closes et mâchoires serrées, il s'absorbait dans ses réflexions. Mais quand il souriait, son visage détendu, creusé de fossettes, prenait un charme désarmant, presque juvénile, malgré le voile de mélancolie qui lui assombrissait le regard. Avec un tel physique, personne ne lui aurait donné ses cinquante-cinq ans et on le prenait plus souvent pour une star que pour un cinéaste.

Danny se gratta la tête. Il devait choisir une de ces jeunes femmes pour un petit rôle. Un autre réalisateur se serait déchargé de cette corvée sur un assistant, mais Danny ne laissait rien au hasard ni ne négligeait les détails. Son constant souci de perfection était une des raisons qui lui valaient le respect de ses pairs.

Il accorda sa chance à chacune et les regarda patiemment

parader, onduler des hanches, se pencher pour mettre leur croupe en valeur, se remonter les seins dans le soutien-gorge, n'importe quoi pour retenir son attention. Elles en faisaient toutes trop. Sauf une, qui restait tranquillement à sa place en attendant que les autres aient fini leur numéro. Elle s'appelait Luba. Quelque chose dans sa paisible assurance l'attira. Danny lui donna le rôle et congédia la troupe.

Il la regardait sortir avec les autres quand il se surprit à la héler :

— Luba !

Elle se retourna et revint lentement vers lui. Petite, pas plus d'un mètre cinquante-cinq, debout devant lui comme une écolière devant le maître, elle avait l'allure, les joues rondes et roses d'une fillette. Mais la bouche aux lèvres pleines était trop sensuelle pour être encore enfantine et ses grands yeux très noirs, sérieux, presque intimidants, étaient ceux d'une adulte. Il s'efforça de paraître désinvolte.

— J'aimerais vous parler. Etes-vous libre, ce soir ?

— Bien sûr.

Une réponse si directe le désarçonna.

— Si nous dînions — huit heures ?

— Je suis prise jusqu'à dix. Pourquoi pas un verre ?

— D'accord. Je suis descendu au Dorchester. Retrouvez-moi au bar.

Elle accepta d'un sourire et sortit.

Danny entendit une voix derrière lui :

— En voilà une qui a un beau petit cul.

Il se retourna. Bruce Ryan, la star du film, avait le regard vague, vitreux — trop de coco, sûrement. Danny se demanda si l'acteur l'avait entendu fixer le rendez-vous.

— Occupe-toi plutôt de ton rôle dans *London Rock*, Bruce, lui dit-il sans se fâcher.

— Ouais, répondit l'autre d'une voix pâteuse. N'empêche que la petite a un joli cul.

« Parlons-en de *London Rock*, grommela Danny en regagnant sa caravane. Quel scénario débile... » Il avait beau détester le film, il était sous contrat avec les studios Ace Films, et Art Gunn, le patron, se moquait éperdument de l'opinion des critiques.

— Je veux un film qui fasse du pognon, tu comprends ? avait-il déclaré à Danny en se frottant le pouce et l'index d'un geste imagé. Ne t'inquiète pas du reste.

— Mais c'est de la merde!

De derrière son vaste bureau d'acajou, Art avait cligné des yeux en tirant une bouffée de son cigare. Puis, penché en avant, il avait répondu dans un nuage de fumée:

— C'est justement ce que je veux: de la merde.

S'il en veut, il en aura, se dit Danny en passant devant la caravane de Bruce Ryan, deux fois plus grande que la sienne comme il convenait à une star en pleine ascension.

« Et soigne-moi bien, Bruce! » Telles avaient été les dernières recommandations d'Art Gunn avant que Danny n'embarque dans le vol pour Londres. Danny poussa un soupir. Soigner Bruce n'était pas une partie de plaisir...

Quand il rentra au Dorchester à la fin de la journée, le concierge lui tendit deux lettres avec sa clef. Il y jeta un coup d'œil en montant dans sa chambre. Sur la première, il reconnut l'écriture de sa femme — l'enveloppe portait le cachet de Reno, Nevada, capitale mondiale du divorce. Inutile de la lire, il en devinait trop bien le contenu. L'autre, postée à Long Island, était de sa fille et le troubla davantage. Il les glissa toutes deux dans sa poche intérieure.

Après s'être fait servir un dîner rapide dans sa chambre, il s'attarda sous la douche. Son réveil de voyage marquait neuf heures. « Encore une heure!... » Il tira les lourds rideaux de velours, regarda vers Hyde Park de l'autre côté de la rue. Dans la lueur des réverbères, assourdie par les écharpes de brume, les arbres projetaient des ombres fantomatiques.

Il essaya d'étudier la scène du lendemain mais céda vite à l'ennui. Il consulta encore une fois la pendule: neuf heures quarante. Trop tôt pour descendre.

Luba le troublait. Pourquoi l'avoir choisie, elle? Pourquoi lui avoir donné ce rendez-vous? Il ne ferait pas traîner les choses — un verre, pas plus. Et il ne lui demanderait sûrement pas de monter chez lui...

En entrant au bar, juste après dix heures, il la vit, jolie comme un cœur dans un ensemble bleu glacier, qui l'attendait déjà à une table d'angle. Il parvint à garder contenance en appelant le garçon mais il était mal à l'aise. Elle, non Son calme, son regard franc, assuré, l'attiraient. Au bout de deux verres, il se sentit mieux, plus détendu. Peut-être, apres tout, lui demanderait-il de monter...

— Voulez-vous me raccompagner? dit-elle tout à coup.

Déçu, Danny accepta cependant aussitôt et sortit son portefeuille.

Le taxi les déposa devant un petit immeuble de trois étages dans un quartier de Londres qu'il ne connaissait pas. Elle se tourna vers lui, le fixa dans les yeux:

— Venez.

Intrigué, il la suivit dans un escalier tortueux jusqu'au dernier étage. Elle ouvrit la porte et, sans allumer la lumière, le guida par la main le long d'un couloir. Il entrevit les yeux jaunes d'un chat qui luisaient dans la pénombre. Elle le fit entrer dans une chambre, alluma une bougie sur la table de chevet.

— Un dernier verre? demanda-t-elle en s'éloignant sans attendre la réponse.

Danny s'assit sur le lit. Ne sachant s'il devait se dévêtir, il n'ôta que sa veste. Elle revint avec deux verres pleins de glaçons et une bouteille de vodka, les posa sur la commode. Pendant qu'elle remplissait les verres, il l'observa en se disant que Bruce ne s'était pas trompé: elle avait un bien joli cul...

Elle avala une longue gorgée de vodka, se pencha vers lui, posa ses lèvres sur les siennes, et laissa le liquide s'écouler dans sa bouche. Pour Danny, la sensation était nouvelle et puissamment érotique.

— Je suis contente que vous m'ayez choisie, dit-elle sans détourner ses grands yeux noirs.

— Moi aussi.

Elle avait les lèvres douces, la bouche fraîche — à cause de la glace, sans doute. Tandis que, du bout de sa langue humide, elle caressait la sienne, Danny sentit monter son désir et voulut l'attirer contre lui. Elle se dégagea.

— Je reviens tout de suite, murmura-t-elle en s'éclipsant dans la salle de bain.

Il finit de se déshabiller, s'étendit sur le lit. Mais sa nudité le gêna et il remettait sa chemise quand il vit se rouvrir la porte.

Elle était nue. Sa silhouette se découpait dans la lumière, ses cheveux châtains retombaient sur ses épaules et lui encadraient le visage. Elle écarta la chemise de Danny, lui caressa le corps. A genoux sur le lit, elle le chevaucha, lui effleura lentement la poitrine du bout de ses petits seins ronds et fermes, dont il sentait durcir la pointe, et lui toucha l'intérieur des cuisses sans cesser de le regarder dans les yeux. Qu'avaient donc ces grands yeux noirs pour l'hypnotiser à ce point?...

Jamais il n'avait éprouvé une si puissante excitation. Il se sentait comme un adolescent. Incapable de résister au besoin de se plonger en elle, il la fit rouler sous lui, la pénétra lentement, voluptueusement, sans la quitter des yeux. Sous la lueur de la bougie, sa beauté semblait s'exalter, ses yeux prendre une profondeur infinie. Sa bouche entrouverte se tendait vers lui. Plus il s'enfonçait en elle, plus ses yeux semblaient s'agrandir et plus il cédait à la fascination de ces miroirs sans fond. Mais alors qu'il atteignait l'orgasme, sa vision se brouilla tout à coup. Etourdi par un vertige, il s'efforça de fixer des points de repère dans la chambre et de se clarifier les idées — mais il ne reconnut rien.

C'était une autre pièce qui tournoyait autour de lui, des meubles lourds, massifs, aux sculptures tarabiscotées. Il vit une grande bibliothèque remplie de reliures de cuir aux titres dorés, gravés en caractères gothiques. Une lumière indécise se reflétait sur des cadres d'argent, où l'on voyait des soldats en uniforme aux visages indistincts.

Il tourna son regard vers Luba — et il vit Rachel.

Les yeux exorbités, les cheveux dénoués, pendue à une poutre du plafond par une cordelière soyeuse, Rachel se balançait encore légèrement. Une chaise était renversée sous ses pieds. Incapable de proférer un son, il redressa la chaise, monta dessus. Mais ses mains de douze ans ne pouvaient atteindre ni dénouer la corde qui lui serrait le cou. Il trébucha, se rattrapa au corps de Rachel, étreignit son ventre rond, ferme, curieusement renflé sous l'ample jupe. Les yeux de Rachel le regardaient fixement. C'est alors qu'il sentit quelque chose remuer sous ses mains, un mouvement presque imperceptible. Terrifié, il sauta de la chaise et s'écarta en comprenant avec horreur qu'un enfant, là, encore vivant dans ce corps, luttait désespérément contre une mort inéluctable.

Chapitre Premier

1944 : CAMP DE CONCENTRATION DE SAN SABBA, TRIESTE

De ses grands yeux noirs brillant d'admiration, le jeune Moishe regardait les gerbes d'étincelles jaillies du chalumeau de son père. Une nouvelle sculpture, faite de bouts de ferraille soudés, prenait forme devant lui.

Les gardes italiens s'amusaient des activités artistiques du détenu, les Allemands s'en désintéressaient. Tateh — c'est ainsi que Moishe appelait son père — fabriquait souvent des statuettes pour les Italiens, qui lui permettaient de rester bricoler dans l'atelier du sous-sol après son travail quotidien. Il finissait ce jour-là un petit garçon en culottes courtes tirant un chariot, en lui soudant sur la tête de minces copeaux de fer, frisés comme les boucles brunes de Moishe.

Les éclats de lumière accusaient les traits du visage émacié du sculpteur et les mèches grises de sa chevelure. Un an auparavant, en arrivant au camp, il avait encore les cheveux noirs ; seule, depuis, sa barbe l'était restée. Tateh était grand, solidement bâti ; on voyait ses muscles rouler sous la chemise quand il manipulait les morceaux d'acier. Mais depuis peu, il se voûtait, il perdait ses forces et l'entrain dont il débordait jusqu'alors. Et surtout, il toussait constamment.

Perché sur l'appui du soupirail, Moishe avait les yeux au niveau de l'allée sablée conduisant à la grande cour, où se déroulaient les principales activités du camp. C'était là aussi qu'avaient lieu les exécutions quotidiennes. De son poste d'observation, Moishe ne voyait pas le mur criblé de balles, l'auge de bois où coulait le sang ni les cadavres qu'on transportait au four crématoire sur des brouettes. Mais il entendait les salves et les cris des agonisants, que la musique tonitruante diffusée dans le camp ne parvenait pas à couvrir.

Le visage contre les barreaux, il regardait passer les pieds — bottes cirées des SS marchant au pas cadencé, bottes poussiéreuses des Italiens à la démarche nonchalante, savates éculées des prisonniers se traînant avec lenteur — et il se souvenait du rythme joyeux des sabots de sa sœur Rachel sur les pavés de la cour de ferme, quand elle la traversait pour aller à la grange ou à l'étable.

Sur le toit de chaume de la grange se dressait une cigogne prête à prendre son vol, une patte levée et les ailes déployées, sculptée par son père quelques années auparavant. Tateh avait dit à Moishe que l'oiseau de métal s'envolerait quand il aurait treize ans et qu'il deviendrait un homme le jour de sa bar-mitsva. Moishe se demandait si la cigogne était encore là et si la grange existait toujours. Et d'ailleurs, qu'étaient donc devenues toutes les sculptures de son père ?

A la fin de sa journée de travail aux champs, Tateh sculptait des heures, parfois jusque tard dans la nuit Moishe se glissait dans l'atelier pour regarder, dans ses mains, les chutes de métal informes et sans valeur devenir des œuvres d'art. Il était à la fois fasciné par l'habileté de son père et déconcerté par la tristesse de son expression.

« Ne t'approche pas trop près, tu risques de te brûler », disait Tateh, dont le chalumeau à acétylène projetait dans l'obscurité de longues flammes blanches et des gerbes d'étincelles. Mais pourquoi Tateh avait-il l'air si malheureux alors qu'il faisait ce qu'il aimait ? Souvent, Moishe voyait des larmes couler sur ses joues pendant qu'il marmonnait une prière en hébreu. Tateh était-il mécontent de son travail ? Priait-il au contraire pour sa réussite ? Moishe ne savait pas au juste, mais il était peiné de voir son père pleurer.

Les sculptures étaient disséminées dans toute la ferme. David, brandissant sa fronde, défiait Goliath qui s'abritait derrière un bouclier et menaçait son adversaire avec une longue lance pointue. Des heures durant, captivé, Moishe s'asseyait devant la statue et attendait que David lance la pierre. Il n'aurait pas été surpris, un matin au réveil, de trouver le géant terrassé aux pieds de David.

Sur un fringant étalon cabré, Don Quichotte montait la garde devant la grande barrière de bois entre les noisetiers, à l'entrée de la ferme. Moishe se souvenait d'avoir cueilli des noisettes et essayé de les casser entre ses dents, comme il le voyait faire à son père. Mais seul Tateh en était capable.

Ses parents étaient arrivés à la ferme en 1935 ; Moishe avait alors trois ans et sa sœur Rachel huit. Fuyant la vague d'antisémitisme provoquée par les nazis, Jacob et Léah Neumann, tous deux professeurs à Munich, avaient cherché refuge à la campagne, près de la frontière suisse, où ils se croyaient plus en sécurité en attendant que les troubles s'apaisent.

La ferme n'avait rien de somptueux — une demi-douzaine de bâtisses de torchis aux toits de chaume autour d'une cour pavée. L'une d'elles servait d'habitation, les autres de poulailler, de bergerie, d'étable, d'écurie pour les quatre chevaux nécessaires à la culture des vingt hectares de blé et d'avoine qui s'étendaient au-delà de la longue grange de bois. La terre était petite mais suffisait à les nourrir, leur évitant ainsi de trop dépendre de l'extérieur. Ils produisaient assez de fruits et de légumes pour en conserver jusqu'à la fin de l'hiver et Hans, leur employé — la seule personne des alentours sachant qu'ils étaient Juifs —, leur rapportait de la ville voisine de Ravensburg les quelques fournitures indispensables.

Allemand jovial au ventre rebondi, grand amateur de bière et de chansons à boire, Hans vivait à quelques kilomètres de la ferme où il venait tous les matins à bicyclette. Moishe avait beaucoup d'amitié pour Hans, qui lui promettait de lui apprendre à monter à bicyclette dès qu'il aurait les jambes assez longues. Hans faisait le gros ouvrage, Tateh et Mameh le reste. A mesure qu'ils grandissaient, Rachel et Moishe devaient eux aussi contribuer aux travaux de la ferme. Rachel était surtout douée pour soigner les bêtes, qui semblaient sentir et comprendre son amour pour tous les êtres vivants. De loin, apeuré, Moishe la regardait ouvrir les ruches installées entre la grange et le verger. Le visage et les bras grouillants d'abeilles, elle s'approchait de lui pour le taquiner et riait de le voir s'enfuir à toutes jambes en effrayant les poules.

Moishe suivait Rachel partout. Elle le traitait avec autant de sollicitude que les petits veaux dont elle s'occupait et, avec elle, il ne craignait rien. Mameh se montrait très sévère quand elle surprenait Moishe à faire une bêtise, mais Rachel se contentait de le regarder avec un demi-sourire en disant : « Il ne faut pas faire cela, Moishe ! » Il adorait s'amuser à glisser sur le toit de chaume de la grange — distraction formellement interdite par Mameh — parce qu'il savait que Rachel ferait semblant de ne pas l'avoir vu. Un jour qu'il jouait ainsi sur le toit, il tomba sur les pavés de la cour. Comme d'habitude, ce fut Rachel qui le sauva. Elle le ramena à la maison, en larmes et couvert de bosses, lava ses écorchures, banda sa main ensanglantée et promit de ne rien dire à Mameh. Ce jour-là, Rachel lui fit l'effet d'un ange comme il en voyait dans les livres d'images.

Mameh était toujours taciturne. Menue, avec un visage que ses tresses enroulées de chaque côté rendaient encore plus rond, elle préférait se tenir à l'écart des animaux et rester seule au jardin avec ses fleurs. Derrière ses lunettes cerclées de fer, son regard se voilait souvent de mélancolie. Elle ne se plaignait jamais mais elle rêvait sans cesse du jour où ils pourraient enfin rentrer à Munich. Les ressources de la grande ville, les musées, les théâtres, l'opéra lui manquaient. En attendant, elle devait se contenter de lire des livres et d'écouter des disques.

***

Les années s'écoulaient sans heurts. La paisible routine de la vie à la ferme contrastait singulièrement avec les bouleversements extérieurs. A sept ans, Moishe commençait à prendre conscience qu'il se passait dans le monde des événements troublants. Quand Mameh et Tateh allumaient la radio, on n'entendait que des voix furieuses disant des choses auxquelles Moishe ne comprenait rien : « Si la finance juive internationale veut encore plonger le monde dans la guerre, criait la voix, nous éliminerons la race juive de toute l'Europe! » Moishe n'arrivait jamais à entendre la suite, car Mameh éteignait le poste dès qu'il entrait dans la pièce.

Une fois, cependant, alors qu'il aidait Rachel à porter le lait à la cuisine, il surprit une dispute entre ses parents.

— Ton ami le Dr Goldman n'est qu'un alarmiste, Jacob. Partir en Amérique parce qu'on lui retire sa licence de pratiquer la médecine! Pourquoi n'en appelle-t-il pas aux tribunaux?

— Voyons, Léah...

— L'Allemagne est un pays civilisé, reprit Mameh en refusant de se laisser interrompre, plein de gens honnêtes et respectueux des lois. De braves gens sensés, des travailleurs comme notre Hans.

— Non, Léah, pas ceux qui dirigent maintenant le pays, répondit Tateh d'une voix altérée.

— Le pays ne cédera pas devant une poignée de voyous! Nous sommes nés ici, nous sommes citoyens allemands.

— Oublies-tu qu'ils nous ont dépouillés de notre nationalité il y a des années? Cette hystérie balaie tout. Je crois que les Goldman ont raison de...

— Pas moi, Jacob, je refuse d'y croire! Cela ne durera pas et nous rentrerons bientôt à Munich.

— C'est vrai que nous allons rentrer à Munich? chuchota Moishe à l'oreille de Rachel.

— Pas tout de suite, en tout cas.

— Raconte encore, Rachel. Comment était-ce, là-bas?

Ils posèrent les seaux de lait près de la porte et sortirent dans la cour.

— Je ne me souviens pas de grand-chose, Moishe. Je me rappelle seulement que c'était très joli. Nous habitions une belle petite maison peinte en jaune, avec des fleurs rouges devant, dans le jardin.

— Où étaient les vaches et les chevaux, alors?

— Ce n'était pas une ferme, Munich est une ville. Nous n'avons des animaux que depuis que nous sommes ici. Papa et maman enseignaient alors dans une grande école.

— Je voudrais bien que nous allions à l'école, nous aussi. Je suis sûr que nous n'aurions pas autant de devoirs que ceux que Mameh nous donne.

— Arrête de te plaindre, Moishe! Il faut s'instruire, c'est très important.

*
**

Moishe oubliait ses questions quand il était au lit, couché auprès de sa sœur qui lui lisait son conte d'Andersen préféré, celui où le Diable fabrique un miroir dans lequel tout paraît laid et déformé. La voix de Rachel était aussi douce et mélodieuse que la musique de Mozart, que jouait Mameh sur son phonographe et qu'on entendait à travers le plancher.

« Le Diable fut si content de sa création qu'il décida d'emporter le miroir au ciel pour se moquer de Dieu. Mais alors qu'il s'envolait, le miroir lui échappa des mains et tomba sur la Terre où il se brisa en milliards de morceaux, pas plus gros que des grains de sable, qui se dispersèrent dans le monde entier. Si un éclat vous rentrait dans l'œil, tout ce qu'on voyait devenait hideux et difforme. S'il pénétrait dans votre cœur, il le transformait en bloc de glace et vous rendait méchant et cruel... »

Moishe l'interrompit soudain:

— Rachel, pourquoi as-tu des bosses sur la poitrine?

Rachel feignit de n'avoir pas entendu.

— Dis, Rachel, je peux toucher tes bosses?

— Si tu m'interrompts tout le temps, répondit-elle en refermant le livre, je m'arrête de lire!

Déconcerté par cette colère inattendue, Moishe se tint coi. Rachel rajusta sa chemise de nuit et reprit sa lecture.

Mais Moishe était déçu. S'il avait eu des bosses, *lui*, il aurait laissé sa sœur les toucher tant qu'elle voulait.

*
**

Tous les soirs, après que Tateh eut dételé les chevaux et remisé le tombereau, Moishe l'aidait à nettoyer et graisser les harnais et les brides. Moishe lui demandait à chaque fois: « Dis, Tateh, quand pourrai-je mener l'attelage? » et s'attirait à chaque fois la même réponse: « Quand tu sauras harnacher les chevaux. » Et Moishe n'y arrivait jamais seul.

Après le dîner, il regardait Tateh sculpter. On entendait la douce voix de Rachel qui chantait en aidant Mameh à faire la vaisselle. Moishe n'oublia pas le soir où Tateh s'interrompit, releva ses lunettes de soudeur et s'essuya les yeux.

— Tateh, tu pleures?

Son père ne répondit pas.

— Mais pourquoi, Tateh, pourquoi?

Tateh regarda son fils en souriant tristement:

— Aux yeux de Dieu, ce que je fais est un péché.

— Un... péché?

— Je te l'expliquerai un jour, dit Tateh en rabaissant ses lunettes et en rallumant le chalumeau.

Moishe aurait voulu lui poser des centaines de questions. Sculpter, un péché? Dieu était vraiment bizarre! Il exigeait d'Abraham qu'il sacrifie son fils Isaac et Il ne voulait pas que son père fasse de belles sculptures?... Mais Moishe garda ses réflexions pour lui de peur de faire encore pleurer Tateh.

***

Pendant la journée, après avoir fini les devoirs et les leçons donnés par Mameh, ils travaillaient à la ferme — ce que Moishe préférait de beaucoup aux problèmes d'arithmétique. Il ne faisait que de petits travaux faciles — donner à manger aux poules, étaler la paille fraîche dans les étables, aider Hans à décharger le foin. Un jour, Moishe demanda à Rachel de lui apprendre à traire une vache. Assise sur son tabouret, elle faisait gicler le lait dans le seau. Penché par-dessus son épaule, Moishe pouvait voir à l'intérieur de sa robe et il remarqua que les bosses de sa poitrine avaient grossi.

— Dis, Rachel, je peux regarder tes bosses?

Rachel braqua le pis de la vache sur Moishe et lui envoya un jet de lait dans la figure. Moishe essuya le liquide tiède avec sa manche et ne se tint pas pour battu:

— Juste un petit coup d'œil, Rachel. S'il te plaît!

— Non! Aide-moi, prends l'autre seau.

— Je te montre pourtant tout, moi, grommela Moishe en sortant de la grange derrière elle. L'autre jour, quand j'ai trouvé le serpent mort...

Un soudain bruit de cavalcade l'interrompit. Rachel et lui regardèrent par-dessus la barrière. Dans le pré, derrière le verger, le nouvel étalon gris, la queue redressée en panache, tournait autour de la jument alezane comme s'il dansait. La jument remuait la tête et, quand l'étalon s'approcha, elle parut lui caresser la crinière du bout du museau. Elle se retourna, redressa elle aussi la queue et écarta les jambes de derrière. L'étalon se cabra, de sorte que Moishe et Rachel virent son énorme sexe qui pendait. Il étreignit les flancs de la jument avec ses sabots de devant et grimpa sur sa croupe en faisant des mouvements saccadés.

— Il lui fait mal! s'écria Moishe, apeuré.

— Non, au contraire, elle aime cela, répondit Rachel sans quitter la scène des yeux.

Ils regardèrent en silence jusqu'à ce que la voix de Mameh rompe le charme:

— Allons, les enfants, ne restez pas là sans rien faire! Rentrez vite le lait avant qu'il ne tourne.

⁂

Leurs travaux terminés, Moishe supplia Rachel de jouer à cache-cache. Accroupi derrière la porte de la cuisine, il se retint de pouffer de rire en la voyant partir dans la direction opposée. C'est alors qu'il entendit la voix de Tateh et regarda par l'entrebâillement.

— Eh bien, *Liebchen*, tu n'écoutes pas la radio?

— Je ne veux plus entendre ce qu'ils racontent, répondit Mameh qui reprisait des chaussettes. Il faut que je te parle.

— De quoi donc?

— L'étalon et la jument s'accouplaient ce matin.

— Tant mieux! Je suis content de savoir que la vie continue dans ce monde de démence où nous vivons.

— Rachel et Moishe regardaient avec trop de curiosité.

Tateh pouffa de rire.

— Une curiosité bien innocente! Il est bon que les enfants sachent que la vie ne se borne pas à exister et à mourir, et qu'elle consiste aussi à se reproduire. La sexualité fait partie de la vie, pour les hommes comme pour les animaux. Il serait temps qu'ils l'apprennent, Léah, tu ne crois pas?

— Je crois surtout que Moishe est assez grand pour avoir son lit à lui, dit Mameh sans lever les yeux de son ouvrage, et qu'il est temps de le faire coucher au grenier.

Cette fois, Tateh éclata de rire.

— Oui... Cela aussi fait partie de la vie!

Moishe ne comprit pas tout ce que disaient ses parents mais il n'apprécia pas d'être exilé au grenier, loin de Rachel.

Ce soir-là, tout penaud, Moishe grimpa à l'échelle avec ses affaires. Le grenier sombre sentait le renfermé et n'avait qu'une petite lucarne donnant sur la cour. Moishe se crut dans une cellule de prison. La charpente aux poutres grossièrement équarries semblait menacer d'écraser le lit de camp où Moishe se pelotonnait. Une araignée lui courut sur la main et, lui qui n'en avait encore jamais eu peur, ne put s'empêcher de frémir. Il aurait tant voulu redescendre dans la chambre et se blottir contre Rachel, sur la grande et douce paillasse...

Moishe était sur le point de pleurer quand il entendit monter à l'échelle. En voyant la tête de Rachel apparaître dans l'ouverture de la trappe, il ne put étouffer un cri de joie. Rachel sortit une bougie de la poche de son tablier, l'alluma, s'assit sur le lit et lui lut la suite de son conte préféré, celui du miroir du Diable.

« Greta et son ami Kay étaient dans un beau jardin. Ils admiraient les roses et respiraient leur délicieux parfum quand un subit coup de vent fit entrer un grain de poussière dans l'œil de Kay. Greta voulut le lui enlever, mais Kay lui affirma qu'il était déjà parti. Alors, Kay cligna des yeux et regarda de nouveau les roses. "Pouah ! Elles sont affreuses !" s'écria-t-il en brisant les tiges et en cassant les pots à coups de pied avant de partir en courant... »

— Dis, Rachel, l'interrompit Moishe, il y a eu du vent, aujourd'hui. Regarde si je n'ai rien dans les yeux.

Rachel se pencha vers lui, fit mine de regarder et l'embrassa sur le front en souriant.

— Rassure-toi, tu n'as pas de vilain grain de verre dans l'œil. Dors, maintenant, dit-elle en soufflant la bougie.

***

Le vendredi soir, Tateh ne sculptait pas dans son atelier. La famille faisait une grande toilette, mettait ses plus beaux vêtements et s'asseyait à la table de la cuisine, couverte pour la circonstance d'une nappe blanche. Mameh disait des prières devant les chandelles, allumées pour marquer le début du sabbat, Rachel lui répondait. Moishe se sentit comme un homme le jour où son père le laissa prononcer les prières quand il rompit le *hallah*, le pain rituel du sabbat préparé par Mameh et Rachel. « Soyez béni, Seigneur, qui dispensez les fruits de la terre. »

Ce soir-là, tandis que les femmes lavaient la vaisselle, Tateh prit Moishe par la main et l'emmena dans la cour. Les yeux levés vers le ciel noir constellé d'étoiles, Tateh pria à mi-voix. Puis, il se tourna vers Moishe.

— Il n'est pas facile d'être Juif, mon fils.

Ne sachant que répondre, Moishe attendit la suite.

— Vois-tu, Moishe, c'est un péché devant notre Dieu de fabriquer des idoles, même avec des bouts de ferraille. Je Le prie de me pardonner en m'accordant de poursuivre mon obsession.

— Mais, Tateh, j'aime tes statues, moi !

— Non, Moishe, il ne faut pas. Ce serait désobéir au commandement : « Tu ne feras pas d'images impies. » Je ne suis qu'un pécheur, Moishe. Un pécheur.

Voilà donc pourquoi Tateh pleurait...

— Tu ne peux pas encore comprendre, je sais, dit Tateh avec un sourire triste. Mais quand tu seras grand, mon fils, tu t'apercevras qu'il est souvent douloureux d'être un Juif.

⁂

Moishe était aux champs où il aidait Hans à faner quand un jeune homme chargé d'un sac à dos apparut.

Hans le vit le premier et le héla de loin :

— Qui êtes-vous ?

— Un ami ! Je cherche monsieur Neumann.

Hans le toisa d'un air soupçonneux.

— J'étais un de ses élèves, reprit le jeune homme.

De taille moyenne, trapu, il avait des cheveux châtains et une barbe bien taillée. Son sourire épanoui dévoilait deux rangées de dents blanches.

— Monsieur Neumann est trop occupé !

Etonné de l'hostilité de Hans, si amical d'habitude, Moishe intervint :

— Voyons, Hans, nous ne recevons jamais de visite ! Je suis sûr que mon père sera content de le voir.

Hans grommelant une réponse incompréhensible, Moishe proposa au visiteur de le guider et l'emmena vers la grange. Hans les suivit sans mot dire. Tateh soignait une jument qui avait eu un sabot percé par un clou quelques jours auparavant. En les voyant approcher, il reposa le pied de l'animal et dévisagea l'inconnu.

— Vous ne me reconnaissez pas? dit ce dernier. David Meyer, votre plus mauvais élève!

Un large sourire éclaira le visage de Tateh, qui donna au jeune homme une chaleureuse accolade.

— David, David!... C'est donc toi qui te caches derrière cette barbe? La dernière fois que je t'ai vu, tu ne te rasais même pas encore.

— Vous voyez, je ne me rase toujours pas.

Tateh éclata de rire.

— Combien de temps cela fait-il — cinq, six ans?

— Plutôt sept ou huit, monsieur Neumann.

— Tu as raison. Moishe avait trois ans quand nous sommes arrivés ici et il en a bientôt onze. Comment m'as-tu retrouvé?

— Le Dr Goldman m'a chargé d'un message pour vous.

— Comment vont les Goldman?

— Ils ont quitté le pays.

— Les choses vont si mal que cela?

— Je dois vous parler — seul à seul, ajouta David sans plus sourire, avec un coup d'œil en direction de Hans.

— Rassure-toi, dit Tateh, il n'y a que des amis, ici. Mais rentrons quand même. Tu prendras bien un rafraîchissement, après tout ce voyage.

Hans les suivit jusqu'à la maison en lançant toujours, remarqua Moishe, des regards soupçonneux au nouveau venu.

Une fois à l'intérieur, la famille au complet se réunit autour de la table de la cuisine pour écouter David.

— Il n'y a plus de Juifs dans les villes. Maintenant, Eichmann fait ratisser les villages et la campagne par des « chasseurs de Juifs », pour débusquer ceux qui auraient réussi à s'y cacher.

Un long silence suivit. David avala la soupe que Mameh lui avait servie, en décochant de temps à autre des regards admiratifs à Rachel, qui rougissait à chaque fois.

— En venant ici, reprit-il, j'ai vu des camions de la Gestapo pleins d'hommes, de femmes, d'enfants.

— Où les emmènent-ils? demanda Mameh d'une voix si tremblante que Moishe en fut stupéfait.

— Je ne sais pas au juste, répondit David sans cesser de contempler Rachel. J'ai entendu parler de camps implantés dans plusieurs pays.

— Des camps ? Quel genre de camps ? s'enquit Moishe, qui imaginait déjà des tentes et des feux de joie.

Tous les regards se tournèrent vers lui et Moishe se sentit gêné d'avoir interrompu les grandes personnes.

— Je n'en sais rien, Moishe, répondit David en se forçant à sourire.

— Ne sommes-nous pas en sûreté ici, jusqu'à ce que tout cela finisse ? demanda Mameh d'une voix mal assurée.

La réponse de David fit sursauter Moishe.

— Non, absolument pas ! Ecoutez, je me dirige vers le lac de Constance d'où j'espère passer en Suisse. De là, il y a moyen de gagner l'Amérique ou la Palestine. Venez avec moi.

— Tu as raison, approuva Tateh. Nous devons partir.

— Quand, Jacob ? s'écria Mameh, de plus en plus apeurée.

— Le plus tôt possible, Léah. Ce soir même.

Tateh attira Mameh contre lui ; elle s'enfouit le visage au creux de son épaule en pleurant.

— Moishe, lui dit son père, va donc nourrir les bêtes avec Hans. Donnez-leur assez d'avoine pour deux ou trois jours.

Moishe sortit en courant, appela : « Hans ! Hans ! » Mais l'ouvrier agricole s'était volatilisé. Moishe s'aperçut alors que sa bicyclette avait aussi disparu. Pourquoi Hans était-il parti si vite ? Que se passait-il ? En se dirigeant vers la grange, Moishe s'efforça vainement de comprendre ce que signifiaient ces événements bizarres.

Ce soir-là, ils firent hâtivement leurs bagages. Moishe était monté au grenier mettre ses affaires dans une sacoche quand il entendit le grondement d'un moteur de camion. Penché à la lucarne, il vit, à travers le lacis de branches, des phares qui pénétraient dans la cour. Les chiens aboyaient. Il reconnut Hans assis à côté du chauffeur et allait l'appeler quand il vit sauter du camion deux hommes en uniforme armés de fusils.

Moishe n'allait jamais oublier le bruit de leurs poings qui martelaient la porte.

*
**

Pendant que des soldats pillaient la maison, d'autres les poussèrent vers le camion. Moishe en vit un empocher la montre en or de Tateh. Un autre empoigna Mameh par la main. Elle recula, tremblante: « Non! Laissez-moi », supplia-t-elle, mais le soldat lui avait déjà arraché son alliance. Quand Tateh voulut intervenir, le soldat le repoussa à coups de crosse. Rachel se mit à pleurer. David l'attira contre lui par les épaules pendant que Tateh s'efforçait de consoler Mameh en répétant: « Ne t'inquiète pas, *Liebchen*, ne t'inquiète pas. »

Moishe tira Tateh par la manche:

— Pourquoi Hans est-il avec eux?

— La peur ou l'appât du gain pousse parfois les gens à faire de drôles de choses, répondit-il en caressant ses boucles.

Le camion démarra sans que Moishe ait compris ce que Tateh avait voulu dire.

Un train de marchandises attendait à la gare. On les fit monter dans un wagon où se trouvaient déjà trois autres familles juives. Un des hommes leur apprit qu'ils étaient dans le train depuis quatre jours; il avait entendu dire qu'on les envoyait en Italie, où les nazis avaient ouvert un nouveau camp de concentration.

Le train s'arrêtait ici et là pour charger de nouveaux Juifs, les derniers sans doute encore en liberté en Allemagne et en Autriche. On leur passait un bidon d'eau et des morceaux de pain noir à travers un judas qui était aussitôt refermé. Ils n'avaient pas le droit de descendre et devaient faire leurs besoins sur un tas de paille dans un coin du wagon; les femmes s'abritaient l'une l'autre par pudeur. Sans autres ouvertures que d'étroites fentes près du toit, le wagon restait plongé dans l'obscurité.

Pendant les trois jours du voyage, David s'efforça de maintenir tout le monde de bonne humeur. Il liait conversation et jouait avec ses compagnons; il prenait soin de Rachel, lui mettait sa veste sur les épaules quand il faisait froid, lui ménageait une place pour s'asseoir quand elle était fatiguée de rester debout et il partageait ses rations avec elle.

Ils ne supportèrent pas trop mal l'épreuve, sauf Mameh qui paraissait absente, indifférente à ce qui l'entourait et regardait droit devant elle, en transe. Tateh devait la forcer à manger un peu de pain ; des heures durant, elle fredonnait une sonate de Chopin en se balançant comme un métronome.

Moishe prenait exemple sur son père, qui restait calme et impavide. Tateh lui prêta son canif et Moishe essaya de creuser un trou dans la paroi du wagon. Mais c'était dur et il regrettait de ne pas être aussi fort que Tateh.

Une fois arrivés à Trieste, on sépara les hommes des femmes. Des camions les conduisirent vers les faubourgs de la ville et les déposèrent devant une grille de fer, derrière laquelle on voyait des bâtiments de brique entourés de murs. Au-dessus de la grille, quelques mots s'étalaient sur un large écriteau : LA RISIERA DI SAN SABBA.

— Qu'est-ce que cela veut dire ? demanda Moishe.

— *Risiera* signifie fabrique de riz, dit David. On va peut-être avoir enfin quelque chose de bon à manger !

Sa plaisanterie ne fit rire personne.

En franchissant la grille, Moishe vit une haute cheminée qui crachait une épaisse fumée noire dans le ciel bleu. Etonné de sentir soudain trembler la main de son père qui le tenait, il leva les yeux vers lui. Devant son expression bouleversée, Moishe comprit, pour la première fois depuis le début de leur voyage, que des événements terribles allaient se produire.

Ils parcoururent en rang une allée étroite entre les bâtiments et on les fit aligner dans la cour pour être passés en revue par le commandant du camp. Celui-ci — grand, mince, une quarantaine d'années — marchait de long en large en dévisageant les prisonniers. Il donnait des ordres en agitant avec impatience sa fine main gantée qui tenait une cravache.

Trop terrifiés pour protester, les Juifs furent séparés par groupes. Dans le silence total, rompu de temps à autre par un sanglot, on emmena d'abord les femmes avec de petits enfants, les malades et les plus âgées. Mameh fut prise dans ce premier groupe et partit en marchant comme une somnambule.

— Où va-t-elle ? demanda Moishe.

Mais Tateh parut ne pas avoir entendu ; il suivait Mameh des yeux en murmurant une prière en hébreu.

On rassembla ensuite les hommes capables de travailler, parmi lesquels Tateh, Moishe et David. Rachel était dans un groupe de jeunes femmes, un peu à l'écart ; le commandant dit quelques mots à un de ses aides en pointant sa cravache vers elle. L'officier prit poliment Rachel par le bras et l'emmena vers une voiture. Entendant derrière lui un cri étouffé, Moishe se retourna et vit David qui se mordait le poing jusqu'au sang.

***

Ainsi débuta leur nouvelle existence. Les hommes étaient entassés à six dans des réduits utilisés jadis pour le stockage du riz brut. Toutes les nuits, Moishe était réveillé par le fracas des grilles et les cris des détenus qu'on traînait dehors. Pendant la journée, les haut-parleurs diffusaient des valses de Strauss, la musique préférée du commandant. La cheminée crachait continuellement de la fumée noire.

Les premiers temps, Moishe sursautait à chaque bruit et tremblait des heures sans pouvoir se rendormir. Au bout d'un an, ses émotions avaient fini par s'émousser au point qu'il ne pleurait même plus en pensant à Rachel et à Mameh. L'incessant cauchemar où il vivait était devenu normal. Au moins, il n'était pas séparé de Tateh.

David resta quelque temps avec eux avant d'être affecté à l'atelier de menuiserie. Tateh resta à l'atelier de soudure où Moishe était autorisé à l'aider, à balayer, à ranger les outils. Les gardes italiens les laissaient même dormir tous deux à l'atelier au lieu de regagner leur cellule surpeuplée à l'heure du couvre-feu.

Moishe portait toujours les vêtements qu'il avait sur le dos le jour de leur arrestation. Ils étaient devenus des haillons crasseux et son pantalon était trop court, car il avait beaucoup grandi en un an. Tateh, au contraire, semblait rapetisser. Il maigrissait, il toussait sans arrêt. Il fuyait la réalité en se repliant sur lui-même, dans un monde à part.

Au début, Moishe se postait souvent au soupirail pour regarder passer les pieds, dans l'espoir de reconnaître les chaussures que Mameh portait le jour de leur arrivée. Au bout d'un certain temps, il comprit qu'il ne les reverrait jamais.

*
**

Un jour, de son poste d'observation habituel sur l'appui du soupirail, Moishe entendit des camions et vit passer des roues de motocyclettes, suivies d'un long défilé de pieds qui se traînaient avec lassitude, ce qui indiquait l'arrivée d'un contingent de prisonniers. Son père n'avait plus conscience de ce qui survenait au-dehors. Il n'entendait même pas la musique qui jouait aussi fort que d'habitude, tant il s'absorbait dans la création d'une nouvelle sculpture.

— Qu'est-ce que tu regardes, Moishe ?

— Les oiseaux, Tateh.

— Tu as raison. Ils sont beaux, les oiseaux. Ils sont libres. Moi aussi, j'aime regarder les oiseaux, répondit Tateh sans interrompre son travail. Te souviens-tu de la cigogne que j'avais sculptée à la ferme ?

— Oui, Tateh. Tu l'avais mise sur le toit de la grange.

Son père sourit avec tristesse ; il allait répondre quand une violente quinte de toux le plia en deux.

— Tateh ! As-tu mal ?

— Non, non, je vais bien, ne t'inquiète pas, dit-il en reprenant son souffle et en se remettant au travail.

Il avait soudé à la base un assemblage de boulons, d'écrous, d'engrenages représentant, disait-il, la machinerie du régime nazi. Un torse squelettique se dégageait de ce socle, les bras tendus, les mains clouées à une planche par de grosses chevilles. Un morceau de toile blanche, où était dessinée en bleu une étoile de David, lui pendait d'un bras. Son visage levé exprimait de façon poignante le martyre infligé aux Juifs par les nazis. Entre les bandes d'acier mat qui figuraient ses côtes, on voyait briller un morceau de cuivre poli symbolisant son âme. Tateh paraissait épuisé par son travail. Moishe s'en inquiétait, mais que pouvait-il faire ? Avec un soupir résigné, il se tourna de nouveau vers le dehors.

Un petit enfant apparut en courant dans son champ de vision, trébucha et tomba sur le sable à côté du soupirail. D'instinct, Moishe tendait la main pour l'aider à se relever quand, soudain, il vit une botte noire cloutée assener un coup violent sur le crâne de l'enfant qui explosa sous le choc. Du sang et des fragments de cervelle giclèrent.

Révulsé, Moishe ferma les yeux, redescendit lentement de son perchoir et s'occupa à ramasser les chutes de métal autour de la sculpture. Son père, qui recommençait à tousser, écrivait au pochoir sur le bois le mot DIEU en caractères hébreux.

— Pourquoi Dieu n'empêche-t-il pas les gens d'être méchants, Tateh?

— Dieu a conféré Ses pouvoirs à l'homme quand Il lui a accordé le libre arbitre, répondit son père en reposant ses outils. L'homme décide seul de faire le Bien ou le Mal.

— Mais alors, pourquoi Dieu punit-Il les bons?

— Il ne les punit pas, Il les fait parfois souffrir.

— Ne sommes-nous pas le peuple élu de Dieu?

— Bien sûr, Moishe, tu le sais.

— Alors, pourquoi Dieu ne nous protège pas?

Moishe élevait la voix, indigné.

— Il le fera, Moishe, Il le fera, répondit Tateh en contemplant sa sculpture.

Moishe s'éloigna sans répondre. Pour la première fois, il doutait que Tateh ait raison.

*
**

Un prisonnier s'arrêta devant le soupirail, s'accroupit et Moishe reconnut aussitôt son visage souriant.

— David!

— Comment vas-tu, petit Moishe?

— Bien.

— Et ton père?

— Mal. Il tousse de plus en plus souvent.

— J'en suis vraiment désolé. Soigne-le bien, Moishe. Tu sais ce qui arrive à ceux qui ne peuvent plus travailler.

— Je fais de mon mieux, David.

— Ecoute, cela lui remontera peut-être le moral: j'ai entendu des Italiens parler entre eux. Les Alliés avancent! Dis-lui que la fin de la guerre approche. Si Dieu le veut, nous serons sortis d'ici dans quelques mois, tout au plus.

Excité par la nouvelle, Moishe empoigna les barreaux:

— En es-tu sûr?

— Oui, répondit David avec un large sourire. Et dis-lui aussi que Rachel va bien.

— Tu l'as vue?

— Oui. Cette semaine, je construis une bibliothèque chez le commandant. Elle vous envoie son souvenir.

— Alors ça, ça va faire plaisir à Tateh!

— Et puis... quand la guerre sera finie, Moishe, je veux que tu sois mon témoin.

— Témoin de quoi? demanda Moishe sans comprendre.

— De mon mariage. Ta sœur et moi allons nous marier.

Il y eut un bruit de pas. David regarda par-dessus son épaule et s'éclipsa aussi vite qu'il était apparu.

Moishe se précipita vers le fond de l'atelier en criant: « Tateh! Tateh! David vient juste de... » et stoppa net, horrifié. Deux Allemands traînaient le corps inerte de son père. Tateh, toujours si fort, si protecteur, se laissait faire sans réagir en regardant Moishe d'un air désespéré.

— Non! hurla Moishe. Laissez-le!

Il se jeta sur un des gardes qui le balaya d'un revers de main. Moishe trébucha, alla s'étaler contre la sculpture de la crucifixion. Assommé, il ferma les yeux, attendit le choc de la botte sur son crâne et sombra dans l'inconscience.

Quand il revint à lui, Tateh avait disparu. Moishe porta la main à son crâne endolori, la retira couverte de sang. Son regard se posa longuement sur l'effigie du Dieu crucifié.

***

David finissait de monter la bibliothèque dans la chambre du commandant, qui voulait y ranger sa collection de livres reliés d'auteurs classiques. La vaste pièce aux poutres apparentes était éclairée par de hautes fenêtres, encadrées de rideaux de velours retenus par des cordelières soyeuses.

David posa son marteau quand Rachel rapporta de la cuisine les cadres d'argent qu'elle avait astiqués. Elle y remit des photos d'officiers et les disposa, dans un ordre immuable, sur une table près du lit à baldaquin.

— Rachel, écoute, chuchota David.

— Chut! On pourrait nous entendre.

David alla refermer la porte et se rapprocha.

— Je t'en prie, David, c'est trop dangereux, dit-elle en s'efforçant de le repousser.

Il n'en tint pas compte, lui prit le visage entre les mains et l'embrassa.

— Tu es si belle...

Elle tordit nerveusement son tablier de femme de chambre.

— Non, David, arrête...

— J'ai dit à Moishe que je t'aimais, répondit-il en caressant ses longs cheveux châtains. C'est plus facile de lui parler à lui qu'à toi.

Les yeux de Rachel s'emplirent de larmes.

— Ne pleure pas, Rachel, dit-il en lui prenant les mains. Je t'aime, je te rendrai heureuse. Fais-moi confiance, nous serons bientôt ensemble. Il n'y en a plus pour longtemps.

Ils se séparèrent brusquement en entendant la porte s'ouvrir. Le commandant apparut sur le seuil, suivi de son ordonnance.

— Avez-vous fini votre travail?

— Non, commandant, répondit David d'une voix mal assurée. Je n'en ai plus que pour quelques heures...

— Considérez-le terminé. Allez!

David sortit sans se retourner. L'ordonnance referma la porte derrière lui. Rachel resta seule avec le commandant, qui ôta sa casquette et ses gants, s'assit à son bureau et commença à consulter des dossiers.

— Herr Commandant...

Rachel s'approcha en tremblant, les mains jointes.

— Je vous demande pardon pour David, Herr Commandant.

— Inutile de vous excuser. Je sais combien il est difficile pour un homme de résister à la beauté d'une jeune fille.

— Ce n'est pas cela, Herr Commandant! David me disait simplement qu'il avait vu mon frère.

— Si vous voulez des renseignements sur un détenu de ce camp, Rachel, c'est à moi qu'il faut les demander, lui dit-il d'un ton adouci.

— Oui, Herr Commandant.

— Dites-moi, Rachel...

Il repoussa ses dossiers, se tourna vers elle et la dévisagea avec amitié.

— N'ayez pas peur, voyons! Je ne suis pas un monstre. Ne vous ai-je pas toujours bien traitée?

— Si, Herr Commandant.

— Alors, dites-moi. Quel âge a votre frère?

— Douze ans, Herr Commandant.

— Il est donc assez grand pour travailler à la cuisine. Cela vous plairait-il ?
— Oh, oui, Herr Commandant !
Rachel riait et pleurait à la fois. Le commandant la regarda en souriant.

***

On donna à Moishe une chemise propre, une salopette et on lui installa un lit de camp dans la petite chambre de Rachel, à côté de la cuisine. Le soir, elle le laissait se glisser près d'elle dans son lit, comme à la ferme. Il lui dit ce qui était arrivé à Tateh. Ils parlèrent aussi de Mameh. Personne ne l'avait plus revue depuis le jour de leur arrivée. Ils savaient trop bien ce que leurs parents étaient devenus.
— J'aurais pu les sauver, murmura Rachel.
— Toi ? Comment cela ?
— En les faisant travailler ici.
— Pourquoi ne l'as-tu pas fait ?
— Je ne savais pas encore que je le pouvais.
Quand il était dans le lit de Rachel, Moishe voyait deux seins épanouis à l'endroit de ses bosses, mais il n'osait rien dire de peur qu'elle le renvoie dans son lit de camp.
— Rachel ?
— Quoi encore, Moishe ?
— C'est vrai que tu vas te marier ?
— De quoi parles-tu ?
— David m'a dit que je serai son témoin.
Elle l'embrassa sur le front en riant :
— Oui, si ce qu'on raconte est vrai et si nous sortons d'ici. Nous vivrons tous les trois ensemble, Moishe. David et moi prendrons bien soin de toi.
Souvent, Rachel se levait au milieu de la nuit, jetait un châle sur ses épaules et quittait la chambre sans bruit. Quand elle revenait, Moishe était généralement endormi. Etonné qu'elle aille travailler à une heure aussi tardive, il lui demanda ce qu'elle faisait mais elle ne répondit pas.
Pendant la journée, Rachel montait faire le ménage chez le commandant et Moishe restait à la cuisine éplucher les pommes de terre, nettoyer les casseroles, laver le sol carrelé. Il s'y sentait en sécurité, il mangeait à peu près à sa faim et les bonnes odeurs de cuisine le réconfortaient.
Rachel l'avait averti de ne jamais franchir la clôture qui

entourait la maison du commandant. Quand il allait chercher du bois à la resserre, Moishe ne pouvait pourtant pas s'empêcher de regarder par un trou de la palissade, d'où il voyait les prisonniers juifs squelettiques aller et venir en haillons. Le plus souvent possible, il leur lançait par-dessus la barrière des morceaux de pain volés à la cuisine et rentrait en courant.

— Rachel, lui demanda-t-il un soir, crois-tu que le commandant ait dans le cœur un morceau du miroir du Diable ?

— Non, Moishe, je ne crois pas, dit-elle en hésitant. Au fond, ce n'est pas un méchant homme et je le plains. Il descend d'une longue lignée d'officiers, c'est un soldat qui ne fait qu'exécuter les ordres.

— Pourtant, ils tuent des gens, ici !

— C'est la guerre, Moishe. Tout le monde fait cela aux prisonniers ennemis.

— Mais nous ne sommes pas des soldats ennemis, nous ! Pourquoi tuer des gens comme nous ?

— Parce que nous sommes Juifs, Moishe, murmura Rachel.

Moishe réfléchit longuement en silence.

— Eh bien, ne soyons plus Juifs, déclara-t-il.

— Que veux-tu dire ?

— Tu viens de dire que nous sommes ici parce que nous sommes Juifs. Eh bien, ne soyons plus Juifs, voilà tout.

— Nous sommes nés Juifs, Moishe. Tu portes le nom de Moïse, notre plus grand chef. Nous resterons toujours Juifs. Assez parlé, dors maintenant.

Blotti sous la couverture, Moishe garda les yeux grands ouverts. Je ne veux plus être Juif, se répéta-t-il — en espérant que Rachel ne pouvait pas deviner ses pensées.

*
**

Enhardi par son nouveau sentiment de sécurité, Moishe voulut découvrir ce que faisait Rachel quand elle disparaissait la nuit. Un soir, il la suivit sur la pointe des pieds et la vit qui sortait de la cuisine en refermant la porte sans bruit. Il l'entrouvrit à son tour et n'en crut pas ses yeux : Rachel gravissait l'escalier interdit ! Un soldat allemand montait la garde en haut des marches, mais Rachel continuait à monter. Elle ne le voyait donc pas? Etait-elle devenue folle? Moishe lui aurait crié de redescendre si la terreur ne l'avait rendu muet. Effaré, Moishe vit Rachel passer devant la sentinelle, qui ne fit pas un geste ni ne dit un mot pour l'arrêter.

Moishe alla se recoucher mais fut incapable de retrouver le sommeil. Des heures durant, le cœur battant, il attendit. Le jour se levait quand Rachel revint. La signification de cette énigme échappait à Moishe; il comprit toutefois qu'il valait mieux ne pas questionner sa sœur sur ses mystérieuses activités nocturnes.

A quelque temps de là, elle ne quitta plus sa chambre le soir et refusa de laisser Moishe se glisser près d'elle dans son lit. Moishe ne lui en voulut cependant pas, car Rachel paraissait malade. Plusieurs fois, d'ailleurs, il la vit se précipiter le matin dans la cour pour vomir.

***

Le printemps de 1945 apporta la preuve que David ne s'était pas trompé: les Alliés approchaient. De jour en jour plus nerveux, les Italiens tenaient des conciliabules à voix basse et leurs rapports avec les Allemands se détérioraient. Le commandant fit accélérer le rythme des exécutions. Le four crématoire fonctionnait désormais vingt-quatre heures sur vingt-quatre et crachait jour et nuit de la fumée noire.

Moishe poursuivait son existence routinière. Un jour qu'il plantait des tomates au jardin, un soudain vacarme de voix retentit dans le camp. Etonné, Moishe alla regarder par le trou de la palissade: des prisonniers criaient, couraient d'une baraque à l'autre. Que se passait-il donc?

Effrayé, Moishe empoigna son panier de jardinage et se dépêcha de rentrer à la cuisine. Il faillit être renversé par deux gardes italiens, qui se précipitaient en gesticulant vers un camion stationné à la grille du camp. La Mercedes du commandant était devant la porte de la maison, le chauffeur au volant et le moteur tournant au ralenti.

Moishe vit soudain David accourir en hurlant:

— Nous sommes libres! Nous sommes vivants! Les Américains arrivent, ils sont au bout de la rue!

Il empoigna Moishe, le souleva de terre et l'embrassa sans cesser de crier:

— Nous sommes libres, Moishe ! Nous avons survécu ! Où est Rachel ? ajouta-t-il en le reposant à terre.

— Sans doute à l'intérieur.

David courut vers la porte qui s'ouvrait. Le commandant apparut sur le seuil. Rachel se tenait derrière lui, dans le vestibule. Les deux hommes s'affrontèrent du regard. Pétrifié, Moishe observait la scène. David cria à Rachel quelque chose que Moishe ne comprit pas. Le commandant la regarda par-dessus son épaule, puis il parut tendre le poing vers David. Un coup de feu éclata. David vacilla, tomba à la renverse. Son corps eut quelques soubresauts et s'immobilisa tout à fait.

Le commandant enjamba calmement le cadavre et monta dans sa voiture, qui démarra en trombe. Le cœur battant à se rompre, Moishe s'approcha de la porte, mais Rachel n'était plus dans le vestibule. Incapable de franchir l'obstacle du corps ensanglanté de David, il contourna la maison en courant pour entrer par la cuisine. Il la trouva envahie de prisonniers qui riaient, pleuraient, s'embrassaient. Moishe appela, Rachel ne répondit pas. Leur petite chambre était vide. Moishe courut vers le vestibule, appela encore Rachel. Cette partie de la maison était plongée dans le silence. On entendait s'élever du camp les cris de joie des prisonniers survivants.

Au pied de l'escalier interdit, Moishe hésita, puis s'élança en escaladant les marches deux par deux. Sur le palier, il vit deux portes closes. Il ouvrit la première : la pièce était vide. Il tourna le bouton de la deuxième. C'était la chambre du commandant.

C'est là qu'il trouva Rachel pendue à une poutre par une épaisse cordelière soyeuse. Et son cri d'horreur retentit dans la maison déserte sans éveiller d'écho.

***

La petite main de Moishe disparaissait dans la grosse patte du grand soldat noir au sourire épanoui qui l'entraînait vers la sortie du camp. L'Américain faisait de son mieux pour communiquer avec le jeune garçon.

— Toi, Juif ? *Jude* ?

Moishe secoua négativement la tête.

— Moi, tzigane.

— Comment t'appelles-tu ? demanda le soldat. Ton nom ?

Moishe se rappela celui d'un jeune prisonnier tzigane de son âge, croisé une ou deux fois au camp :

— Daniel.

— Daniel, hein ? dit le soldat avec un nouveau sourire. Eh bien, je vais t'appeler Danny !

Moishe hocha la tête. Il était seul au monde. Toute sa famille était morte ici. Il allait avoir treize ans — l'âge de la bar-mitsva, la cérémonie qui devait faire de lui un homme.

Sauf qu'il n'était plus un Juif.

Chapitre 2

1980 : CAMP DE REFUGIES DE SAN SABBA, TRIESTE

Une toute jeune fille aux traits délicats et sensuels, au corps déjà formé pour ses treize ans, s'agrippait au grillage séparant la section des hommes de celle des femmes. Ses grands yeux noirs reflétaient l'inquiétude : où était Valentin ? Ils avaient fui la Pologne ensemble mais elle ne l'avait plus revu depuis près d'une semaine. Valentin était grand, elle aurait dû repérer sa tête blonde dépassant des autres. Qu'était-il devenu ?

Elle héla un homme qui passait derrière la clôture :

— Connaissez-vous Valentin ?

L'autre s'approcha en faisant signe qu'il ne comprenait pas. Elle lui montra le portrait de Valentin dessiné sur son carnet de croquis. L'homme haussa de nouveau les épaules. La fille soupira, découragée. Tous les jours, depuis leur arrivée au camp de réfugiés, elle faisait ainsi le guet — en vain. Un surveillant italien lui tapa sur l'épaule :

— Ne restez pas là. Regagnez votre section.

Elle obéit à regret. L'ancien four crématoire, où l'on incinérait des Juifs quarante ans plus tôt, se dressait devant elle. La fille frémit — dire qu'il s'était passé des choses aussi horribles dans cet endroit et qu'il était devenu un refuge pour les gens comme elle ! En passant le long d'un bâtiment, elle remarqua une porte entrebâillée marquée ENTREE INTERDITE. Elle s'y glissa et, au bout d'un couloir sombre, arriva dans une pièce où des bancs étaient disposés face à une table sur une estrade

— un tribunal, peut-être? Elle allait sortir quand elle vit quelque chose briller dans un coin et s'en approcha. C'était une sculpture de métal, rouillée, poussiéreuse, une sorte de crucifixion qui lui rappela le Christ de l'église de Brodki. De grosses chevilles lui clouaient les mains sur le bois, où étaient inscrits des caractères bizarres qu'elle ne pouvait pas déchiffrer; un bout de tissu jauni, avec une étoile d'un bleu passé, pendait d'un des bras.

Intriguée, elle commençait à dessiner cet objet inattendu en pareil lieu quand un appel impatient retentit au-dehors:

— Luba!

Elle referma son carnet à contrecœur. Sa mère, une jeune femme à peine plus grande qu'elle et qui lui ressemblait comme une sœur aînée, l'attendait dans l'allée:

— Je te cherchais partout! Tu ne peux donc pas rester en place? J'ai enfin de bonnes nouvelles.

Encore absorbée dans ses pensées, Luba ne répondit pas.

— Entends-tu ce que je te dis? J'ai reçu une lettre de ton père. Nous allons pouvoir partir en Australie.

— Je n'ai plus de père.

— Ne dis pas de bêtises! Que faisais-tu ici? Encore en train de chercher ton Valentin?

— Oui.

— Oublie ce vaurien, Luba.

Elles s'éloignèrent, sous le regard du surveillant qui dévorait des yeux la silhouette voluptueuse de la mère.

— Jamais! Je l'aime.

— Ce n'est pas lui que tu aimes, c'est le cirque! Tu as toujours raffolé des foires et des manèges.

— J'aurais dû partir avec les forains quand j'en ai eu l'occasion, dit Luba à mi-voix.

***

Cette occasion s'était présentée cinq ans auparavant.

Ce printemps-là, une fête foraine était arrivée à Brodki. Les roulottes multicolores, les tentes, les oriflammes transformaient le champ de foire pelé de la petite ville polonaise en un royaume magique. Un manège tournait pour la plus grande joie des enfants; la musique du limonaire attirait du monde de toute la ville et jusque des villages voisins.

Luba passait son temps à regarder répéter les équilibristes. Ils couraient sur le fil de fer avec autant d'aisance que sur la terre ferme, ils s'asseyaient sur des chaises qui semblaient tenir par miracle ou sautaient les uns par-dessus les autres. Charmés par son admiration enthousiaste, ils l'avaient adoptée et la faisaient de temps en temps marcher sur le fil, en la soutenant pour ne pas tomber.

Un jour, Luba voulut essayer par elle-même. Mais quand elle se trouva sur la plate-forme, à cinq mètres au-dessus du sol, elle eut peur, ses mains se crispèrent sur le balancier. Ne pouvant cependant pas abandonner sans se déconsidérer devant ses nouveaux amis, elle avança un pied, puis l'autre, sentit le fil osciller, voulut se rattraper et tomba — dans les bras de Josef, le père de la troupe. Du coup, sa panique s'évanouit.

— Essaie encore, lui dit-il. Et surtout, ne regarde jamais à tes pieds.

Luba garda son calme, appliqua le conseil de Josef et progressa sans baisser les yeux. Elle ne voyait pas Josef marcher en dessous d'elle, mais elle sentait sa présence qui lui donnait confiance. Toute la famille observait Luba. On lui avait prêté un collant trop grand, qui faisait des plis sur ses petites jambes de huit ans et lui donnait une allure comique.

— Détends-toi ! lui cria Josef. Et ne regarde pas en bas.

Sans plus avoir peur, elle atteignit dans les applaudissements la plate-forme opposée. Josef l'aida à descendre, l'embrassa. Les autres la couvrirent de félicitations : elle était douée, disaient-ils, elle devrait se joindre à la troupe.

Luba était aux anges. L'atmosphère de la fête et la musique du limonaire la ravissaient. Fascinée, elle regardait les chevaux de bois du manège qui montaient, descendaient et galopaient en rond, crinière au vent. Elle imaginait qu'ils se détachaient, la nuit venue, pour courir en liberté dans la campagne et revenaient prendre leurs places à l'aube. Elle rêvait de partir avec les forains quand ils quitteraient la ville — sans prévenir sa mère, bien entendu.

Ce soir-là, elle rentra chez elle en courant. Il faisait froid, son haleine formait de petits nuages de buée. Sa maison, la quatrième de la rue, était grise comme les autres et n'avait que deux pièces, une devant, une derrière et un cabinet au fond du jardin. La porte franchie, elle s'arrêta, stupéfaite, en voyant un panier d'oranges sur la table de la cuisine. Des oranges du marché noir! Il n'y avait que son père qui soit capable d'un tel miracle. Etait-il venu en permission?

— Papa! Maman!

Luba entra dans la pièce du fond, à la fois salle de séjour et chambre des parents. Debout devant la fenêtre, sa mère lisait un morceau de papier. Mais Papa n'était pas là. Il n'y avait qu'oncle Félix, qui n'était pas vraiment son oncle mais le meilleur ami de son père. Félix tenait Maman par les épaules en lui répétant: « Ne pleure pas, Magda. »

— Maman, qu'est-ce qui se passe?

Avant que sa mère ne puisse répondre, on frappa bruyamment à la porte d'entrée et quatre policiers firent irruption.

— Adam Woda?

— Mon mari est absent, bredouilla Magda.

— Où est-il?

— A Varsovie, dans sa famille.

— Nous le vérifierons. Venez avec nous.

Magda prit la main de Luba et lui glissa le papier qu'elle lisait à son arrivée.

— Que me voulez-vous?

— Suivez-nous, vous dis-je!

Magda baissa les yeux vers Luba. La fillette tremblait.

— Laissez-moi au moins emmener ma fille chez ma sœur!

Un policier l'empoigna par le bras et l'entraîna vers la porte. En partant, un autre s'empara de deux ou trois oranges.

— Ne t'inquiète pas, Magda! cria Félix. Je reste m'occuper de Luba.

La voiture de police s'éloigna. Luba regarda le morceau de papier froissé dans sa main.

— C'est un mot de ton père, expliqua Félix. Il a déserté et quitté la Pologne. Quelqu'un est venu de sa part apporter le message et un panier d'oranges.

Luba lut le bref billet: *Je t'aime. Nous serons bientôt réunis, je te le promets*. Les événements la dépassaient. Tout s'était passé trop vite: sa mère emmenée par la police, son père parti. Il ne lui restait que des oranges...

— Rassure-toi, dit Félix. Je ne te laisserai pas seule.

Luba sourit, Félix lui rendit son sourire. Elle aimait bien Félix, qui jouait volontiers avec elle et la faisait rire.

Cette nuit-là, dans le réduit à côté de la cuisine où elle avait voulu qu'on installe son lit pour avoir sa propre chambre, comme une grande personne, Luba ne put trouver le sommeil. Elle avait peur, il faisait froid. Elle se leva et alla regarder dans la chambre des parents. Félix était couché dans le canapé déplié et ne dormait pas lui non plus. En voyant Luba grelotter à la porte, il lui fit signe de venir. Luba se glissa sous la couverture et se blottit contre lui.

— Tu ne dors pas? demanda-t-il.

— J'ai peur. Je peux rester ici?

— Bien sûr.

— Si on jouait à quelque chose, oncle Félix?

Il ne répondit pas. Elle insista.

— Bon, si tu veux, dit-il en bâillant.

Il la chatouilla sous les bras et elle se mit à rire.

— Chatouille-moi, maintenant.

Luba le chatouilla sous les bras.

— A ton tour, dit-elle.

Félix lui remonta sa chemise de nuit et lui grattouilla le ventre. Au bout d'un moment, Luba lui en fit autant.

— Allez, ça suffit, dit Félix en riant

— Non, c'est encore ton tour!

Félix lui caressa les cuisses, sa main remonta peu à peu. C'était une sensation très agréable, qui ne donnait pas envie de rire à Luba mais lui plaisait beaucoup.

— A toi, maintenant, dit Félix en écartant les jambes.

Luba sentit sous sa main quelque chose de long et dur.

— Qu'est-ce que c'est? demanda-t-elle, intriguée.

— Mon... mon pouce, répondit Félix en hésitant.

Luba pouffa de rire. Ce n'était évidemment pas son pouce mais c'était amusant à toucher. Plus elle frottait, plus cela grossissait et durcissait.

— Je te fais mal, oncle Félix?

— Non, pas du tout, répondit-il en haletant.

Elle sentit le « pouce » grossir encore et palpiter entre ses doigts. Un liquide chaud et poisseux lui coula sur la main. Félix poussa un grognement et ne bougea plus, le « pouce » rapetissa et ramollit. Le phénomène fascinait Luba.

Un instant plus tard, Félix lui essuya la main sur le drap, la prit dans ses bras et alla la recoucher dans son petit lit. Luba ferma les yeux et s'endormit aussitôt.

⁂

La police relâcha Magda quelques jours plus tard, sans toutefois cesser de rechercher Adam. L'année qui suivit fut terrible pour Magda : descentes de police à toute heure du jour et de la nuit, interrogatoires au commissariat. Heureusement, le fidèle oncle Félix était toujours prêt à veiller sur Luba quand la police emmenait sa mère.

Les grands yeux noirs de la fillette restaient secs. Elle ne se plaignait jamais mais il se passait des choses, incompréhensibles pour elle, qui la troublaient. Un jour, elle marchait dans la rue avec sa mère quand un voisin, chef de la cellule communiste du quartier, cracha à la figure de Magda en disant : « Ton mari est un traître. » Une autre fois, une femme la gifla en criant : « Ne touche pas à mon homme ! »

Au bout d'un an, la police laissa enfin Magda tranquille mais la ville continua à la persécuter, sans qu'elle fît rien pour justifier les calomnies. Elle dissimulait sa voluptueuse silhouette sous une blouse ample, boutonnée jusqu'au cou et qui lui couvrait les jambes ; elle ne se maquillait pas et se tirait les cheveux en chignon. Les femmes se sentaient malgré tout menacées par cette trop séduisante rivale, abandonnée par un mari considéré comme traître à la patrie. Magda ne trouvait plus de travail et elles seraient mortes de faim si la sœur de Magda ne leur envoyait de temps à autre du ravitaillement de la campagne — quelques fruits et légumes, parfois un peu de viande ou un vieux poulet. Les enfants harcelaient cruellement Luba et lui répétaient : « Ton père sera fusillé ! »

Elles reçurent enfin des nouvelles d'Adam. Il était en Turquie, dans un camp de réfugiés près d'Istanbul.

Magda lut la lettre à Luba :

Ma très chère femme, ma très chère fille. Je vous aime toutes les deux. Je pars bientôt pour l'Australie. Arrangez-vous pour quitter le pays. Quand nous serons réunis là-bas, nous vivrons mieux. Je vous aime et je pense toujours à vous.

Adam.

— Dieu soit loué, il est vivant ! s'écria-t-elle en pleurant de joie. Préparons-nous dès maintenant. Avant tout, il faut de l'argent — des dollars américains. Nous irons dans une grande ville, Varsovie, Cracovie, où il y a du travail et de riches touristes étrangers De là, nous trouverons le moyen de nous enfuir.

Magda se décida finalement pour Cracovie et partit la première. Elle confia Luba à sa sœur, à la campagne, et lui fit cadeau pour la consoler de chaussures de daim vertes en lui promettant de la faire venir près d'elle d'ici un mois.

Quand vint le moment de rejoindre sa mère, Luba ne monta pourtant dans le train qu'avec répugnance. Les forains étaient revenus et exerçaient sur elle leur attrait hypnotique. Et tandis qu'elle s'éloignait de la petite ville de Brodki, où s'étaient écoulées les neuf premières années de sa vie, Luba ferma les yeux pour ne pas voir par la fenêtre les roulottes aux vives couleurs. Elle était triste de ne pouvoir partir avec les gens du cirque, avec Josef et sa famille. Mais bientôt, le train prit de la vitesse et le cirque disparut.

***

A Cracovie, Magda attendait sur le quai de la gare. Quand Luba apparut sa petite valise de carton à la main et ses chaussures de daim vertes aux pieds, Magda se précipita à sa rencontre et l'embrassa en pleurant de joie.

Luba ne pleurait pas. Les yeux écarquillés, elle regardait les grands immeubles, les voitures — elle n'en avait jamais vu autant! Magda l'entraînait par la main dans une avenue plantée d'arbres. La nuit tombait, les réverbères s'allumaient. A Brodki, il n'y avait pas de réverbères.

Luba ne s'expliquait pas pourquoi sa mère semblait émue à ce point. Il n'y avait vraiment pas de raison de pleurer.

— Tu ne dis rien, ma chérie, tu dois être fatiguée. Viens, tu vas manger quelque chose et te coucher tout de suite.

Luba regarda sa mère avec plus d'attention. Magda avait changé. Elle portait du rouge à lèvres, du mascara. Sa blouse décolletée dévoilait la naissance de son opulente poitrine.

— Tu es jolie, comme cela, dit Luba, impressionnée.

— Merci, ma chérie! Toi aussi, tu es ravissante. Je suis si contente que tu sois de nouveau avec moi. Dis-moi ce que tu aimerais manger.

— Je n'ai pas vraiment faim.

— Alors, il vaut mieux te coucher tout de suite. Demain,

nous aurons le temps de bavarder et je te ferai visiter Cracovie.

Luba était contente que sa mère lui parle comme à une amie. Dans les rues, Magda saluait souvent des hommes. Elle avait manifestement beaucoup d'admirateurs et Luba était fière d'elle. Elle ne s'était pas rendu compte jusqu'alors à quel point sa mère était belle.

— Nous sommes bientôt arrivées, dit Magda.

Après avoir dépassé des immeubles gris et tristes et de vieilles maisons baroques, elles débouchèrent sur une grande place pavée interdite à la circulation, au milieu de laquelle se dressait un bâtiment ancien. Magda dit que la place s'appelait Rynek et le bâtiment Sukiennice, la halle aux draps, où Copernic venait jadis acheter ses vêtements. Luba n'écoutait pas. Elle regardait les gargouilles qui dépassaient du toit. Captivée par la nouveauté du spectacle, elle absorbait l'animation de la place, les bruits et les odeurs.

Elles s'arrêtèrent enfin devant un immeuble en mauvais état, avec un escalier de pierre aux marches ébréchées et à la rampe rouillée. Au deuxième étage, Magda fit entrer Luba dans une chambre meublée d'un grand lit de fer et d'un autre plus petit, séparés par une commode, un lavabo et un réchaud. Les cabinets, communs à tout l'étage, étaient au fond du couloir.

— Voilà ton lit, dit Magda en posant la valise de Luba. Rangeons vite tes affaires, je dois aller travailler, ce soir.

— Où travailles-tu?

— La chambre n'est pas grande, mais nous y serons bien, dit Magda comme si elle n'avait pas entendu la question.

— Si tu es en retard, maman, je peux ranger mes affaires toute seule.

— Tu crois?

— Mais oui!

— Je suis si heureuse que tu sois là, ma chérie! Tu m'as beaucoup manqué, tu sais, dit Magda en la serrant sur son cœur.

— Moi aussi, maman.

— Dès que nous aurons assez d'argent, nous partirons d'ici et nous irons retrouver papa.

— Oui, maman, dit Luba sans enthousiasme.

— Ce tiroir est pour toi, dit Magda en l'embrassant. Range tes affaires et couche-toi tout de suite.

Luba écouta les pas de sa mère décroître dans l'escalier et examina la chambre. Sur la commode, elle vit une photo de son père et se reconnut elle-même sur ses genoux. Etourdie, elle s'efforça d'assimiler les événements de ces dernières heures. Il faisait chaud, les bruits de la ville montaient vers elle par la fenêtre ouverte. Soudain, Luba retint sa respiration et tendit l'oreille: un limonaire, sa musique préférée! C'était de bon augure. Elle allait sûrement se plaire ici.

En se déshabillant, Luba se regarda dans le miroir fissuré au-dessus de la commode. Non, elle ne se trompait pas: on distinguait l'amorce de deux petits seins! Quand aurait-elle une belle poitrine comme celle de sa mère? Elle enfila sa chemise de nuit, se coucha. Josef et sa famille d'équilibristes lui manquaient. La regrettaient-ils, eux aussi? Elle sourit en pensant à Félix. Trouverait-il quelqu'un d'autre pour jouer avec son pouce? Probablement. A la fois excitée, inquiète mais heureuse d'être de nouveau avec sa mère, Luba était trop fatiguée pour s'endormir. Les idées se bousculaient dans sa tête. Elle se prit à rêver qu'elle tombait dans un ciel tout bleu et que, juste au moment où elle allait avoir peur, Josef la rattrapait dans ses bras. Serrée contre sa poitrine, elle se sentit tout à fait en sécurité.

Luba entendit tout à coup la porte s'ouvrir. Elle était sur le point de dire: « Je ne dors pas encore, maman! » quand deux silhouettes se profilèrent dans l'ouverture. L'homme s'appelait Stash; c'était un guide touristique à qui Magda avait parlé dans la rue.

— Chut! Ne la réveillons pas, murmura Magda.

Dans la pénombre, Luba les vit s'embrasser. Il y eut un bruit d'étoffe froissée quand ils se dévêtirent. Immobile, Luba tendait l'oreille sans pouvoir comprendre leurs chuchotements. Ils étaient nus, sa mère était assise au bord du lit, Stash agenouillé devant elle, la figure enfouie entre ses cuisses. Luba entendait sa mère pouffer de rire et elle maudissait l'obscurité qui l'empêchait de mieux voir.

Ils se couchèrent ensuite sur le lit et Luba distingua mieux leurs formes. Elle vit Stash monter sur sa mère, entendit des soupirs et des gémissements étouffés. Un moment plus tard, le silence revint et Luba s'endormit. Quand elle se réveilla, le soleil brillait. Sa mère était seule. Elles ne firent ni l'une ni l'autre allusion au visiteur nocturne.

⁂

Pendant deux jours, elles coururent les rues de Cracovie en s'amusant comme des enfants. Magda acheta à Luba un uniforme d'écolière, un tablier noir avec un col blanc et un cartable pour mettre ses livres de classe. Mais ces courtes vacances prirent bientôt fin. Le matin du troisième jour, ravie de rencontrer de nouveaux amis, Luba se prépara pour l'école. Magda l'aida à se faire deux tresses, y noua des rubans et l'accompagna à l'école au bout de la rue, à côté d'une vieille église. Un jeune prêtre, pâle, grand et maigre sous sa soutane, se tenait devant le porche comme s'il montait la garde.

L'école était neuve et quatre fois plus grande que celle de Brodki. Dans la cour, des enfants jouaient, couraient, riaient. Magda fit inscrire Luba au bureau et la quitta en l'embrassant. Luba se réjouissait déjà de participer aux jeux quand une grosse fille lui barra la route en criant avec une grimace de dégoût : « Va-t'en, ta mère n'est qu'une putain ! »

⁂

Les hommes se succédaient la nuit dans la petite chambre. Luba était rarement endormie. Ces intermèdes la déconcertaient mais lui procuraient toujours une étrange excitation. Parfois, Magda ne rentrait pas. En l'attendant, Luba trompait son ennui en gribouillant sur tous les bouts de papier qui lui tombaient sous la main. Peu à peu, ses dessins se firent plus élaborés ; elle aimait surtout représenter des manèges ou des chevaux féeriques, avec des étoiles à la place des yeux et des croissants de lune dans la crinière.

Le matin, généralement, Magda dormait. Luba s'habillait et partait en silence. Elle détestait pourtant l'école. L'histoire la faisait bâiller : quel intérêt de savoir que Mme Curie, née Sklodowska, avait découvert le radium ou que le camarade Youri Gagarine avait été le premier homme dans l'espace ? Et puisqu'elle savait déjà lire et écrire le polonais, pourquoi la forcer à apprendre le russe et l'alphabet cyrillique ? Elle avait horreur de l'arithmétique. Elle souffrait surtout d'être tenue à l'écart par les autres. Une fois, une camarade l'invita chez elle. Ce fut la seule : les parents ne voulaient pas que leur progéniture fréquente la fille d'un déserteur et d'une putain.

Presque tous les matins, fuyant l'hostilité des autres enfants, Luba cherchait refuge dans l'église voisine. Assise sur le dernier banc, elle se grisait de l'odeur de l'encens en rêvant de prendre la fuite avec Josef et ses amis forains. Et pourtant, tous les jours, elle se forçait à aller à l'école.

⁂

Un matin, elle arriva très en avance. L'horloge sonnait sept heures, la cour de récréation était déserte. Luba entra dans l'église et s'assit au dernier rang, à sa place habituelle. Agenouillé au pied de l'autel, le jeune prêtre priait. Luba essaya de prier elle aussi, mais elle se mit à pleurer sans pouvoir se contrôler.

Quelques instants plus tard, elle sentit une main se poser sur son épaule.

— Qu'y a-t-il, mon enfant ?

Luba reconnut le jeune prêtre. Incapable de répondre, elle se leva et voulut s'en aller.

— Viens avec moi, dit le prêtre.

Il la prit affectueusement par les épaules et la guida vers le chœur. Après avoir fait une génuflexion devant l'autel, il la fit entrer à la sacristie, s'assit sur une chaise et la fit asseoir en face de lui.

— Dieu te viendra en aide, mon enfant.

D'une voix entrecoupée de sanglots, Luba exhala ses plaintes pêle-mêle : « Je veux partir rejoindre Josef, je suis trop malheureuse ici... » Elle s'agenouilla devant lui, posa sa tête sur ses genoux. Le jeune prêtre l'écoutait en lui caressant les cheveux et en répétant de temps à autre : « C'est la volonté de Dieu, mon enfant. » Pour la première fois, Luba se sentit protégée, apaisée, libérée de son chagrin et de son amertume. Ses larmes cessèrent de couler. Elle débordait de reconnaissance pour le jeune prêtre, qui la consolait si bien et continuait à lui parler et à lui caresser les cheveux.

C'est alors qu'elle sentit contre sa joue quelque chose de dur. Luba sourit : le « pouce » d'oncle Félix ! Quel meilleur moyen de manifester sa gratitude ? Elle frotta doucement la joue contre le renflement de la soutane — jusqu'à ce qu'un gémissement échappe à son bienfaiteur, qui se leva d'un bond en se signant :

— Va, mon enfant, que Dieu te protège.

Luba ne comprit pas pourquoi il la congédiait si brusquement, mais l'heure avait tourné et elle se rendit à l'école.

Le lendemain matin, Luba entra à l'église et la trouva vide. Elle s'assit à sa place habituelle et attendit. Elle voulait parler au jeune prêtre qui s'était montré si bon pour elle et lui avait fait tant de bien, mais la cloche de l'école retentit sans qu'il soit apparu. Luba dut partir en courant et faillit être en retard.

Le jour suivant, Luba arriva un peu plus tôt et, cette fois, le jeune prêtre priait avec ferveur au pied de l'autel. Elle descendit la nef pour le rejoindre mais, en la voyant, il se leva, se signa et disparut précipitamment dans la sacristie. Luba fut stupéfaite : pourquoi la fuyait-il, qu'avait-elle fait de mal ? Du haut de son crucifix, le Christ semblait la regarder sans hostilité. Elle s'enhardit, alla frapper à la porte de la sacristie en appelant doucement « Mon père ! Mon père ! » Pas de réponse. Elle tourna la poignée : la porte était verrouillée.

Rejetée encore une fois — et par celui-là même dont elle espérait le plus —, Luba refusa de s'apitoyer sur son sort. La tête basse, elle sortit de l'église et alla à l'école.

⁂

Magda s'inquiétait de laisser Luba si souvent seule et, surtout, elle avait des remords de devoir amener des clients chez elle. Mais elle n'avait pas le choix. Officiellement enregistrée auprès des autorités comme épouse d'un déserteur, elle ne pouvait pas être embauchée dans une entreprise publique, c'est-à-dire dans la quasi-totalité des entreprises polonaises. Les rares commerçants privés employaient en priorité leurs parents et amis. Il ne lui restait donc, en pratique, que ce seul moyen de gagner sa vie. Mais il y régnait une concurrence féroce car elle était loin d'être la seule à se vendre pour se procurer des marchandises ou des devises étrangères.

Pour Luba, privée d'amis, c'était une morne existence. Elle harcelait si souvent sa mère de l'emmener avec elle en ville que Magda finit par céder et Luba y prit goût.

Au début, Magda s'efforça de la protéger en repoussant les gestes déplacés des hommes émoustillés par la précocité de Luba. Elle comprit bientôt, cependant, que la présence de cette jolie fillette à ses côtés intriguait ses clients et les rendait plus généreux. Pour sa part, Luba aimait les attentions dont elle était l'objet et ne voyait aucun inconvénient à se laisser tripoter. Elle allait avoir onze ans et Magda se rendait compte avec appréhension qu'il lui serait de plus en plus difficile de la garder à l'écart de ses activités.

***

Magda était toujours contente de voir Stash arriver en ville avec son car de touristes. Ils payaient en dollars et, pendant leur séjour, elle n'avait pas besoin de racoler dans la rue en esquivant la police. Cette fois, Stash devait rester une dizaine de jours, ce qui voulait dire qu'elles auraient de quoi s'acheter des vêtements, bien manger et bien s'amuser.

Le premier soir, Stash les emmena dans le meilleur restaurant de Cracovie, le Kon Morski, l'Hippocampe, à côté du Rynek. Luba n'était jamais allée dans un vrai restaurant ni n'avait vu d'endroit comme celui-là. Des filets de pêche décorés d'étoiles de mer pendaient du plafond. Il y avait un bar d'acajou sculpté près de l'entrée, de belles nappes blanches sur les tables. Dans un coin, un homme en costume tzigane chantait des chansons d'amour en s'accompagnant à la mandoline. Ils se régalèrent de carpe fraîche et Luba goûta pour la première fois de la vodka. Stash éclata de rire devant son expression quand elle avala le puissant alcool.

Le lendemain soir, Stash et Magda sortirent seuls. Pour consoler Luba, Stash lui fit cadeau d'un vrai blue-jean américain qu'elle déballa avec des cris de joie. Quand Magda la borda dans son lit, Luba serrait son Levi's sur sa poitrine comme un trésor.

Après leur départ, trop excitée pour dormir, Luba voulut essayer son jean. Il était un peu trop grand, mais ce ne serait pas difficile à arranger. Elle parada devant le miroir, admira le cow-boy de cuir cousu sur la poche de derrière et se recoucha en regrettant que personne ne l'ait vue ainsi parée. Elle était jalouse que Magda et Stash s'amusent sans elle au restaurant. Stash lui était sympathique. Une idée germa alors dans sa tête.

Quelques heures plus tard, elle entendit derrière la porte la voix de Magda :

— Ne parle pas si fort ! Elle dort, elle doit aller à l'école demain matin.

La réponse de Stash lui alla droit au cœur :

— Je l'aime bien, moi, cette petite.

Luba attendit qu'ils soient couchés, se glissa sans bruit jusqu'au lit et sauta dessus en disant :

— Maman, j'ai froid.

— Qu'est-ce que tu fais là ? s'écria Magda, effarée, en s'efforçant de recouvrir leurs nudités.

— Je veux me coucher avec vous.

— Non ! Retourne dans ton lit.

— Stash, dis-lui de ne pas me chasser, implora Luba en le cajolant. Je veux rester avec vous.

— Mais oui, Magda, laisse-la. Ce sera bien plus amusant d'être tous les trois ensemble.

Magda comprit qu'elle avait perdu la partie.

***

Leur deuxième hiver à Cracovie fut extrêmement rigoureux, avec de la neige où Luba enfonçait jusqu'aux genoux et un vent du nord glacial. Par un temps pareil, pas de cars de touristes ni de Stash. Magda faisait la queue pendant des heures à la boulangerie et à la boucherie pour s'entendre dire qu'il n'y avait plus rien. Si on voulait se nourrir correctement, il fallait recourir au marché noir et les vendeurs exigeaient des devises étrangères — dollars, marks, francs, n'importe quoi du moment qu'il ne s'agissait pas de zlotys sans valeur. Magda ne voulait toutefois pas se risquer à dépenser ses précieux dollars, amassés avec tant de peine, qu'elle cachait dans son sommier en prévision du grand départ auquel elle ne cessait de rêver. Elle était sûre de réussir à rejoindre Adam et à reconstituer leur famille comme avant.

Un jour, dénoncée à la police par une rivale soucieuse d'éliminer la concurrence, Magda se fit prendre à vendre des bas au marché noir et passa la nuit au poste.

Seule dans la chambre, Luba avait peur et faim. Quand Magda revint le lendemain soir, elles firent une soupe avec des pommes de terre dérobées par Luba à l'étalage d'une épicerie. Elles n'avaient rien d'autre à manger. Les policiers avaient confisqué les bas et l'argent trouvés dans le sac de Magda. Le vent sifflait derrière les vitres couvertes de givre. La mère et la fille avalèrent leur soupe sans mot dire et se couchèrent aussitôt pour essayer de se réchauffer.

— Maman, j'ai froid, dit Luba au bout d'un moment.

— Bon, viens, soupira Magda, résignée.

Elle lui fit place dans son lit, Luba s'y glissa. Blottie contre sa mère, Luba s'étonnait de se sentir encore une petite fille alors qu'elle partageait avec elle des secrets d'adulte.

— Le printemps ne tardera plus, dit Luba.

— Dieu merci !

— Stash va bientôt revenir ?

— Je l'espère.

— Je l'aime bien, Stash. Toi aussi, n'est-ce pas ?

Magda ne répondit pas.

— Je t'ai souvent regardée, reprit Luba, quand tu croyais que je dormais.

— Non, Luba !...

— Si. J'ai compris que Stash était ton préféré.

— Ne parlons pas de cela, je t'en prie ! Il est déjà assez pénible d'être obligée de gagner ma vie de cette façon...

— Ce n'est pas si désagréable. Et puis, c'est amusant. Souviens-toi, quand nous étions couchés tous les trois ensemble.

— Luba ! Tu n'as pas honte de dire des choses pareilles ?

— Allons, maman ! répondit Luba en pouffant de rire. Tu as beau dire, cela t'a plu.

— Arrête, je t'en prie, dit Magda sans conviction.

— Il n'empêche que tu aimais cela et moi aussi.

Quand Luba se réveilla, Magda faisait du café sur le réchaud. Elle en donna un bol à Luba et s'assit sur le lit, à côté d'elle. Luba vit alors que sa mère avait les yeux humides.

— Que t'ai-je fait, ma pauvre enfant ? murmura-t-elle. J'aurais dû te laisser à Brodki.

Un sourire sarcastique apparut sur les lèvres de Luba.

— Ne dis donc pas de bêtises, Magda.

C'était la première fois qu'elle appelait sa mère Magda. Elle n'allait jamais plus lui dire maman.

***

Absorbées chacune dans leurs réflexions, elles buvaient leur café en silence quand le facteur frappa à la porte. Magda reconnut l'écriture de Félix sur l'enveloppe, mais celle-ci en contenait une autre qui lui fit pousser un cri de joie :

— Une lettre de ton père !

Elle la lut en hâte, la mine radieuse.

— Adam est en Australie, à Brisbane. Il a une bonne situation. Il nous enverra de l'argent pour le rejoindre dès qu'il aura reçu de nos nouvelles.

Luba ne partageait pas son enthousiasme. Elles étaient restées si longtemps sans nouvelles qu'elle ne considérait plus Adam comme son père et se désintéressait de son sort.

— Voilà le moment que j'attendais ! poursuivit Magda en s'animant. Maintenant, nous pouvons partir.

Tout en racontant comment elle avait fait la connaissance d'un homme qui les aiderait à quitter le pays, elle sortit de sous le sommier un paquet enveloppé dans un vieux journal, coincé entre les ressorts, et compta ses dollars.

— Nous en avons suffisamment ! annonça-t-elle d'un air de triomphe. A nous la liberté !

Impassible, Luba l'observait en buvant son café. Magda se noua un fichu sur la tête et sortit. Elle revint une heure plus tard, au comble de l'excitation.

— Je lui ai parlé ! Il nous fera passer la frontière.

— Laquelle ? dit Luba d'un ton ironique. Pour aller en Russie, en Allemagne de l'Est, en Tchécoslovaquie ? Ou alors en Suède, en traversant la Baltique à pied, comme Jésus ?

— Assez de plaisanteries stupides ! Il sait comment obtenir des faux passeports et des visas.

— Pourquoi prendrait-il ce risque ? Pour tes beaux yeux ?

— Parce que je le paie ! Il l'a souvent fait.

— Quoi ? Tu l'as *payé* ?

— La moitié seulement. Tes soupçons ne tiennent pas debout, Luba. Aide-moi plutôt à préparer nos affaires. Il nous attend à cinq heures.

Luba aida Magda à contrecœur. A l'heure dite, chargée chacune d'un ballot contenant leurs plus précieuses possessions, elles quittèrent la chambre pour le lieu du rendez-vous, un petit café situé non loin de là. Un individu les attendait en sirotant de la vodka d'un air renfrogné.

— Vous avez le reste ? demanda-t-il entre deux gorgées.

Deux policiers surgirent au moment où Magda lui tendait la liasse. L'évasion prenait fin avant même d'avoir commencé.

⁂

Le printemps arriva enfin et, avec lui, une fête foraine s'installa au bord de la Vistule. A peine eut-elle entendu le limonaire que Luba, le cœur battant, s'y précipita. Mais elle ne trouva qu'un manège, un petit cirque au chapiteau défraîchi, deux ou trois clowns, une poignée de jongleurs et d'acrobates et aucun équilibriste. Déçue, elle allait se retirer quand elle remarqua Valentin.

Valentin faisait marcher le manège. Il avait une vingtaine d'années et il était beau comme un dieu. Quand Luba le vit pour la première fois, il était nonchalamment adossé à un montant, une casquette crânement posée sur ses cheveux blonds. A chaque tour du manège, il regardait Luba en passant devant elle et Luba s'en voulut de n'avoir pas pensé à défaire ses tresses et à se mettre un peu du maquillage de sa mère. Car Luba était devenue une ravissante femme enfant aux petits seins provocants qui pointaient sous la blouse. Ses grands yeux noirs restaient rivés sur Valentin pour ne pas manquer un seul de ses passages.

Elle n'avait pas de quoi se payer un tour de manège. Les autres filles enfourchaient les chevaux en riant, lançaient des œillades à Valentin et se disputaient son attention, tandis qu'elle devait se contenter d'écouter la musique du limonaire en observant le jeune homme à la dérobée. Pourtant, elle gardait confiance. Elle était sûre qu'un miracle se produirait...

Et le miracle se produisit. Pendant un arrêt du manège Valentin s'approcha et lui tendit un anneau de cuivre.

— Vous avez gagné un tour gratuit, dit-il avec un clin d'œil qui fit battre le cœur de Luba comme il n'avait encore jamais battu.

Là-dessus, il la prit par la taille, la souleva sans effort et l'installa sur un des chevaux de bois.

— Allez-y, décrochez un autre anneau, lui dit-il en souriant. C'est votre jour de chance.

Emportée par la griserie du manège et le balancement de sa monture, Luba ne fit pas trop d'efforts pour attraper les anneaux. Mais cela n'avait aucune importance, car Valentin la laissait continuer.

⁂

Désormais, Luba passa le plus clair de son temps au manège. Face à une concurrence croissante, Magda avait dû se résigner à confier à Luba un rôle de plus en plus actif, dans l'espoir de reconstituer au plus vite ses économies perdues lors de sa malheureuse tentative de fuite. Mais Luba ne voulait plus rien savoir. Tous les soirs, elle promettait à sa mère de la rejoindre dans un des grands cafés du centre et, tous les soirs, elle restait au manège où elle tournait inlassablement, ses longs cheveux châtains flottant sur ses épaules, sans pouvoir détourner les yeux de Valentin. S'il arrivait à celui-ci de disparaître, Luba n'avait qu'à recenser les filles, agglutinées en permanence autour du manège, pour savoir avec laquelle il s'était isolé dans sa roulotte au bord du fleuve. A son retour, Luba notait avec satisfaction qu'il avait toujours l'air content de la revoir. Mais se déciderait-il jamais à l'emmener, elle?

Un jour, il lui dit simplement « Viens » et Luba s'élança à sa suite. Le grand moment était enfin arrivé! Elle avait toujours su qu'avec un peu de patience, elle se blottirait à son tour dans ses bras et elle ne regretta pas d'avoir attendu.

Luba avait du mal à soutenir le rythme de ses grandes enjambées. Elle s'étonnait surtout que Valentin, au lieu de se diriger vers le fleuve, prenne la direction du château.

— Où allons-nous? demanda-t-elle.

— Tu verras, fais-moi confiance.

Ils gravirent l'escalier de pierre menant à la statue du général Kosciuszko et suivirent les fortifications jusqu'au vieux château, aux meurtrières encore hérissées de canons, bâti par le roi Casimir le Grand. De là, la vue s'étendait sur la ville, enserrée dans une boucle de la Vistule. Les clochers des églises et de la cathédrale se dressaient dans le bleu du ciel. Luba ne pouvait pas voir le manège sous les arbres, mais la musique du limonaire montait jusqu'à eux dans le silence.

Luba dévisagea Valentin, détailla son menton ferme, ses pommettes saillantes, sa bouche toujours prête à sourire. Les bras croisés, il regardait pensivement la ville sans mot dire.

Au bout d'un long silence, Luba se décida à parler.

— Comme c'est beau, ici !

— J'y viens de temps en temps, pour m'évader.

— Pourtant, je t'ai souvent vu « t'évader » avec des filles...

— Celles-là ne comptent pas, ce ne sont que des petites putes ! répondit-il en riant.

Luba sursauta. Que sait-il au juste sur le compte de Magda ? se demanda-t-elle avec inquiétude. Et sur le mien ?

— Je ne les amène jamais ici, reprit Valentin. Quand j'y viens, ce n'est que pour rêver.

— Et... à quoi rêves-tu ? demanda timidement Luba.

— A San Francisco.

— San Francisco ? Où est-ce ?

— En Californie. En Amérique. C'est là où je veux aller.

— Pourquoi là-bas ?

— J'ai entendu une fois une chanson : « *San Francisco, ouvre ta Porte d'Or...* » Tu connais ?

— Non.

— J'en ai marre de ce pays pourri, de cette prison communiste, poursuivit-il en sautant sur le parapet. Et ce n'est pas Solidarité, avec ses fichues grèves, qui arrangera la situation ! Moi, j'ai envie de franchir la Porte d'Or de San Francisco ! Quand j'aurai assez d'argent, j'irai à Vienne et je paierai mon passage jusque là-bas en travaillant.

— Vienne est loin de l'Amérique, observa Luba.

— Mon copain Zbig travaille à la gare de marchandises. Il charge dans les trains les produits dont on nous prive pour les exporter. Il m'aidera, dit Valentin avec un clin d'œil.

Luba avait déjà rencontré Zbigniew, un petit maigre d'environ dix-huit ans, qui venait souvent au manège parler à Valentin. Zbig avait toujours sur lui des denrées précieuses, manifestement volées à la gare — chocolat, vodka, conserves — que Valentin l'aidait à écouler au marché noir.

Ils poursuivirent leur promenade jusqu'à un bosquet

ombreux. Sûre que Valentin allait lui faire l'amour, Luba sentit son cœur battre plus vite — et éprouva une cruelle déception quand il se borna à lui prendre la main en disant :

— Il est temps de rentrer au manège.

Il ne veut donc pas de moi ? se dit Luba, mortifiée. Mais Valentin marchait en fredonnant gaiement, le soleil brillait sur le dôme de la cathédrale et la déception de Luba se dissipa.

Le lendemain, le temps lui parut interminable jusqu'à la sortie de l'école. Enfin libre, elle courut au petit champ de foire au bord de la Vistule. Valentin n'était pas au manège. Luba n'osa pas poser de questions à son remplaçant et attendit.

Au bout d'une heure, elle le vit enfin qui arrivait avec Zbig. Ils étaient si bien absorbés dans leur conversation qu'ils ne remarquèrent pas qu'elle venait à leur rencontre.

— Une occasion que nous ne pouvons pas laisser échapper, disait Zbig. La gare n'est pas gardée, l'armée est partie à Gdansk à cause de la grève de Solidarité et...

Ils s'interrompirent brusquement en la voyant. Luba n'avait jamais vu Valentin aussi pâle ni aussi agité.

— Emmenez-moi, dit-elle.

— De quoi parles-tu ?

— Vous prenez la fuite, j'ai compris.

Ils ne répondirent pas.

— Je vous en prie, insista-t-elle.

— C'est trop dangereux, dit Zbig, furieux.

— Nous prendrons le risque.

— *Nous* ? Qu'est-ce que cela veut dire ?

— Ma mère et moi.

— Tu es folle ?

— Une femme plus âgée nous fera paraître moins suspects, dit Luba d'un ton implorant à Valentin. Dis oui, je t'en prie ! Je veux partir avec toi.

Sans répondre, Valentin entraîna Zbig à l'écart. Luba ne pouvait pas entendre ce qu'ils se disaient mais Zbig, manifestement hostile au projet, faisait des signes de dénégation véhéments. Valentin rejoignit Luba quand cinq heures sonnaient aux clochers des églises.

— Rendez-vous dans deux heures à la gare routière, au car de sept heures pour la gare de marchandises de Nowa Huta.

— Vous ne partirez pas sans nous?

— On ne vous attendra pas si vous êtes en retard! Et apportez des dollars, pas des zlotys. Compris?

Luba rentra en courant, grimpa l'escalier quatre à quatre et fit irruption dans la chambre. Magda finissait de se maquiller. Hors d'haleine, Luba la mit au courant.

— Impossible! Cela ne marchera jamais! s'écria Magda.

— Tu te trompes, ils savent ce qu'ils font.

— C'est beaucoup trop dangereux. S'ils me prennent encore une fois, j'aurai cinq ans de prison et Dieu sait ce que la police fera de toi.

— Je te dis qu'ils réussiront.

Luba avait déjà mis ses affaires dans un châle qu'elle nouait en ballot. Magda bondit et le lui fit tomber des mains.

— Arrête cette folie!

— Si nous ne partons pas maintenant, nous ne le ferons jamais, répondit Luba avec un regard de défi. Prépare-toi, nous devons être à la gare routière à sept heures.

— Non, Luba, nous ne pouvons pas prendre un tel risque!

— Eh bien, moi, je le prends — avec ou sans toi!

Luba posa la main sur la poignée de la porte.

— J'aurais mieux fait de te laisser à Brodki...

— Alors, pourquoi ne l'as-tu pas fait?

Et Luba sortit sans se retourner.

Prostrée contre la commode, Magda fondit en larmes. Sa fille allait-elle vraiment partir seule, l'abandonner? Six heures sonnèrent. Il lui restait une heure.

Magda se ressaisit, refit son maquillage gâté par les larmes et sortit. Dans la rue, elle aborda un touriste, lui parla à l'oreille. L'autre approuva d'un signe de tête et suivit Magda dans une cour obscure. Quelques dollars de plus étaient toujours bons à prendre...

*
**

Juste avant sept heures, Magda arpentait nerveusement la gare routière. Elle ne voyait Luba nulle part, le car s'apprêtait à partir. Luba l'avait-elle déjà abandonnée? En proie à la panique, Magda acheta en hâte un billet et monta dans l'autocar qui démarra aussitôt. Elle remonta vers le fond du véhicule en trébuchant sur les paquets entassés dans l'allée centrale et reconnut enfin Luba, assise seule à l'arrière. En face d'elle, tels des travailleurs épuisés par leur journée de labeur, Valentin et Zbig feignaient de dormir. Magda s'assit à côté de sa fille, mais celle-ci affecta de l'ignorer. Stupéfaite, Magda allait lui demander ce qui se passait quand elle suivit la direction de son regard et vit un policier qui s'avançait vers elles. L'homme s'assit à une place libre. Alors, sans mot dire, Luba étreignit la main de sa mère.

Ils arrivèrent à Nowa Huta une heure plus tard. En s'approchant du terminus, ils entendirent un tumulte, des cris incompréhensibles. Inquiets, ils descendirent tous quatre avec les autres passagers et virent alors passer un cortège de travailleurs de la sidérurgie qui manifestaient leur soutien aux grévistes de Gdansk. Un fort détachement de zomos, casqués et armés de matraques, se préparait à les encercler.

— Cela tombe bien, chuchota Zbig. Suivez-moi.

En contournant la place pour éviter la manifestation, Luba leva les yeux vers la gigantesque statue de granit noir de Lénine, qui paraissait deviner leurs projets et les fusiller du regard. Luba ne put s'empêcher de frémir. Valentin la prit par la taille en pouffant de rire.

— Adieu, camarade! dit-il à la sinistre effigie.

Le tumulte de la manifestation s'estompa bientôt pour faire place au vacarme des wagons qui s'entrechoquaient dans la gare de triage, au halètement des motrices dont les phares se reflétaient sur le labyrinthe des rails. Zbig les guida par une brèche de la clôture et les fit asseoir derrière un talus.

— L'argent, vite.

Ils lui donnèrent la somme convenue en dollars — leur passeport pour la liberté. Zbig recompta, leur dit d'attendre sans bouger et disparut dans la nuit.

— Pouvons-nous avoir confiance en lui? s'inquiéta Magda.

— Nous ne tarderons pas à le savoir, répondit Valentin avec un haussement d'épaules fataliste.

Ils trompaient leur impatience en regardant les allées et venues des convois quand la voix de Zbig dans l'obscurité les fit sursauter.

— Tout va bien, dit-il en montrant du doigt un homme d'équipe qui marchait le long d'une rangée de wagons.

Sans s'arrêter, l'homme leva sa lanterne, fit coulisser la porte d'un wagon et s'éloigna.

— Notre wagon, dit Zbig. Venez.

Aussitôt grimpés à bord, Zbig referma la porte. Ils s'accroupirent tant bien que mal entre des amoncellements de caisses et de colis.

— Que va-t-il se passer quand... commença Luba.

— Chut ! On pourrait nous entendre. Ne parlez pas jusqu'à ce que le train démarre.

La porte vibra soudain sous des chocs sourds. Effrayées, Magda et Luba s'étreignirent. Zbig les rassura :

— C'est mon ami qui pose les scellés.

— Des scellés ? Pour quoi faire ? s'enquit Luba.

— Les wagons sont vérifiés aux frontières, expliqua Zbig avec impatience. Ceux qui ont les scellés brisés sont interceptés.

— Mais alors, comment allons-nous sortir ? demanda Magda.

— Ne vous inquiétez pas, je m'en charge.

Une forte secousse les projeta contre les caisses. Le train s'ébranla. Quand il eut pris de la vitesse, Valentin se leva et alluma sa lampe électrique.

— Voyons un peu nos compagnons de voyage...

L'examen des étiquettes lui fit bientôt pousser un sifflement admiratif.

— Les meilleurs produits de la charcuterie polonaise : saucisses, jambon... Nous sommes gâtés !

Il fit sauter le couvercle d'une caisse, ouvrit une boîte de conserve et commença à découper un jambon avec son couteau de poche.

— Je comprends maintenant pourquoi nous ne trouvons rien dans les magasins, dit Luba. Nos cochons choisissent eux aussi la liberté.

Tout le monde rit. Zbig sortit de sa poche une bouteille de vodka, la déboucha et la brandit à bout de bras :

— A Vienne ! dit-il en lampant la première gorgée.

Valentin lui prit la bouteille des mains :

— Et moi, je bois à San Francisco !

Il passa la bouteille à Magda, gagnée malgré elle par l'euphorie générale.

— A l'Australie !

Luba porta à son tour le goulot à ses lèvres en fixant Valentin des yeux.

— A San Francisco, dit-elle à mi-voix.

Ils eurent tôt fait de vider la bouteille, en chantant à tue-tête en l'honneur de Zbig qui les emmenait vers la liberté.

— Dans combien de temps serons-nous à la frontière autrichienne ? demanda Luba.

— Une dizaine d'heures. Nous avons largement le temps de nous reposer, répondit Zbig qui roula sa veste en guise d'oreiller et s'étendit sur des caisses.

Luba rejoignit Valentin, couché près de la porte, qui lui fit de la place pour poser la tête sur sa veste. Ils se blottirent joue contre joue. Seule dans l'obscurité, Magda les regardait tristement. Elle se sentait seule, rejetée par ces jeunes. Elle comprenait aussi pourquoi Luba n'était plus jamais disponible ces derniers temps.

— Regrettes-tu d'être venue ? demanda Valentin.

— Non.

— As-tu peur ?

— Je t'aime, dit Luba en lui caressant la joue.

Elle s'étonna d'avoir prononcé ces mots pour la première fois de sa vie. Elle ne les imaginait jusqu'alors que chuchotés dans un film par des femmes élégantes, drapées de déshabillés vaporeux. Pourtant, elle les disait là, couchée sur des planches dures, dans un bruyant wagon de marchandises qui la secouait en lui meurtrissant les os. Elle sentit les lèvres de Valentin se poser sur son front, ses yeux, son nez, ses lèvres enfin. Et ce premier baiser lui parut plus doux, plus enivrant que tous ceux qu'elle avait vus au cinéma.

***

Des grincements de freins et le fracas des tampons entrechoqués les réveillèrent en sursaut. Le train ralentit, s'arrêta. Des rais de lumière se glissaient par les interstices des parois. Inquiets, ils se levèrent en hâte.

— Chut ! fit Zbig, on entend des voix à l'extérieur. C'est sans doute le contrôle à la frontière austro-hongroise.

L'oreille collée à la porte, Valentin s'efforçait de distinguer dans quelle langue s'exprimaient les inconnus.

— Hongrois? murmura Zbig.
Valentin fit signe qu'il ne comprenait rien.
— Allemand, alors?
— Non.
Quand le train s'ébranla de nouveau, ils poussèrent un soupir de soulagement. Zbig consulta sa montre.
— Nous devrions arriver à Vienne dans deux heures.
— Et que ferons-nous, une fois là-bas? demanda Luba.
— Nous ouvrirons la porte et nous demanderons l'asile politique.
— C'est aussi simple que cela?
— Oui. Ils sont très gentils, paraît-il. Ils nous hébergeront dans un camp de réfugiés.

*
**

Six heures plus tard, le train roulait toujours et paraissait même forcer l'allure. A l'extérieur, la lumière faiblissait. Quand s'arrêterait-on? Où était Vienne? Où allait-on? Ils lançaient des regards inquiets à Zbig, qui consultait de plus en plus nerveusement sa montre.
— Alors, Zbig, où sommes-nous? demanda Luba.
— Je n'en sais rien. Nous aurions dû arriver à Vienne depuis longtemps. Le train a peut-être du retard...
Pour la première fois, Zbig n'était plus sûr de lui.
— Et si nous roulions dans la mauvaise direction?
— Dans ce cas, nous ne sommes plus loin de Moscou, dit Valentin en riant.
— Tu n'es pas drôle, grommela Zbig.
— Vous vous énervez parce que vous avez faim, dit Magda. Ouvrons une autre boîte de conserve.
Luba leva les yeux au ciel:
— Ah, non! Je ne veux plus entendre parler de jambon jusqu'à la fin de mes jours!
Accroupi devant une fente, Valentin s'efforçait de voir de quel côté le soleil se couchait.
— J'ai l'impression que nous nous dirigeons plein sud.
— Vers la Yougoslavie? Impossible! grogna Zbig.
— Alors, pourquoi ne pas ouvrir cette maudite porte et trouver une fois pour toutes où nous allons, avant qu'il ne fasse complètement noir? s'écria Luba, exaspérée.
— Bonne idée. S'il y a de la neige, nous saurons que nous sommes en Sibérie, dit Valentin en riant.

— Vous êtes cinglés, tous les deux! s'emporta Zbig. Ce serait de la folie d'ouvrir la porte.

— C'est toi qui es cinglé! répliqua Luba. Tu nous prends notre argent, tu prétends te charger de tout et maintenant tu ne sais même plus où on est!

— Je vous dis que c'est trop dangereux de briser les scellés! s'écria Zbig, excédé. Et si nous n'avions pas encore quitté le bloc communiste, hein?

— Du calme, intervint Valentin. Personne ne te reproche rien, Zbig. Tu as fait ce que tu pouvais. Je crois malgré tout que Luba n'a pas tort. Tu as dit toi-même que nous avions six heures de retard sur l'horaire prévu. Le mieux, c'est d'ouvrir la porte et de se rendre compte où nous sommes.

— Ce serait une erreur...

— Nous ne le saurons qu'une fois qu'elle sera commise. Dans ce cas, on avisera.

Sans attendre de réponse, Valentin s'arc-bouta contre la poignée. A contrecœur, Zbig joignit ses efforts aux siens et ils eurent vite raison des scellés. La porte coulissa, s'ouvrit toute grande. Le vent qui s'engouffra chassa l'atmosphère confinée du wagon et ils regardèrent au-dehors avec curiosité.

Ils traversaient un paysage de champs et de prés où il y avait des vaches et des moutons. Les panneaux routiers étaient trop éloignés pour être déchiffrés et ils ne reconnurent pas la marque d'une voiture arrêtée à un passage à niveau. Un jeune berger leur fit des signes de la main en les voyant.

— Ce pays me plaît, dit Luba. Descendons.

— Tu es trop jeune pour mourir, le train roule à plus de quatre-vingts kilomètres à l'heure, fit observer Valentin.

Accroupis devant l'ouverture, ils aspiraient l'air frais à pleins poumons en cherchant des yeux quelque signe d'espoir. La nuit tombait, des lumières s'allumaient çà et là. Tout à coup, le train ralentit.

— C'est le moment! s'écria Luba.

— Nous roulons encore trop vite, dit Valentin. J'ai l'habitude, préparez-vous et attendez que je vous fasse signe.

Une minute s'écoula, le train ralentit encore.

— Il faut sauter dans le sens de la marche, reprit Valentin. Je sauterai le premier, Zbig ensuite et nous aiderons Luba et sa mère.

Il fit un clin d'œil rassurant à Luba, sauta et continua de courir sur le ballast. Zbig le suivit, trébucha sur une traverse, se rattrapa. Les deux garçons tendirent les mains à Magda et à Luba. Ils se cachèrent dans les hautes herbes du talus jusqu'à ce que le feu rouge du fourgon de queue ait disparu au loin, puis ils traversèrent une prairie vers les lumières d'une ferme isolée à flanc de coteau.

Un chien se mit à aboyer. Ils s'arrêtèrent, inquiets.

— En tout cas, cela n'a ni l'allure de Paris ni l'odeur de la Russie, dit Valentin avec une bonne humeur forcée. Restez ici, je vais essayer de voir où nous avons atterri.

— Fais attention, le supplia Luba.

Magda lui tendit une boîte de conserve.

— Pour quoi faire? s'étonna Valentin.

— Aucun chien dans aucun pays ne refusera de la bonne charcuterie polonaise.

Ils attendirent avec anxiété le retour de Valentin. Au bout de ce qui leur parut une éternité, ils le virent accourir en bondissant de joie.

— Alléluia! cria-t-il en soulevant Luba dans ses bras. Nous sommes en Italie!

— Comment le sais-tu?

— J'ai regardé par la fenêtre. Les fermiers buvaient du chianti et mangeaient des spaghettis. Quant à leur chien de garde, dit-il en embrassant Magda, il adore le jambon polonais!

⁂

A minuit, s'étant présentés à un poste de police où ils demandèrent l'asile politique, ils apprirent qu'ils étaient à Trieste, non loin de la frontière yougoslave. Habitués aux réfugiés, les carabiniers les accueillirent avec gentillesse et les hébergèrent pour la nuit dans les cellules du poste, Magda et Luba dans une, Valentin et Zbig dans une autre.

Luba se coucha sur le bat-flanc contigu à la cellule des garçons, se colla le visage contre les barreaux et tendit ses lèvres, qui rencontrèrent celles de Valentin. Ils s'embrassèrent longuement ainsi, sans se soucier des témoins.

De sa couche, Magda l'observait, les larmes aux yeux. « Bon anniversaire, ma chérie », murmura-t-elle. Mais Luba avait oublié que, ce jour-là, elle avait treize ans.

*
**

Le lendemain, on les fit monter dans un autobus. Le chauffeur leur apprit qu'il les conduisait à un camp de réfugiés, le camp de San Sabba. Jadis voué par la tyrannie nazie à l'extermination des Juifs, des tziganes et des partisans italiens, ce lieu était devenu un refuge pour ceux qui fuyaient la tyrannie communiste.

A l'arrivée au camp, on les sépara. Luba suivit des yeux le plus longtemps qu'elle put la tête blonde de Valentin, qui disparaissait derrière une porte avec les autres hommes.

Une fois à l'intérieur, un surveillant italien vêtu d'un uniforme froissé leur dit de se déshabiller et d'aller dans la salle des douches. Il ne se retira pas pendant que les femmes se dénudaient. Beaucoup en avaient honte mais aucune n'osa se plaindre, tant elles avaient peur d'être renvoyées dans leurs pays. Valentin doit-il en faire autant? se demanda Luba. Ont-ils des surveillantes dans la section des hommes?

Une fois douchées et rhabillées, les agents de l'immigration les soumirent à un long interrogatoire: « Pourquoi avez-vous quitté votre pays? Votre casier judiciaire est-il vierge? Avez-vous des maladies? » Luba se demanda là encore comment Valentin répondait à ces questions.

On attribua à Magda et à Luba une petite chambre au troisième étage. Leur fenêtre donnait sur une cour, séparée par une clôture grillagée. Le bâtiment réservé aux hommes était juste en face, mais Luba ne voyait toujours pas Valentin.

Ce soir-là, couchée près de Magda, Luba se dit combien il était étrange qu'on abrite des réfugiés dans un lieu où d'autres avaient attendu la mort. Elle voulait vivre, elle, et se retrouver bientôt dans les bras de Valentin.

La voix de Magda interrompit ses réflexions.

— Pardonne-moi.

— Comment? dit Luba, stupéfaite.

— Je te demande pardon de ce que je t'ai fait. J'ai été pour toi une mauvaise mère.

— Arrête de dire des choses pareilles!

— Non. Tu n'as jamais eu la chance de vivre une enfance normale. Mais cela va bientôt changer, tu verras. Nous vivrons différemment, nous vivrons mieux, tous ensemble.

Ensemble ? C'est avec Valentin qu'elle voulait vivre, pas avec ses parents. Elle n'avait aucune envie de redevenir une petite fille, elle voulait être une femme — celle de Valentin. Luba sauta de son lit, courut à la fenêtre et, à travers la cour déserte et silencieuse, chanta le plus fort qu'elle put : « *San Francisco, ouvre ta Porte d'Or.* »

Magda bondit :

— Tu es folle ! Qu'est-ce que tu fais ?

On entendit la voix de Valentin répéter en écho la première mesure de la chanson — la seule qu'il connaissait.

— Que se passe-t-il ? demanda Magda, effarée. Qu'est-ce que c'est ?

— Rien, une chanson.

Luba se recoucha, tira sa couverture. Dans l'obscurité, Magda ne pouvait pas voir son sourire de béatitude.

***

Le représentant de la Croix-Rouge informa Magda que leur immigration en Australie ne soulèverait pas de difficulté puisque son mari les attendait à Brisbane. Il suffisait de fournir une attestation d'Adam, confirmant qu'il s'en portait garant et payait leur voyage. Magda reçut la nouvelle avec soulagement, l'attente ne serait pas longue. Luba n'y fit même pas attention. Au comble de l'énervement et de l'inquiétude, elle arpentait la cour tous les jours et se collait au grillage, dans l'espoir, toujours déçu, de revoir Valentin.

Au bout d'une semaine, on leur dit de se rendre avec leurs bagages dans la salle d'accueil. Une soixantaine de réfugiés s'y trouvaient déjà. Luba regarda autour d'elle et, pour sa plus grande joie, reconnut Valentin qui lui souriait de l'autre côté de la pièce. Elle avait prié tous les soirs de le revoir ; Dieu l'exauçait et Luba crut en Dieu.

On les dirigea vers deux autocars. Luba espéra être dans le même que celui de Valentin, mais elle n'avait plus le temps de faire une prière. L'officiel qui cochait les noms sur les listes fit monter Valentin et Zbig dans le deuxième véhicule. Aucun renseignement, aucune explication. On avait vaguement entendu parler d'un transfert dans un camp près de Milan, mais personne ne savait rien de précis. Luba espéra que, cette fois, Valentin et elle seraient enfin réunis.

Quand les autocars démarrèrent, Luba se retourna sur son siège en essayant d'apercevoir Valentin. Les deux véhicules roulèrent l'un derrière l'autre sur un chemin poussiéreux jusqu'à la route principale. Au carrefour, l'autocar de Luba tourna à gauche et se dirigea vers le sud — mais l'autre tourna à droite. Vers le nord. Vers la Pologne !

Luba poussa un gémissement de douleur. Les deux autocars accéléraient, s'éloignaient l'un de l'autre de plus en plus vite. Qu'allait devenir Valentin ? Retournerait-il à son manège ou allait-on le mettre en prison ? Connaîtrait-il jamais San Francisco et sa Porte d'Or ? Luba se retourna une dernière fois. L'autocar de Valentin était hors de vue.

Prostrée sur son siège, le cœur serré, les larmes aux yeux, Luba s'efforçait en vain de faire taire une voix qui lui répétait à l'oreille : « Tu ne reverras jamais Valentin. »

Chapitre 3

1945 : SYRACUSE, NEW YORK

De Trieste à Syracuse, pendant la traversée de l'Atlantique dans l'avion de transport militaire, Danny resta muet, les poings crispés, serré contre Tyrone, le grand *marine* noir qui l'avait libéré de San Sabba. Autour de lui, les soldats chantaient, riaient, se réjouissaient bruyamment de rentrer chacun chez soi. Danny ignorait ce que « chez soi » voulait dire ; il savait seulement qu'on allait le séparer de Tyrone.

Ils ne s'étaient plus quittés depuis que Tyrone, trois mois auparavant, l'avait pris par la main dans une allée du camp. Quand Tyrone, ce jour-là, avait essayé de le faire monter dans un camion militaire avec les Juifs rescapés, Danny s'était désespérément accroché à son cou. Tyrone avait beau lui prodiguer des paroles rassurantes, Danny se rappelait trop clairement son départ de la ferme en camion avec sa famille et il se débattait de toutes ses forces. Tyrone le reposa à terre, tenta de le raisonner ; mais les yeux du petit garçon exprimaient une telle terreur que le *marine* n'insista pas. Il embarqua Danny dans sa jeep et l'emmena à l'hôtel abandonné qui servait de cantonnement à sa compagnie.

Le lieutenant fit semblant de ne pas remarquer la présence incongrue de ce jeune blanc au milieu de ses gaillards, tous noirs, qui en firent bientôt leur mascotte. Les hommes s'amusaient de sa voracité et lui remplissaient son assiette de triples portions de corned-beef. Ils lui enseignèrent des rudiments d'anglais — essentiellement composés d'argot militaire et d'expressions raffinées du style « Quel bordel ! ». Danny s'accoutumait à sa nouvelle vie quand la compagnie fut rapatriée à sa base de Syracuse, dans l'Etat de New York.

— Sois tranquille, Danny, tu viens avec nous en Amérique, lui dit Tyrone du ton le plus rassurant.

Malgré tout, Danny tremblait comme une feuille en montant dans le gros appareil aux hélices qui tournaient avec un bruit de tonnerre. Où allait-il ? Que ferait-on de lui là-bas ?

Quand ils atterrirent enfin, les hommes poussèrent des cris de joie. Tyrone emporta Danny dans ses bras jusqu'à un break, stationné au bout de la piste, où l'on voyait ORPHELINAT SAINT-JEAN peint sur les portières. A leur approche, une montagne d'étoffe noire, surmontée d'un visage gras et blanc serré dans une cornette empesée, émergea de la voiture et se présenta :

— Je suis sœur Marie-Thérèse.

— Elle va bien s'occuper de toi, dit Tyrone en donnant l'accolade à son protégé. A un de ces jours, collègue !

Là-dessus, il le salua militairement et courut rejoindre ses camarades qui formaient les rangs.

***

L'orphelinat était installé dans un sinistre entrepôt désaffecté que les essais de décoration des religieuses, à grand renfort de chromos représentant des saints et des martyrs, ne parvenaient pas à égayer. Il abritait quelque cent vingt garçons de six à dix ans. Pour la plupart abandonnés à la naissance, ils échouaient dans cette institution après avoir été ballottés de nourrices en familles adoptives jusqu'à l'âge de la scolarité.

Sœur Marie-Thérèse emmena Danny à sa chambre, cellule nue peinte en blanc et meublée de six lits alignés contre un mur. Les fenêtres étaient d'étroites meurtrières, si hautes qu'il fallait monter sur une chaise pour voir à l'extérieur. L'atmosphère évoquait San Sabba au point que Danny se demanda s'il verrait la cheminée en regardant dehors.

La sœur l'informa qu'étant le plus âgé de la chambrée, il lui incomberait de veiller à ce que les lits soient faits et la pièce bien rangée.

— OK, frangine, je ferai pas le bordel, répondit-il

— Jésus, Marie, Joseph ! s'exclama sœur Marie-Thérèse en se signant. N'emploie jamais plus des mots pareils !

Danny se borna, dorénavant, à approuver d'un signe de tête quand on lui donnait des ordres.

La mère supérieure se révéla moins compréhensive. Elle examina sa nouvelle recrue d'un regard perçant et exprima sa réprobation en apprenant que le jeune tzigane n'avait reçu aucune instruction religieuse.

— Nous y mettrons bon ordre, déclara-t-elle.

Elle lui appliqua aussitôt un programme de catéchisme intensif censé le préparer aux premiers sacrements, baptême et première communion. Sans résister ouvertement, Danny prétexta de sa mauvaise connaissance de la langue pour ne pas comprendre les leçons. La supérieure se résigna à ajourner d'un an l'évangélisation du jeune païen et inscrivit Danny à l'école voisine.

Partout, Danny souffrit de se sentir un étranger. A l'orphelinat, les autres le tenaient à l'écart et imitaient son accent derrière son dos. A l'école, les garçons se moquaient de lui en classe à chaque fois qu'il butait sur un mot ou ne comprenait pas la leçon.

Margaret Dennison, l'institutrice, éprouva aussitôt une vive compassion pour Danny et réprimanda les élèves qui faisaient de lui leur tête de Turc. Grande et belle femme d'une quarantaine d'années, à la distinction naturelle, elle portait des cols de dentelle et sentait bon la lavande. Le premier jour, elle garda Danny après la classe, lui donna une grammaire élémentaire et lui apprit à s'en servir. Grâce à son aide, il ne considéra bientôt plus l'instruction comme une torture.

Avec Mme Dennison, Danny s'était fait sa première amie en Amérique. Le second fut Roy, un de ses compagnons de chambre.

Roy était un frêle petit garçon de six ans, pourvu d'une tignasse rousse, de taches de son sur le nez et de dents de travers que dévoilait un sourire permanent. Les autres le prenaient comme souffre-douleur et lui faisaient exécuter leurs corvées — balayer la chambre ou laver la vaisselle — en échange du « privilège » de jouer de temps en temps cinq minutes avec eux au base-ball. Sans rien comprendre aux règles du jeu, Danny ne tarda pas à constater que Roy, malgré tous ses efforts, ne serait jamais un athlète.

Un jour, à la salle de douches, les autres incitèrent Roy à taquiner Danny.

— Dis donc, tu en as un drôle de zizi! lui dit-il en montrant du doigt son pénis circoncis. Je peux regarder?

En le voyant approcher, Danny le repoussa avec colère. Roy glissa, tomba la tête la première sur le carrelage et se mit à saigner du nez. Danny regretta aussitôt son geste; il n'avait pas voulu lui faire mal, mais le petit garçon était si léger qu'une simple chiquenaude l'aurait fait tomber. Bien entendu, les autres s'étaient enfuis précipitamment. Danny ne voulut pas abandonner Roy et s'efforça de stopper l'hémorragie avec sa serviette.

Dans la pièce voisine, sœur Marie-Thérèse distribuait les serviettes et vérifiait ensuite si les enfants s'étaient débarbouillés convenablement derrière les oreilles.

— Grand dieu, mon pauvre enfant, que t'est-il arrivé? s'écria-t-elle en voyant sortir Roy, qui saignait encore et pleurait à chaudes larmes.

— Rien, ma sœur, bredouilla-t-il.

Elle lança un regard soupçonneux à Danny qui suivait, plein de remords, et affichait une mine coupable.

— En es-tu sûr? Personne ne t'a poussé ou battu?

— Non, ma sœur. J'ai glissé tout seul et je suis tombé.

Ce soir-là, une fois les lumières éteintes, Danny alla sur la pointe des pieds auprès du lit de Roy.

— Merci, tu es un chic type, chuchota-t-il.

— Tu veux bien m'apprendre à être *catcher*?

— Je ne sais pas jouer au base-ball.

— Alors, tu veux bien me lire des histoires?

— Je ne suis pas très doué mais j'essaierai, promit Danny, en se rappelant combien il aimait que sa sœur lui fasse la lecture avant de se coucher.

A compter de ce jour-là, ils furent inséparables. Ils s'asseyaient l'un à côté de l'autre au réfectoire et Danny protégeait Roy des brimades. Roy sacrifia son trésor le plus précieux, une peau de grenouille séchée, pour changer de place avec un autre et occuper le lit voisin de celui de Danny. Il dénicha une vieille balle de base-ball afin d'enseigner les règles du jeu à son ami. Roy réussit même à se procurer une lampe électrique pour que Danny puisse lire après l'extinction des lumières — luxe inutile, car Roy s'endormait presque toujours avant la fin de l'histoire.

En écumant la maigre bibliothèque de l'orphelinat à la recherche de livres susceptibles d'intéresser Roy, Danny découvrit un recueil illustré des contes d'Andersen. Il le feuilletait, partagé entre la joie et la mélancolie, quand il vit le dessin représentant le Diable et ses acolytes s'envolant à travers les nuages, chargés de leur miroir maléfique. Le cœur serré, les larmes aux yeux, Danny referma le livre et le rejeta si fort sur l'étagère qu'il le fit tomber derrière le rayonnage.

***

Mme Dennison était fière des rapides progrès de son élève. Un jour, elle lui dit qu'il devrait aller plus souvent au cinéma, car c'était un bon moyen d'assimiler les intonations et de s'accoutumer à penser dans la langue.

— Je n'y suis jamais allé, avoua Danny, honteux.

— C'est vrai, tu n'es ici que depuis six mois. Eh bien, nous allons combler cette lacune! Je dois mes meilleurs souvenirs de jeunesse aux séances du samedi après-midi.

Le samedi suivant, ils prirent le bus ensemble. En arrivant dans le centre de la ville, Danny était surexcité: il n'avait jamais vu autant de monde ni autant d'activité. Dans le tintamarre des avertisseurs, des voitures, des autobus, des camions se croisaient, se doublaient. Partout, les feux changeaient constamment du rouge au vert; des enseignes lumineuses, vantant les mérites d'une marque de boisson, de lessive ou d'automobile, clignotaient pour attirer l'attention. Sur les trottoirs, des camelots vendaient des marrons grillés et de curieux beignets ronds, dont Mme Dennison lui apprit qu'ils s'appelaient des *doughnuts*. Danny vit avec stupeur des enfants manger des cornets de glace en plein hiver. Malgré le vacarme et la confusion, tous ces gens allaient, venaient, parfaitement à leur aise et semblaient savoir où ils allaient.

A un carrefour, le nom du cinéma RIALTO brillait en lettres bleues. Une file d'attente s'allongeait devant une sorte de guérite aux allures de Taj Mahal où l'on vendait les billets. Mme Dennison donna en souriant à Danny une pièce de vingt-cinq *cents* pour acheter lui-même le sien. Dans le hall en rotonde, il écarquilla les yeux devant le spectacle féerique d'une fontaine multicolore — comment faisait-on pour teindre des jets d'eau en rouge, en vert, en bleu? Mme Dennison lui fit traverser un immense tapis circulaire et gravir un escalier à la balustrade de marbre. Ebloui par la magie du décor, Danny ne remarqua pas que le marbre était ébréché, la peinture écaillée et le tapis usé jusqu'à la trame.

En entrant au balcon, il crut pénétrer dans un immense palais, aux colonnes dorées s'élançant vers le firmament bleu nuit où scintillaient des centaines d'étoiles. Bouche bée, il se laissa guider vers un fauteuil de velours rouge. Il y était à peine assis que, soudain, un assemblage de tuyaux dont il ne comprenait pas la fonction émit des sons majestueux qui lui donnèrent la chair de poule. Fasciné, il en oublia jusqu'à l'existence de Mme Dennison. Un rideau de brocart se leva lentement, dévoilant une grande surface blanche, tandis que la musique devenait plus douce et que les lumières baissaient. La salle fut bientôt plongée dans le noir. Danny allait avoir peur quand il entendit Mme Dennison lui chuchoter: « J'espère que cela te plaira. » Hors d'état de répondre, il fit un signe de tête. Un rayon de lumière perça soudain l'obscurité et des images d'un autre monde apparurent sur l'écran. Des trompettes sonnaient, des chevaliers en armure galopaient. Sous les traits de Laurence Olivier, le roi Henry V regagnait son château. C'est ainsi que Danny découvrit Shakespeare.

***

Dorénavant, tous les samedis après-midi, Danny et Mme Dennison venaient rituellement croquer du *pop-corn* dans une salle à moitié vide, le regard rivé sur l'écran.

Danny refusait de bouger de son siège tant qu'il n'avait pas déchiffré la dernière ligne du générique de fin. Il souffrait de voir les lumières se rallumer et l'écran redevenir blanc. Il était devenu incollable sur les films, les vedettes, les metteurs en scène, les scénaristes, les chefs opérateurs. S'il ignorait les scores de Jackie Robinson dans le championnat de base-ball de 1947 — information que les pensionnaires de l'orphelinat, y compris Roy, connaissaient tous par cœur —, il savait, en revanche, que c'était Ronald Colman qui avait emporté l'Oscar du meilleur réalisateur cette année-là. Il s'était pris de passion pour ces ombres projetées par un rayon de lumière.

Un jour, après avoir contemplé avec admiration, dans *Les Plus Belles Années de notre vie*, Harold Russell verser du café à l'aide des crochets de métal qui lui remplaçaient les mains, il ravala difficilement ses larmes. Il fut stupéfait, à la sortie, de constater que beaucoup d'hommes pleuraient sans se cacher. Mme Dennison était elle-même émue.

— Le cinéma touche les gens dans le monde entier, lui dit-elle. C'est une forme d'art aussi importante que la littérature, encore plus puissante peut-être.

Cette puissance, Danny l'avait lui aussi ressentie.

La semaine suivante, rêvant du film de Fred Astaire annoncé pour le samedi, il redoubla d'application dans son travail scolaire et fit toutes ses corvées à l'orphelinat. Mais Mme Dennison se décommanda à la dernière minute.

Accablé, Danny tourna toute la matinée dans sa chambre comme un ours en cage. Il se sentait délaissé. Roy jouait au base-ball — l'équipe l'avait finalement admis comme remplaçant. Leurs cris lui parvenaient du dehors. Grimpé sur une chaise, il regarda par la fenêtre et vit Roy, assis à l'écart sur un banc, qui tenait d'un air malheureux une batte aussi grande que lui. Danny n'était donc pas le seul à se plaindre de son sort, mais cela ne le consola pas.

L'horloge marquait midi et demi. Dans une demi-heure, Fred Astaire danserait sur l'écran du Rialto. Non, Danny ne pouvait pas manquer cela... Il se coiffa de la casquette que les pensionnaires de l'orphelinat devaient obligatoirement porter pour sortir en ville, courut sur la pointe des pieds dans le couloir désert et dépassa sans encombre le bureau de la mère supérieure. Il atteignait la porte d'entrée quand la voix de sœur Marie-Thérèse le fit sursauter :

— Où vas-tu, Daniel ?

— Mme Dennison m'attend dehors, bredouilla-t-il.

La sœur hocha la tête et réintégra la loge. Les jambes flageolantes, Danny partit en courant dans la rue.

S'il n'avait pas d'argent, il savait comment s'y prendre. Arrivé devant le cinéma, il fourra sa casquette dans sa poche et fit la queue à côté d'une dame d'allure digne. Juste avant d'atteindre le guichet, il entra avec assurance, fit un geste vague en disant au contrôleur : « C'est ma mère qui prend mon billet. » L'autre le laissa passer et, une fois à l'intérieur, Danny monta l'escalier en courant, se coula sur un siège vide dans un coin du balcon et s'y terra jusqu'à ce que les lumières s'éteignent. Mais à peine eut-il entendu les premières notes de musique que son inquiétude s'évanouit. Cinq minutes plus tard, il battait la mesure avec si peu de discrétion que sa voisine dut le faire taire d'un coup de pied dans la cheville.

Le film terminé, Danny se glissa dehors par une sortie de secours avant la fin du générique et regagna l'orphelinat en dansant et en chantant tout le long du chemin. Sœur Marie-Thérèse était toujours de garde à l'entrée.

— Merci, madame Dennison ! cria-t-il à la cantonade.

Là-dessus, il salua poliment la religieuse en passant devant elle et se hâta de remonter dans sa chambre. A la réflexion, il préféra ne pas avouer son coup d'éclat à Mme Dennison. Il n'en parla même pas à Roy.

***

Les dimanches étaient les jours les plus pénibles de la vie à l'orphelinat. Les pensionnaires se levaient plus tôt que d'habitude pour aller à la première messe de six heures, car le curé ne voulait pas qu'ils encombrent l'église paroissiale pendant les messes plus fréquentées dans la matinée. Ils devaient ensuite se préparer pour le petit déjeuner des parents adoptifs. La cérémonie commençait par un discours de la mère supérieure, qui dépeignait en termes émouvants les récompenses que le Ciel répandait sur ceux qui savaient faire preuve de générosité en donnant un foyer à de malheureux orphelins. Les garçons s'alignaient ensuite sur la scène comme des marchandises à l'étalage et chantaient des cantiques, tandis que les visiteurs les toisaient avec intérêt en engloutissant des œufs au bacon et du café. A la fin de ces agapes, il était rare qu'un des garçons n'ait pas trouvé preneur.

Depuis son arrivée à Saint-Jean, Danny avait maintes fois entendu dire qu'il était trop âgé pour se faire adopter. Cela lui convenait tout à fait : il répugnait à devoir encore une fois changer ses habitudes ; il réussissait dans ses études, il avait perdu son accent et s'était enfin intégré à ses camarades. Seule la perspective d'être séparé de Roy l'inquiétait. Comme les autres, le petit garçon lançait des regards désespérés aux visiteurs du dimanche dans l'espoir que son tour viendrait et il décrivait sans cesse le foyer imaginaire dont il rêvait. Danny savait que ses parents l'avaient abandonné à sa naissance et qu'il ne les avait jamais connus.

— Tu te souviens de ton papa et de ta maman, Danny ? lui avait une fois demandé Roy.

— Je ne veux pas en parler, avait-il sèchement répondu.

Le dimanche soir, après chaque nouvelle déception, Roy faisait des cauchemars et mouillait son lit. Il en était d'autant plus mortifié que cet accident entraînait une punition sévère. Privé de dîner, le coupable devait rester au réfectoire avec un écriteau JE MOUILLE MON LIT pendu au cou. Souvent déjà, pendant que les autres dormaient, Danny avait dû subtiliser des draps propres dans le placard de la lingerie et aider Roy à refaire son lit avant que sœur Marie-Thérèse ne s'en aperçoive. Les draps salis étaient cachés dans les ressorts du sommier jusqu'à la prochaine tournée de lessive.

Une nuit, Danny fut réveillé par un chuchotement :

— J'ai fait pipi au lit.

— Encore, Roy ! Tu exagères...

Danny se rendit à la lingerie pour constater, affolé, que le placard était vide. Il n'avait pas le choix. Il rentra sans bruit dans la chambre, ordonna à Roy de ne rien dire et échangea son drap sec contre le drap mouillé.

— Non, Danny ! protesta Roy. C'est toi qui vas être puni.

— Couche-toi, répondit Danny, de mauvaise humeur. Tu es trop maigre pour sauter encore un repas.

Il se rendormait quand Roy le héla de nouveau à mi-voix :

— Danny.

— Quoi encore ?

— Peut-être que nous serons adoptés ensemble.

— Peut-être.

Il essuya ce soir-là sa pire humiliation, en arborant au réfectoire l'infamante pancarte sous les ricanements de ses camarades.

***

Pour la fête de fin d'année scolaire, Mme Dennison fit apprendre à Danny un poème de Kipling.

— N'aie pas peur, Daniel, ton anglais est irréprochable. Regarde-moi si tu as le trac ou un trou de mémoire. Je serai assise au premier rang et je te soufflerai les mots.

Mais Danny déclama sans aide et sans accent :

Si tu sais méditer, observer et connaître
Sans jamais devenir sceptique ou destructeur,
Rêver, mais sans laisser ton rêve être ton maître,
Penser sans n'être qu'un penseur...

Grisé par le bruit des applaudissements, Danny raconta tout à Roy ce soir-là. Roy connaissait lui aussi le poème par cœur — il n'avait d'ailleurs pas pu faire autrement, Danny le lui serinait tous les soirs depuis quinze jours. Danny le persuada donc de réciter le poème au prochain déjeuner d'adoption et Roy souleva l'enthousiasme général. La mère supérieure elle-même le gratifia d'un sourire approbateur. Dans l'assistance, un couple applaudissait plus fort que les autres. Danny les vit s'entretenir avec la mère supérieure pendant que les enfants débarrassaient les tables et il n'eut pas de peine à deviner qu'ils voulaient adopter son ami.

Devant la mine radieuse de Roy, Danny parvint à dissimuler son désarroi. Epanouis et souriants, ses parents adoptifs paraissaient sympathiques. Ils le rendraient sûrement heureux et l'engraisseraient un peu, déclara Danny en aidant Roy à se préparer. Ce ne fut guère long : toutes ses richesses tenaient dans une vieille boîte à cigares et il n'avait le droit d'emporter que les vêtements qu'il avait sur lui.

Quand Roy, impatient de rejoindre sa nouvelle famille, courut à la porte de la chambre, Danny resta cloué sur place, oppressé comme un noyé qui n'a plus la force de remonter respirer à la surface. Tout à coup, Roy s'arrêta et se tourna vers son ami, l'air inquiet.

— Dis, Danny, tu ne crois pas qu'on pourrait prendre un drap dans le placard et le plier tout petit, pour le mettre dans ma boîte ? Tu sais, juste en cas de...

— Sois tranquille, tu ne le feras plus. Maintenant, tu as un père et une mère, une maison, une chambre à toi. Tu n'auras plus de cauchemars et tu dormiras bien.

— Oui, mais si ça m'arrivait encore ?...

— Demande à ta mère de te lire une histoire avant de te coucher et ça ne t'arrivera plus. Allons, viens !

Danny accompagna Roy au parloir, où les parents l'attendaient en souriant. Mais quand ceux-ci emmenèrent Roy vers leur voiture, le petit garçon leur lâcha la main, courut vers Danny et le serra dans ses bras en sanglotant.

— Je t'aime, Danny. Je ne t'oublierai jamais. Jamais.

Bouleversé, Danny suivit des yeux la voiture qui s'éloignait. Elle avait depuis longtemps disparu qu'il était toujours immobile à la même place, la gorge nouée par l'émotion.

***

Le départ de Roy rendit d'autant plus précieuse à Danny son amitié avec Mme Dennison. Il lui dit à quel point son ami lui manquait depuis qu'il avait été adopté.

— Peut-être auras-tu bientôt toi-même une famille.

— Non, je suis trop vieux. J'ai quinze ans.

Le dimanche suivant, en chantant avec la chorale, Danny reconnut avec étonnement Mme Dennison assise dans l'assistance, à côté d'un grand monsieur maigre dont les mèches de cheveux gris dissimulaient mal la calvitie. Il crut d'abord qu'il s'agissait de son père, mais il apprit ensuite que c'était son mari. John Dennison était l'ancien directeur de l'école où sa femme enseignait encore. Ils s'étaient mariés dix ans auparavant, l'un et l'autre pour la première fois. A la fin du repas, Danny fut convoqué dans le bureau de la mère supérieure, où il retrouva les Dennison. Leur expression solennelle lui fit aussitôt comprendre qu'un événement important était sur le point de se produire.

— Assieds-toi, Daniel, dit la mère supérieure, nous avons quelque chose à te dire.

Daniel lança à Mme Dennison un regard interrogateur.

— Daniel, dit-elle, Dieu ne nous a pas accordé la joie d'avoir un enfant et nous aimerions t'adopter.

— En effet, mon garçon, approuva M. Dennison en souriant.

— C'est bien vrai ? s'écria Danny, stupéfait.

— C'est bien vrai, répondit Mme Dennison en l'embrassant sur le front.

***

Avant de quitter l'orphelinat Saint-Jean, Danny demanda l'adresse de Roy à la sœur Marie-Thérèse.

— Nous ne divulguons jamais ce renseignement, Daniel, tu le sais aussi bien que moi.

— Roy était mon meilleur ami !

— Je sais, mais nous devons parfois oublier nos affections temporelles afin de mieux nous consacrer à l'essentiel. Tu n'as pas oublié, j'espère, pourquoi nous sommes sur Terre, Daniel ? Adorer et servir le Seigneur.

Danny eut de nouveau la gorge nouée. Il ne reverrait jamais Roy, il ne pourrait jamais lui parler de la ferme, de Tateh, de Mameh, de Rachel. Pourquoi n'avoir pas partagé son secret avec la seule personne au monde en qui il ait eu vraiment confiance ? Il avait souvent été sur le point de lui parler mais, au dernier moment, quelque chose l'avait toujours retenu.

Désormais, il avait une vie nouvelle et un nouveau nom. Il était Daniel Dennison, fils de M. et Mme John Dennison, avec sa propre chambre au second étage de leur petite maison, toute pareille aux autres dans la rue bordée d'arbres. Son lit était disposé dans une alcôve face à la fenêtre, sous laquelle il y avait un coffre où Mme Dennison avait empilé des coussins à fleurs pour en faire une banquette. Dans un tiroir, Danny conservait ses plus précieux souvenirs : l'insigne de parachutiste que lui avait donné Tyrone et la vieille balle de base-ball que Roy et lui se lançaient la nuit d'un lit à l'autre. La maison sentait la lavande ; les sièges recouverts de chintz, les abat-jour à franges et les napperons brodés reflétaient les goûts victoriens de Mme Dennison.

M. Dennison abordait parfois le sujet du passé de Danny, qui lui donnait toujours la même réponse : séparé de sa famille pendant la guerre, il s'était retrouvé à San Sabba et n'en savait pas davantage. Pour sa part, Mme Dennison n'insistait pas et changeait de conversation. S'il lui arrivait de dire affectueusement à Danny « mon petit bohémien », ces attendrissements étaient rares entre eux. Elle ne l'appelait jamais Danny mais Daniel, comme si elle voulait déjà le traiter en adulte. La santé déclinante de M. Dennison — à qui Danny ne put jamais se résoudre à dire « père » — contribuait à rapprocher Danny de sa mère adoptive. Ils se rendaient ensemble à l'école tous les matins, elle l'aidait le soir à faire ses devoirs et, le samedi après-midi, ils allaient rituellement au cinéma.

M. Dennison avait d'abord exigé que Danny assiste le dimanche matin à l'office religieux. Les Dennison appartenaient à l'Eglise épiscopalienne et Danny apprit, par la suite, qu'ils avaient eu beaucoup de mal à convaincre la mère supérieure de confier un de ses pupilles à des non-catholiques. Les offices protestants parurent à Danny aussi ennuyeux que les messes catholiques, mais l'aggravation de l'état de santé de M. Dennison, qui ne quittait pour ainsi dire plus son lit, lui permit bientôt d'échapper à cette corvée.

Danny se passionnait de plus en plus pour le cinéma. Il allait souvent à la bibliothèque universitaire de Syracuse lire des ouvrages de cinématographie. Désormais, quand il voyait un film avec Mme Dennison, il prêtait attention aux moyens techniques qui donnaient l'illusion de la réalité, à l'utilisation des ombres et des éclairages pour créer une atmosphère.

Un samedi, Mme Dennison l'emmena voir un film de gangsters à la fin duquel James Cagney, poursuivi par la police, grimpe sur un énorme baril de pétrole qui explose dans un jaillissement de flammes. Pendant toute la projection, Danny resta assis, haletant, sur le rebord de son siège.

— Je suis désolée, Danny. Nous n'aurions pas dû venir voir un film aussi violent, dit-elle sur le chemin du retour.

— Pourtant, c'était remarquablement réalisé. La dernière scène était si réaliste...

— Trop réaliste — horrible!

Danny eut envie de répondre: « J'aurais bien voulu faire un film comme celui-là », mais il préféra s'abstenir.

***

La famille fêta le seizième anniversaire de Danny avec un gâteau au chocolat et du champagne. M. Dennison était descendu en robe de chambre. Il ne but pas de champagne mais prononça les vœux de circonstances:

— Joyeux anniversaire à notre fils...

Une soudaine douleur à la poitrine l'interrompit. Mme Dennison lui fit avaler une pilule, Danny et elle mangèrent le gâteau puis, après avoir bu le champagne, elle lui donna un petit paquet joliment emballé. Danny défit le ruban et découvrit une montre en acier inoxydable au bracelet de cuir noir. Trop ému pour boucler lui-même le bracelet à son poignet, il dut se faire aider par

Mme Dennison. C'était la première montre de sa vie et il remercia ses parents avec effusion.

— Allons, assez d'excitation pour ce soir. Maintenant, John, tu vas remonter te coucher, dit Mme Dennison en tendant à son mari un comprimé de somnifère et un verre d'eau.

— Tu m'en as déjà donné un.

— Mais non, John. Tu perds la mémoire, ma parole!

Avec un sourire, elle lui mit le comprimé dans la bouche et porta le verre d'eau à ses lèvres.

Danny ne fit aucun commentaire et l'aida à emporter la vaisselle à la cuisine.

— Il est tard, lui dit-elle. Prépare-toi à te mettre au lit et n'oublie pas de finir ton travail.

— Je n'oublierai pas, Margaret.

Depuis peu, elle insistait pour qu'il l'appelle par son prénom quand ils étaient seuls.

— Je viendrai tout à l'heure voir où tu en es, dit-elle en lui donnant un petit baiser sur la joue.

Après s'être douché et avoir mis le pyjama propre étalé sur le lit, Danny prit ses livres scolaires et se mit au lit. Il aimait relire les poèmes qu'il étudiait en classe et que Mme Dennison lui faisait souvent déclamer. Sa diction était irréprochable, personne n'aurait pu se douter de ses origines.

Plongé dans sa lecture, il entendit la porte s'ouvrir et vit avec étonnement que Margaret Dennison, au lieu de son habituel peignoir en tissu éponge, portait une légère chemise de nuit largement décolletée. Elle vint s'asseoir près de lui et Danny ne put détacher les yeux de ses seins, dont les pointes se dessinaient à travers le tissu transparent.

— Bon anniversaire, mon Daniel, dit-elle en le serrant sur sa poitrine. Tu m'as — tu nous as donné tant de joie.

— Merci encore pour la montre, bafouilla Danny, troublé.

— Je n'oublierai jamais le jour où tu as récité ce poème de Kipling, reprit-elle comme si elle n'avait pas entendu. Pas une seule fois tu n'as eu besoin de me regarder. Tu étais là, sur la scène, si beau, si sûr de toi...

Alors, les Rois, les Dieux, la Chance et la Victoire
Seront à tout jamais tes esclaves soumis
Et, ce qui vaut mieux que les Rois et la Gloire,
Tu seras un homme, mon fils.

Elle lui caressait les cheveux. Danny sentait contre sa joue la courbe de son sein ferme. Le cœur battant, les mains moites, il ne savait que faire.

— Oh ! regarde, dit-elle en montrant la fenêtre. Quel beau clair de lune.

De sa main libre, elle éteignit la lampe de chevet :

— N'est-ce pas mieux ainsi ?

— Oui...

Quand elle s'étendit près de lui, il eut la chair de poule et, un instant, fut tenté de bondir du lit et de s'enfuir. Mais quand elle posa les lèvres sur les siennes et les écarta doucement du bout de la langue, Danny éprouva entre les jambes une délicieuse sensation de chaleur et ne pensa plus à fuir.

— Seize ans... murmura-t-elle. Es-tu déjà un homme ?

Elle l'embrassa de nouveau sans lui laisser le temps de répondre et, cette fois, il écarta les lèvres de lui-même. Elle glissa la main dans son pyjama, lui caressa le ventre. Danny s'enhardit, la prit dans ses bras, la serra contre lui. Elle fit glisser sa main plus bas.

— Oui, murmura-t-elle. Tu es un homme.

***

Dorénavant, faire l'amour avec Margaret le samedi soir devint aussi rituel que les matinées au cinéma. Danny se demandait souvent si, ces soirs-là, M. Dennison avait droit à une double dose de somnifère.

Ainsi déniaisé, Danny s'intéressa aux filles de son âge à l'école et louchait sur leurs petits seins qui pointaient. Sa voisine en classe de sciences naturelles, une jolie blonde nommée Peggy, l'invita à son anniversaire. Ce samedi-là, après le dîner, Danny remonta à toutes jambes dans sa chambre. Il mit sa plus belle chemise blanche et son costume bleu marine, cira ses chaussures en fredonnant gaiement et descendit l'escalier en dansant. Mme Dennison l'attendait dans le vestibule, un sourire glacial aux lèvres.

— J'espère que tu t'amuseras bien, Daniel.

— Je ne resterai pas tard, mère... euh, Margaret.

— Rentre quand tu veux, Daniel, dit-elle en le dévisageant d'un regard perçant. Ne t'occupe surtout pas de moi.

— Vous, euh... tu préférerais que je ne sorte pas ?

— Agis comme bon te semble. Tu es assez grand pour décider tout seul ce que tu dois faire.

Là-dessus, elle tourna les talons. Danny la suivit des yeux, hésita, tripota nerveusement sa montre. Puis, la tête basse, il remonta l'escalier avec un soupir résigné.

***

Vers la fin de sa dernière année scolaire, Mme Dennison tenta de persuader Danny de rester à l'université de Syracuse, mais il avait déjà décidé de prendre le large. Il ne supportait plus de se sentir tenu en laisse, de ne pouvoir nouer aucune relation avec des filles de son âge et d'être constamment en butte aux récriminations de Margaret Dennison, même quand il sortait avec des garçons.

Quand elle apprit que Danny avait obtenu une bourse à l'Institut des Arts Libéraux de la *University of Southern California*, elle ne put cependant s'opposer à son départ.

Pour certains, 1950 restera l'année de l'attentat manqué contre le Président Truman, ou celle du début de l'hystérie anticommuniste orchestrée par le sénateur Joseph McCarthy. Pour sa part, Danny ne se souvint que de l'Oscar remporté par *Eve*, avec Anne Baxter et Bette Davis. Ce fut le dernier film que Mme Dennison et lui allèrent voir ensemble, la veille de son départ pour la côte Ouest.

***

La chaleur de la Californie au mois de septembre le prit au dépourvu. A Syracuse, les arbres changeaient déjà de couleur et commençaient à perdre leurs feuilles. Ici, les fleurs étaient épanouies et les palmiers — si hauts que Danny se demanda ce qui les empêchait de tomber — se dressaient, toujours verts, dans un ciel uniformément bleu.

Il s'aventura avec inquiétude sur le campus de USC. Les étudiants arboraient sur leurs sweaters les lettres grecques de leurs fraternités; ils faisaient preuve de tant d'aisance que Danny n'osait pas s'en approcher et restait muet quand on lui adressait la parole. A dix-huit ans, il se sentait aussi désorienté que le jour de son arrivée à l'orphelinat. Il regrettait Syracuse et la sécurité trouvée auprès des Dennison. La première semaine, il écrivit tous les jours à Margaret — jusqu'à ce qu'il s'aperçoive que les filles se retournaient sur son passage en chuchotant: « Quel beau garçon! » Il reçut des invitations de plus en plus fréquentes, de sorte qu'il n'eut bientôt plus le temps, ni le besoin, d'écrire aussi souvent. Il se libéra définitivement de l'emprise de sa mère adoptive lorsqu'il décrocha un job de serveur dans un restaurant et n'eut plus à dépendre d'elle pour son argent de poche hebdomadaire.

Elève brillant, il fut très vite sollicité par diverses fraternités qui auraient souhaité l'enrôler. Mais quand une fraternité juive le pressentit, Danny céda à la panique.

— Vous faites sûrement erreur, je ne suis pas Juif, bredouilla-t-il à l'étudiant venu le recruter.

— Aucune importance, répondit l'autre en riant, nous ne sommes pas racistes.

Danny était consterné. Pourquoi l'avoir contacté, *lui*? Se doutaient-ils de quelque chose? Enfermé dans sa chambre, il s'observa dans le miroir au-dessus du lavabo, scruta ses boucles brunes, se contorsionna pour vérifier qu'il avait le nez droit. Non, il n'avait décidément pas l'air Juif! Mme Dennison lui avait même dit qu'il ressemblait à Robert Taylor, l'acteur. Or, Taylor n'était pas Juif — à moins que...

A peine fut-il pressenti par la fraternité Sigma Alpha Epsilon, considérée comme la plus prestigieuse du campus, que Danny sauta sur l'occasion. Typiquement Américains, bourgeois et protestants, ses membres étaient toujours élégants et environnés de grandes blondes aux jambes spectaculaires. La SAE était établie dans une vaste maison blanche d'aspect cossu, précédée d'une véranda et d'imposantes colonnes doriques.

Intimidé, Danny arriva en avance. Un étudiant en blazer bleu marine, orné des trois lettres grecques brodées en or sur sa pochette, l'introduisit dans une bibliothèque où quatre personnages, vêtus tous quatre de blazers identiques, trônaient autour d'une table d'acajou. Danny eut aussitôt honte de sa veste de sport démodée.

Le président de la fraternité, qui affectait un accent britannique et tirait sur une pipe, l'interrogea longuement mais courtoisement. Danny croyait les formalités terminées et se félicitait déjà que tout se soit déroulé pour le mieux quand le président exhiba une feuille de papier:

— Je vois sur ce rapport que vous avez été pressenti par Alpha Beta Gamma.

— Oui, mais...
— On dit oui, *monsieur*, le reprit un membre du comité.
— Oui, monsieur. Je disais, euh... je voulais simplement vous expliquer qu'ils s'étaient trompés.
— Vous n'êtes donc pas Juif?
— Non, monsieur. Ma famille est épiscopalienne.
Le président consulta du regard ses acolytes et se tourna vers Danny avec un sourire chaleureux.
— Ne soyez pas offusqué, cher ami, nous posons ce genre de questions à tous nos candidats.
Danny fut admis dans la fraternité sans plus de problèmes. Désormais, il arborait lui aussi le blazer bleu marine aux lettres d'or et se pavanait sur le campus au bras d'une blonde ravissante, la plus jolie fille de sa classe, qui sortait d'un pensionnat extrêmement strict et ne cherchait qu'à se défouler.
Invité partout, pourvu d'innombrables amis, il n'était pourtant pas heureux. Ses aventures sexuelles l'amusaient sur le moment mais ne débouchaient sur aucune relation durable. Plus il s'efforçait de s'intégrer, plus il se sentait solitaire. Le soir, quand il étudiait dans sa chambre, il rêvait souvent que Roy, d'un coup de baguette magique, venait lui tenir compagnie. Roy comprendrait son isolement. Avec Roy, il n'aurait pas besoin de feindre. Il pourrait tout dire à son ami, même ses secrets les mieux gardés. Il écrivit à l'orphelinat dans l'espoir d'obtenir l'adresse de Roy et reçut en réponse une circulaire l'informant que « la divulgation de renseignements concernant les adoptions » était illégale dans l'Etat de New York.

***

Vers le début du second semestre, la fraternité se réunit en séance plénière afin d'examiner de nouvelles candidatures. Un gros rouquin, Joseph McDermott, stupéfia l'assemblée en proposant le champion de l'équipe de basket-ball, Zac Abrams.
— Mais... il est Juif! s'exclama le président en exercice dans un brouhaha indigné.
— Et alors? protesta McDermott. Zac est le meilleur basketteur de USC, un étudiant de première force et un type

sensationnel, dont la fraternité devrait être fière. Ces règles sont aussi archaïques que grotesques ! Montrons l'exemple, soyons les premiers à les changer. Je maintiens sa candidature.

Dans un silence de mort, McDermott défia ses camarades du regard. Danny, que le souvenir de l'interrogatoire subi quelques mois auparavant mettait au supplice, crut sentir les regards se tourner vers lui. Il se leva, attira l'attention générale et regretta aussitôt son geste irréfléchi.

— Je voulais simplement dire que... eh bien, que nous avons tous prêté serment de maintenir les nobles et anciennes traditions de cette fraternité et que, pour ma part, euh... j'estime que nous n'avons pas le droit de les compromettre.

Il se rassit précipitamment, rouge de confusion.

Quand on en vint au vote, McDermott fut le seul à lever la main en faveur de Zac Abrams. Immobile à sa place, les yeux baissés, Danny restait indifférent aux bourrades amicales et aux félicitations qu'on lui prodiguait.

C'est alors que la voix de McDermott domina le vacarme :

— Vous n'êtes qu'une bande de pauvres cons et vous ne valez pas mieux les uns que les autres ! Je démissionne.

Puis, en quittant la pièce, il passa devant Danny et lui cracha avec mépris :

— Raciste !

Craignant de trahir l'admiration qu'il éprouvait pour McDermott et le dégoût que lui inspirait sa propre lâcheté, Danny ne leva pas les yeux.

Ce pénible sentiment du mépris de soi-même ne le lâcha plus jusqu'à la fin de l'année scolaire et c'est avec soulagement qu'il vit arriver les vacances d'été.

*
**

Le jour de son arrivée, Danny trouva Mme Dennison à la cuisine en train de lui préparer ses plats préférés. Ils ne s'étaient pas vus depuis près d'un an. Il l'embrassa sur les deux joues et se lança dans un discours confus sur le surmenage qui l'empêchait d'écrire aussi souvent qu'il aurait voulu.

— Inutile de t'excuser, Daniel, l'interrompit-elle. La première année est toujours difficile — pour tout le monde.

— Vous êtes si compréhensive, mère, euh... Margaret, bredouilla-t-il.

— Nous sommes très fiers de toi. Malheureusement, je n'ai pas pu montrer tes dernières notes à ton père, son état de santé s'est beaucoup aggravé ces derniers temps.

Danny se mordit les lèvres. Il avait oublié de demander des nouvelles de M. Dennison, hospitalisé depuis quelques mois.

— Le pauvre, je suis désolé... Je vais tout de suite aller lui rendre visite.

— Mais non, prends le temps de respirer. Je l'ai vu ce matin, nous irons ensemble demain.

— Je préfère y aller maintenant.

Quand l'infirmière le fit entrer dans la chambre, Danny eut un choc en voyant M. Dennison, décharné, gisant au milieu d'un réseau de tubes multicolores. Il avait le visage déformé par une récente congestion cérébrale, un filet de salive coulait de la commissure de ses lèvres. Malgré ses yeux ouverts, il paraissait inconscient.

Emu de pitié, Danny s'assit à son chevet. Cet homme m'a adopté, se dit-il. Il m'a donné son nom, il a voulu être un père pour moi et je ne l'en ai jamais remercié... Il n'y avait jamais eu entre eux de véritable communication. Danny aurait voulu lui parler, lui demander pardon de l'avoir trompé, mais il était déjà trop tard. Danny ne pouvait rien faire de mieux que rester auprès de lui sans rien pouvoir lui dire.

Mme Dennison attendait son retour. Elle avait mis une jupe de velours noir et un vaporeux chemisier rose. Le couvert était dressé avec les plus belles assiettes et l'argenterie des grands jours. Pendant le dîner, l'un et l'autre apeurés du silence, ils mangèrent peu et parlèrent sans arrêt.

— Tu dois être fatigué de ton long voyage en autocar, dit-elle enfin. Monte te coucher pendant que je débarrasse la table. Je viendrai te dire bonsoir tout à l'heure.

Danny scrutait sa tasse de café comme s'il cherchait à y déchiffrer un message.

— C'est vrai, je suis fatigué, répondit-il.

Sa chambre était restée exactement telle qu'il l'avait quittée. Il ouvrit le tiroir aux souvenirs, l'insigne de Tyrone et la balle de Roy, avec laquelle il jongla machinalement au rythme des pensées qui se bousculaient dans sa tête.

Par la porte entrebâillée, il entendit les pas de Mme Dennison dans l'escalier. Elle allait arriver d'une seconde à l'autre. Il aurait tout donné pour n'être pas revenu ou, au moins, pouvoir prendre la fuite, mais elle abordait déjà le palier. Alors, d'un geste instinctif, il ferma la porte sans bruit, poussa le loquet et recula d'un pas.

Il vit la poignée tourner lentement, il sentit la présence de Margaret derrière la porte. La poignée tourna encore une fois. Un siècle parut s'écouler avant que Danny n'entende ses pas s'éloigner dans le couloir. Avec un profond soupir, il se laissa tomber sur son lit. Il avait eu très peur au début de leur coupable liaison. Maintenant qu'il y avait mis fin, il était terrifié.

Le lendemain matin, ils ne firent ni l'un ni l'autre allusion à la veille au soir. Mme Dennison accepta de bonne grâce les excuses de Danny, qui prétexta un séminaire d'été pour retourner sans délai à l'université.

Il ne revint à Syracuse que pour l'enterrement de M. Dennison et, cette fois, descendit à l'hôtel. Après quoi, il n'y remit plus jamais les pieds.

Chapitre 4

1982 : MILAN

On aurait pu l'emmener n'importe où, Luba s'en moquait. Valentin était déjà à mille lieues d'elle. Le paysage défilait derrière la vitre de l'autocar. Au loin, sur une colline, elle vit des chevaux galoper vers la crête, crinières au vent. La brume légère qui noyait l'herbe donnait l'impression que leurs sabots ne touchaient pas terre — comme si les chevaux de bois du manège suivaient Valentin et voulaient disparaître avec lui. Le cœur de Luba se serra. Sa vie était un désert.

L'autocar débarqua ses passagers près de Milan, dans un vaste camp regroupant des centaines de réfugiés de pays communistes — Tchèques, Roumains, Hongrois, Polonais. Ils savaient qu'une fois à l'Ouest, la Croix-Rouge les aiguillerait vers un pays d'accueil. En attendant, dans les dortoirs des baraquements militaires aux lits de camp alignés à tout-touche, le temps leur paraissait terriblement long.

Accablée de chagrin, Luba se prit aussitôt de haine pour le camp. Magda avait pourtant fait du charme au directeur afin d'obtenir une petite chambre indépendante, privilège théoriquement réservé aux mères ayant des enfants en bas âge.

Si Luba figurait sur les registres parmi les enfants, son corps de femme excitait la convoitise des hommes. Elle était particulièrement en butte au harcèlement de deux Yougoslaves, chargés d'exterminer les rats et autres vermines qui pullulaient dans les dépôts d'ordures. A moitié ivres en permanence, Mirek et Franek, l'un trapu et musclé, l'autre maigre et dégingandé, traînaient dans le camp du matin au soir. Ils ricanaient quand ils rencontraient Luba, lui lançaient dans un polonais approximatif des plaisanteries obscènes et des invites à les satisfaire, ensemble ou séparément, sous l'escalier du baraquement servant de cuisine. Ecœurée, Luba les fuyait du plus loin qu'elle les voyait.

Magda trouva un emploi dans un restaurant de Milan, d'où elle rapportait des restes et des victuailles qui leur permettaient de manger à leur faim. Avec son salaire, elles s'achetèrent des vêtements neufs. Mais quand Luba lui disait qu'elles auraient gagné le double à Cracovie en une soirée, Magda se fâchait : elles n'avaient plus le droit de compromettre leurs chances d'obtenir leur visa.

Deux mois plus tard, elles l'attendaient toujours. Leur demande ne pouvait aboutir sans un document attestant qu'Adam se portait garant du paiement de leur voyage ainsi que de leur entretien en Australie. Magda lui avait écrit deux fois pour expliquer ce qu'il devait faire. Elle commençait à désespérer quand la réponse lui parvint enfin.

Magda décacheta la grande enveloppe dont elle sortit un épais document d'allure officielle, rédigé en anglais et couvert de tampons. Tremblante de joie, elle embrassa Luba et l'emmena au bureau de la Croix-Rouge.

— Ce document est inhabituel, lui dit le délégué. Je n'en ai encore jamais vu de semblable.

— Que signifie-t-il ?

— Laissez-moi l'étudier quelques instants, il y a des termes juridiques qui m'échappent.

Magda s'assit, soudain angoissée. Luba attendit avec une moue maussade. Au bout d'un moment qui leur parut interminable, l'homme leva vers Magda un regard compatissant.

— Ceci est un jugement de divorce. Légalement, Adam Woda n'est plus votre mari.

— Quoi ? s'écria-t-elle. C'est impossible, voyons !

— Malheureusement, si. En Australie, paraît-il, les procédures de ce genre sont courantes.

Magda fondit en larmes. Luba la rabroua sèchement :

— Inutile de pleurer. Espérais-tu autre chose de cet individu, au bout de tout ce temps ? Que pouvons-nous faire ? demanda-t-elle au délégué.

— Rien d'autre que prendre patience, je le crains. Je vais vous inscrire sur les listes d'attente de plusieurs pays. L'un d'eux finira tôt ou tard par vous accepter.

Magda était effondrée. Elle avait tant lutté, tant subi dans l'espoir de rejoindre son mari pour apprendre, en fin de compte, que c'était lui qui la rejetait...

A partir de ce jour-là, elle n'en parla plus. La nuit, Luba l'entendait sangloter mais elle ne savait pas comment la consoler. Elle souffrait encore trop d'avoir perdu Valentin. Leurs épreuves, qui auraient dû les rapprocher, les séparèrent au contraire davantage en les isolant chacune dans sa douleur.

Magda vécut les semaines suivantes comme une somnambule. Elle ne rentrait du restaurant de Milan que pour exécuter sa part des corvées de cuisine. Son moral ne commença à remonter qu'avec la rencontre d'un autre réfugié polonais qui lui raconta, pendant qu'ils épluchaient ensemble des pommes de terre, comment il s'était évadé de Pologne. Militant de Solidarité, recherché par la police, il s'était embarqué clandestinement sur un cargo à la proclamation de l'état d'urgence et avait demandé l'asile politique à Naples. Transféré à Milan, il attendait son visa pour les Etats-Unis, où il avait des parents éloignés.

— Où vous a-t-on fait cela ? demanda Magda en montrant un chiffre tatoué sur son bras.

— A Auschwitz. J'étais encore un gamin, répondit-il sans cesser de fredonner, comme s'il évoquait des souvenirs heureux.

— Auschwitz ? Mon Dieu ! s'exclama Magda, horrifiée.

L'homme avait un sourire avenant et un visage épanoui qu'arrondissait un début de calvitie.

— Vous n'avez pourtant pas l'air Juif, reprit-elle.

— Mais si ! Un jour, un nazi m'a dit qu'il reconnaissait les Juifs à leurs yeux tristes. Regardez, dit-il en se penchant vers Magda et en écarquillant les yeux. Qu'en pensez-vous ? Ai-je les yeux tristes, à votre avis ?

Magda les trouva pleins de gaieté et de gentillesse. Pour la première fois depuis des semaines, elle pouffa de rire.

— Comment en êtes-vous sorti vivant ? demanda-t-elle.

— D'abord, parce que je ne suis pas fait pour mourir. Je m'appelle Chaim, ce qui en hébreu veut dire « la Vie ». Et aussi, parce que je chante bien.

— Je ne vois pas le rapport !

— Les nazis étaient des gens sentimentaux. Après avoir passé leur journée à massacrer des Juifs, ils n'aimaient rien tant que se délasser en écoutant un mignon petit garçon leur chanter des complaintes romantiques. *Auf der Donau, wenn der Wein blüht, fliegt der Vogel von Haus zu Haus...*

Magda ne comprit pas les paroles, mais la voix mélodieuse de Chaim lui plut beaucoup.

Ils devinrent bientôt inséparables. A la fin de sa journée de travail, Magda avait hâte de rentrer au camp faire ses corvées. Tous les jours, Chaim inventait quelque nouvelle façon de la faire rire, en jonglant avec les pommes de terre ou en faisant des tours de prestidigitation. L'exemple de sa bonne humeur la rendait honteuse de sa morosité.

— Comment fais-tu pour être toujours aussi gai, Chaim ? lui demanda-t-elle un jour en caressant son tatouage.

— Je suis vivant, cela me suffit pour être heureux, répondit-il avec un large sourire.

— Après tant d'épreuves — un camp d'extermination, la vie dans un pays antisémite, les persécutions de ton syndicat — et malgré tout, tu ne te plains jamais ?

— Si j'avais voulu me plaindre, Magda, je serais mort depuis longtemps ! L'amertume est un poison qui nous ronge. Oh ! cela ne veut pas dire que j'oublie. Il ne faut jamais enterrer nos souvenirs, bons ou mauvais, ils font partie de notre vie. C'est une réalité dont nous devons tenir compte, sinon nous nous jetterions dans les bras du Diable qui nous ferait danser à son rythme, sans nous demander notre avis...

Puis, avec un éclat de rire, il prit Magda dans ses bras et lui chuchota à l'oreille :

— Moi, vois-tu, je n'ai pas envie de danser avec le Diable. Je préfère danser avec toi.

En rougissant, Magda se cacha le visage au creux de son épaule.

Dans sa simplicité, la philosophie de Chaim la touchait profondément. Elle se surprit désormais à fredonner les chansons qu'il lui apprenait. Elle reprit soin de son apparence, elle recommença à se maquiller, à se coiffer ; elle s'acheta une jupe en tissu imprimé et un chemisier brodé assorti. Et puis — qui sait ce que l'avenir lui réserverait dans un nouveau pays? — elle fit une demande de visa pour l'Amérique.

Magda avait ainsi retrouvé un nouveau but dans la vie tandis que, pour Luba, les choses allaient de mal en pis. Elle souffrait d'être toujours seule. Le soir, Magda accompagnait Chaim à la pêche, sa passion. Luba les regardait avec envie se diriger joyeusement vers la rivière voisine, Chaim chargé de son attirail, Magda avec une couverture sous le bras.

Luba se distrayait comme elle pouvait en distribuant des restes aux chiens errants qui rôdaient dans le camp, efflanqués, peureux, faméliques. L'un d'eux était vite devenu son préféré. Il ne ressemblait pas aux autres, on lui avait dit qu'il descendait du loup et Luba avait été d'emblée attirée par sa dignité sauvage. De ses étranges yeux bleus, il dévisageait hardiment les humains et Luba, sans faire grand effort d'imagination, l'avait baptisé Zieubleus.

Dans la journée, elle allait à l'école, où une Italienne enseignait l'anglais aux réfugiés dans un polonais incompréhensible. Luba bouillait d'impatience; à peine sortie de classe, elle se précipitait sur son carnet de croquis. Assis à côté d'elle pendant qu'elle dessinait, Zieubleus l'écoutait lui parler comme s'il la comprenait.

Un jour qu'elle s'efforçait de rendre sur le papier l'intelligence quasi humaine de son regard, Mirek et Franek surgirent devant elle, ivres comme à leur habitude. Chargés, ce jour-là, d'éliminer les chiens errants, ils étaient munis de cordes et de couteaux pour égorger leurs victimes. Avant que Luba n'ait le temps de s'interposer, ils passèrent chacun un nœud coulant au cou du chien sans méfiance et se mirent à tirer de toutes leurs forces pour l'étrangler.

— Lâchez-le! hurla Luba.

Zieubleus étouffait.

— Il faut qu'on fasse notre boulot, la belle! s'esclaffa Franek en vacillant.

Luba bondit sur Mirek:

— Pas lui, il est à moi! cria-t-elle en lui assenant une grêle de coups de poing.

Mirek la ceintura de son bras libre et, tout en lui pétrissant un sein, lui planta ses lèvres sur la bouche.

— Espèce d'ivrogne! cria Luba en tentant de se dégager.

— Hé! Je veux un baiser, moi aussi! intervint Franek.

Zieubleus râlait. Luba cessa de se débattre.

— Si vous lâchez le chien, je vous donnerai à chacun un baiser, dit-elle avec une œillade provocante.

— Ça vaut plus qu'un baiser, ricana Mirek.

— D'accord. Je prends un de vous deux tout de suite sous l'escalier de la cuisine.

— Lequel? s'écrièrent-ils avec ensemble.

— Battez-vous, je me donnerai au plus fort.

A peine eurent-ils lâché leurs cordes que Luba courut défaire les nœuds coulants. Haletant, éperdu de reconnaissance, Zieubleus se jeta sur elle en lui léchant le visage et en remuant la queue. Un cri rauque la fit se retourner: Mirek et Franek s'affrontaient, le couteau à la main.

Le chien serré dans ses bras, Luba assista, incrédule, à l'ahurissant spectacle. Les deux hommes tournaient l'un autour de l'autre, couteau brandi, quand Franek trébucha sur un pierre et tomba vers Mirek, qui lui enfonça sa lame dans le ventre. Avec un hurlement, Franek lui plongea son couteau dans la gorge. Accrochés l'un à l'autre, ils continuèrent à tourner en rond en perdant des flots de sang jusqu'à ce qu'ils finissent par s'écrouler sans s'être lâchés.

De tout le camp, les curieux affluaient déjà. Luba ne s'attarda pas et s'éloigna, Zieubleus sur ses talons. Elle se moquait de la mort de ces deux brutes, son chien était sauvé. De retour dans sa chambre, elle prit une boîte de saumon dans la cachette, aménagée sous une lame de parquet, où Magda stockait les conserves chapardées au restaurant. Patiemment, Luba apprit à Zieubleus à faire le beau et à donner la patte, et le récompensait avec des morceaux de saumon.

Au retour de Magda, la boîte était vide mais Zieubleus savait faire le beau et donner la patte.

— Renvoie ce chien, dit Magda d'une voix lasse.

— Pourquoi? Il ne gêne personne!

— Il me gêne, moi. Cette pièce est déjà trop petite pour nous deux...

— Tu n'y es jamais.

— Je travaille toute la journée pour que tu aies de quoi manger. Tout ce que je fais, c'est pour toi!

— C'est aussi pour moi que tu baises avec Chaim?

Outrée, Magda la gifla

— Chaim est ma seule joie! Adam m'a trahie mais toi, bien entendu, tu t'en moques. Tu ne penses qu'à toi depuis que tu as rencontré ce propre à rien de Valentin. Tu m'aurais abandonnée sans scrupules pour partir avec lui.

— Je n'ai plus Valentin, répondit Luba en tenant sa joue en feu. Si ça ne te fait rien, je peux au moins essayer de me consoler avec un chien!

Elle ouvrit la porte et, voyant Chaim approcher, elle sortit en lançant par-dessus son épaule:

— Viens, Zieubleus. On n'a pas besoin de nous, ici.

Elle erra longuement dans les allées poussiéreuses du camp en ruminant sa rancune.

— Magda est partie faire l'amour avec son amant, tant mieux pour elle. Mais elle me le paiera! Tu verras, Zieubleus, je lui rendrai la monnaie de sa pièce!

***

Lorsque Magda était retenue en ville et rentrait tard, Chaim allait à la pêche sans elle. Un soir, Luba et Zieubleus lui coururent après.

— On peut venir avec toi?

— Bien sûr! Tiens, tu porteras la couverture.

Chaim se vanta d'attraper une tanche pour le dîner avant le retour de Magda. Pendant qu'il surveillait son bouchon, Luba se déchaussa et se trempa les pieds dans l'eau. Il ne fallut pas longtemps à Chaim, en effet, pour ferrer une superbe tanche. Ravie, Luba regagna la rive en courant, trébucha, s'affala dans l'eau et en sortit trempée.

— Ne prends pas froid, enveloppe-toi dans la couverture, lui recommanda Chaim en décrochant sa prise de l'hameçon.

Pendant qu'il lui tournait le dos, Luba s'exécuta.

— Regarde! s'exclama-t-il en riant. La plus grosse que j'aie jamais pêchée. Tu me portes chance, ce soir!

— Eh bien, remercie-moi avec un baiser.

Luba se leva, laissa glisser la couverture — et apparut nue comme un ver. Chaim la contempla, bouche bée.

— Alors, mon petit baiser? insista-t-elle.

Chaim était pétrifié. Avec un sourire triomphant, Luba le prit par le cou et colla ses lèvres aux siennes. Chaim en lâcha son poisson de saisissement. Et c'est ainsi que Luba fit l'amour sur l'herbe avec l'amant de sa mère, entre un poisson mort et Zieubleus, déconcerté, qui aboyait à tue-tête.

A son retour, Magda trouva un billet de la main de Luba : *Chaim et moi t'attendons au bord de la rivière.* Quand elle les découvrit, ils étaient encore enlacés. Chaim voulut se dégager mais Luba le retint contre elle en lançant des regards de défi à Magda, qui tourna les talons et partit en courant. Chaim se releva, rajusta son pantalon et se lança à sa poursuite en répétant : « Mon Dieu, comment ai-je pu faire une chose pareille ? Comment ai-je pu faire une chose pareille ? » Seule sur la rive, Luba s'étira en caressant voluptueusement ses petits seins aux pointes encore dressées, son ventre plat, ses cuisses. Elle se sentait enfin une femme, une adulte. Zieubleus lui léchait les pieds en remuant la queue.

— Je suis une vraie femme, Zieubleus ! Deux hommes se sont entre-tués pour moi et j'ai volé son amant à Magda.

Son sentiment de triomphe s'évanouit dès qu'elle eut regagné la chambre et vu le visage ravagé de sa mère.

Elles ne se dirent pas un mot de l'incident. Atterré, Chaim implora vainement le pardon de Magda qui ne voulut même pas l'écouter. Une semaine plus tard, Magda apprit qu'elles avaient un visa pour l'Angleterre.

— Cet affreux pays où il pleut tout le temps, où il y a du brouillard ? ricana Luba. Je croyais que tu voulais attendre pour partir en Amérique avec Chaim.

— Ici ou là, peu importe, répondit Magda avec un regard dur. Je n'ai plus qu'une envie, c'est de quitter ce camp. Nous y moisissons depuis plus d'un an, estimons-nous heureuses qu'on veuille bien de nous quelque part.

— En Angleterre ? Moi, je n'ai pas envie de...

— Tais-toi, Luba. Il est trop tard pour reculer.

Elles passèrent des examens médicaux, remplirent des questionnaires. Leur départ était imminent et, pourtant, elles n'en éprouvaient ni l'une ni l'autre aucun plaisir.

***

Rongée de remords, Luba errait dans le camp, Zieubleus

sur ses talons. Dans quelques jours, elles ne reverraient sans doute jamais Chaim. Luba s'en voulait de sa cruauté. Magda avait besoin de l'affection et de la bonne humeur de Chaim pour surmonter son chagrin de la trahison d'Adam. Pourquoi avoir humilié ma mère, pourquoi lui ai-je fait si mal? se répétait Luba. Assise sur une pierre, elle regarda son fidèle ami dans les yeux, lui caressa la tête.

— Tu sais, Zieubleus, murmura-t-elle, les hommes sont des imbéciles. Mais les femmes sont méchantes.

Elle décida de se réconcilier avec Magda et de demander pardon à Chaim avant leur départ.

⁂

Zieubleus ne comprenait pas pourquoi on l'abandonnait. Ecumant, il hurlait, sautait contre le flanc de l'autocar où Magda et Luba étaient assises, raides, les dents serrées. Magda pensait à Chaim, Luba ne pensait qu'à son chien, son fidèle ami. Elle était incapable de le regarder. Elle lui avait sauvé la vie, peut-être aurait-elle mieux fait de le laisser mourir. Avant de la connaître, c'était un animal fier et indépendant, qui n'avait pas besoin des humains. Maintenant, à cause d'elle, il ne serait plus jamais le même. Il souffrirait.

Chaim se débattait pour retenir Zieubleus par sa laisse. Il avait promis à Luba de s'en occuper, mais combien de temps resterait-il encore au camp? L'autocar démarra, Chaim leur fit un signe d'adieu. Luba se boucha les oreilles pour ne plus entendre les pitoyables gémissements de Zieubleus. Les yeux pleins de larmes, Magda lui prit la main. Bouleversée par ce geste de tendresse, Luba se mordit les lèvres et tenta de retenir ses larmes. Elle avait soudain conscience de n'être pas une femme mais une enfant, une petite fille au cœur brisé d'être séparée de son chien, son seul ami. Elle aurait voulu pouvoir se réfugier dans les bras de sa mère en pleurant toutes les larmes de son corps.

Et pourtant, elle ne le fit pas.

⁂

1984 : WEYMOUTH, GRANDE-BRETAGNE

Lorsque leur train stoppa avec des crissements de freins dans la gare de Victoria, à Londres, Magda et Luba hésitèrent à mettre pied à terre. Apeurées par le tohu-bohu et les accents déroutants de cette langue étrangère, elles se confièrent avec soulagement à une Polonaise, Mme Kulik, déléguée d'une fondation de secours aux réfugiés, qui les fit monter dans un autre train à destination d'une station balnéaire, Weymouth.

On leur attribua dans une petite maison un appartement au rez-de-chaussée avec un jardinet. Luba y avait sa propre chambre où elle pouvait s'enfermer seule, luxe qui la comblait. Elles eurent cependant du mal à s'adapter à des conditions de vie normales qui, pour elles, ne l'étaient plus. Leurs longs séjours dans les camps leur avaient désappris à assumer loyer, impôts, notes de gaz et d'électricité. Magda devait donc trouver d'urgence un emploi et Luba retourner à l'école.

Un ménage de réfugiés hongrois occupait l'appartement de l'étage. Arrivés depuis deux ans, ils travaillaient tous deux dans une fabrique de prêt-à-porter, elle comme couturière, lui comme coupeur. Imposante et dodue, Ginga avait une quarantaine d'années ; Yanak, plus jeune qu'elle, était un peu rustre mais cordial. Ils parlaient déjà couramment anglais et se montrèrent très serviables. Magda et Luba apprécièrent d'avoir des voisins pourvus d'une expérience comparable à ce qu'elles avaient vécu.

Avec l'aide de Mme Kulik, Magda trouva en quelques jours un emploi de serveuse dans un hôtel-restaurant de la plage. Le premier jour, Luba l'accompagna pour l'aider à accomplir les formalités et remplir les formulaires d'embauche. En voyant le tapis rouge à l'entrée de l'établissement, Magda s'arrêta net :

— Ce n'est sûrement pas par ici que nous devons entrer !

Agacée, Luba la poussa en avant ; mais Magda ne s'y aventura pas sans appréhension ; elle s'attendait à tout moment à ce qu'on les chasse pour oser fouler ce tapis réservé, sans nul doute, à quelque haut dignitaire en visite officielle.

Luba était la seule étrangère de l'école et s'y sentait mal à l'aise, bien que son accent s'atténue de jour en jour. Les autres filles lui faisaient l'effet de gamines. Quand elle entendait l'une d'elles raconter en pouffant de rire qu'un garçon l'avait embrassée au cinéma, elle résistait mal à l'envie de la scandaliser en lâchant: « Est-ce qu'il t'a baisée après t'avoir pelotée? » Quant aux garçons, plus maladroits les uns que les autres, qui essayaient de glisser la main sous sa jupe, elle s'amusait à les exciter jusqu'à les faire éjaculer avant même d'avoir pu lui retirer sa culotte.

A dix-sept ans, Luba quitta l'école et se fit embaucher dans un *Woolworth's*, non comme vendeuse — le directeur ne voulait pas d'étrangers en contact avec la clientèle — mais comme magasinière. Reléguée dans les réserves, elle passait son temps à manipuler des caisses dans une semi-obscurité. Le travail la rebutait cependant moins que l'ennui et la monotonie.

Un jour, excédée, elle déclara à Magda:

— J'ai rencontré une fille, sur la plage, qui travaille pour une agence d'hôtesses à Londres. Elle s'appelle Lois. Elle dit qu'elle pourrait nous faire engager toutes les deux si...

— Non! Tu sais ce que sont ces agences, en réalité?

— Bien sûr. Au moins, c'est amusant et ça paie bien.

— Ecoute, Luba, je t'ai déjà dit cent fois...

— Et moi, je te répète que nous perdons notre temps! A force de remuer mes caisses, j'attrape des muscles de lutteur pendant que tu essuies les tables dans cette gargote.

— Nous avons tout ce qu'il nous faut.

— Nous n'avons rien du tout.

— Un peu de patience! D'ici quelques mois, nous aurons déjà de quoi nous acheter une télévision.

— La belle affaire! Je ne veux pas regarder les autres vivre leur vie sur un écran, moi! Je veux vivre la mienne!

— Moi aussi, figure-toi. Je rêve du jour où nous pourrons monter notre petit snack...

— Plutôt crever! As-tu oublié Cracovie? Nous formions une bonne équipe, nous avions du bon temps...

— Assez, Luba! Maintenant, nous sommes ici. Nous devons prendre un nouveau départ. Je ne veux plus en entendre parler.

Magda semblait frappée d'amnésie sur tout ce qui touchait à leur passé. Si Luba lui parlait de Cracovie, elle faisait comme si elle n'y avait jamais mis les pieds. Elle affectait même d'ignorer l'existence de Chaim, bien que Luba la surprenne parfois à fredonner ses chansons en se préparant le matin à aller travailler. Elle s'habillait strictement, ne se maquillait presque pas. Luba ne la reconnaissait plus.

C'est sur ces entrefaites que Magda rencontra le colonel Stanley Johnson.

Retraité du régiment des *African King's Rifles*, qui s'était illustré contre les rebelles Mau-Mau au Kenya, c'était un petit homme sec et élégant arborant des plis de pantalon comme des lames de rasoir, des chaussures cirées comme des miroirs, des pochettes assorties à ses cravates et, au revers de son veston, les rubans de ses décorations coloniales. Une fine moustache surmontait ses lèvres minces, aucune ride ne marquait son visage étroit de sorte qu'on n'aurait su dire son âge, qui tournait vraisemblablement autour de la cinquantaine.

Il venait tous les soirs au restaurant de Magda, s'installait à une petite table avec vue sur la mer, commandait un café et un *scone* et faisait toujours preuve d'une parfaite courtoisie. Quand, de temps à autre, Magda le surprenait à l'observer, il lui souriait et détournait les yeux. Il ne se retirait jamais sans lui avoir dit un mot aimable.

Un soir, il attendit que Magda ait fini son service et la raccompagna chez elle. Magda apprit à Luba qu'il était veuf et que, après s'être retiré du service actif, il avait longtemps vécu dans des pays aux noms exotiques, Kenya, Ouganda, Tanzanie, dont elle ne se souvenait pas tous. La situation politique de l'Afrique ayant trop évolué pour son goût, il avait regagné l'Angleterre depuis peu et cherchait à acheter un petit hôtel ou une pension de famille près de Brighton.

— Je n'ai jamais encore rencontré d'homme comme lui et je le crois sincère à mon sujet, conclut Magda en dévisageant Luba d'un air sérieux. C'est une chance unique, je ne veux rien faire pour la compromettre.

***

Luba regardait par la fenêtre quand elle vit s'approcher le colonel Stanley Johnson, qui marchait d'une allure militaire en donnant le bras à Magda. A peine la porte franchie, Magda se précipita vers Luba, des larmes de joie dans les yeux, en lui montrant sa main où brillait un petit solitaire

— Regarde, ma chérie ! Le colonel Johnson et moi allons nous marier.

Luba regarda tour à tour le souriant colonel Johnson et sa mère, visiblement aux anges, sans pouvoir s'empêcher de trouver bizarre que Magda lui donne son grade. L'appelait-elle toujours « colonel Johnson », même dans l'intimité ?...

— Je suis ravie que tu sois heureuse, maman, dit Luba en la serrant dans ses bras.

C'était la première fois depuis des années qu'elle lui disait « maman ».

Le colonel Johnson était toujours au garde-à-vous. Gênée, Luba ne savait si elle devait lui serrer la main ou l'embrasser sur la joue. Le silence se prolongeant, elle fit diversion en courant vers l'escalier appeler les voisins :

— Ginga ! Yanak ! Maman va se marier !

Ils accoururent aussitôt. Après avoir prodigué aux heureux fiancés leurs vœux et leurs félicitations, Yanak voulut célébrer l'événement en invitant tout le monde à boire.

— Venez tous chez nous, on va arroser ça !

— Montez la première, ma chère Magda, dit le colonel. J'aimerais dire un mot à Luba.

Seule avec le souriant colonel, Luba sentit sa gêne redoubler.

— Asseyons-nous, ma chère petite.

Les yeux baissés, Luba fixa les plis de son pantalon.

— J'aime votre mère et je désire la rendre heureuse, reprit-il. J'ai aussi pour vous beaucoup d'affection et je m'efforcerai d'être un bon père. Je viens d'acheter un petit hôtel près de Brighton et je suis sûr que nous réussirons si nous y mettons chacun du nôtre.

Il parlait avec un accent si typiquement britannique que Luba avait du mal à le suivre. Elle se demanda comment Magda, qui parlait mal anglais, parvenait à le comprendre.

— Je sais que votre mère et vous avez traversé de dures épreuves et je ferai de mon mieux pour vous donner dorénavant une vie agréable. Votre mère m'a parlé de votre talent pour le dessin. Il faudra cultiver ce don. Avez-vous d'autres penchants, ma chère petite ? La danse ? Je vous ferai donner des cours. La natation ? Vous aurez amplement l'occasion de la pratiquer à Brighton. En un mot, j'entends que vous consacriez désormais votre temps à faire ce qui vous plaît, et non plus à rester enfermée dans un sous-sol de magasin.

Les larmes brouillèrent soudain la vision de Luba.

— Quand vous aurez des problèmes, poursuivit-il, venez vous confier à moi en amie. Je vous aiderai — comme je compte sur vous pour m'aider à faire le bonheur de votre mère.

Bouleversée, Luba se blottit contre son épaule.

— Merci, merci du fond du cœur. Je vous aiderai, je vous le promets. Je ferai tout ce que vous voudrez.

Comment avait-elle pu douter de cet étrange petit homme souriant ? Il aimait Magda, il n'avait d'autre ambition que de la rendre heureuse. Luba éprouva pour lui un élan d'affection. Elle allait enfin avoir un père, ils allaient tous trois former une vraie famille ! Désormais, il n'y aurait plus de « colonel Johnson » mais « papa ». Oui, elle l'aiderait et elle ferait tout pour qu'il soit fier d'elle.

***

Le mariage eut lieu à la mairie de Weymouth, en présence de Mme Kulik, de Ginga et de Yanak. Le journal local envoya un reporter photographe. L'histoire était trop touchante pour être passée sous silence : « Un héros de l'armée d'Afrique épouse une réfugiée polonaise... Une vie nouvelle qui s'ouvre... La fin heureuse d'une lutte longue et douloureuse pour la Liberté... »

Aussitôt après la réception, le marié partit pour Brighton signer chez le notaire l'acte d'achat de son hôtel. Luba s'en étonna et regretta que Magda soit ainsi privée de sa nuit de noces. Elle se demanda aussi s'ils avaient déjà couché ensemble.

Magda rayonnait. Elle avait épousé un Anglais, un *gentleman* aux manières raffinées, intelligent, plein de charme. Elle rougissait de s'entendre appeler « Madame Johnson ». Et pourtant, se dit Luba, elle n'est qu'une putain... C'était choquant, mais c'était vrai. Elles s'étaient toutes deux prostituées pour survivre. Maintenant, c'était fini. Elles retrouveraient une vie normale, heureuse. Une vie de famille : le colonel et Mme Stanley Johnson et leur fille — Luba Johnson.

Chapitre 5

1954 : HOLLYWOOD

Dans le cadre de leurs examens de fin d'études, les élèves du cours de cinématographie devaient réaliser, en travaux pratiques, un court métrage de dix minutes soumis à un jury composé de membres de la profession. Lorsque Danny apprit que le sujet imposé, cette année-là, devait traiter de la Seconde Guerre mondiale, il céda à la panique. Ses condisciples écumèrent les bandes d'actualité, les procès de Nuremberg et les séquences de libération des camps de concentration ; Danny avait eu trop de peine à enterrer les souvenirs de Moishe pour se sentir maintenant en état de les exhumer.

Que faire ? Déclarer forfait retarderait d'un an l'obtention de son diplôme. Il allait s'y résigner quand l'idée lui vint : Tyrone. Son film raconterait l'histoire d'un *marine* noir rentrant chez lui dans le Sud avec une fillette blanche, orpheline de guerre. Il trouva même le titre : *Sauvée !*

Danny recruta sans difficulté son équipe parmi les serveurs du restaurant où il travaillait, tous aspirants acteurs et ravis de se produire devant une caméra — fournie, qui plus est, par la prestigieuse école de cinéma de USC. Il eut plus de mal à dénicher sa vedette, les comédiens noirs étant rares à l'époque. Il confia donc le rôle de Tyrone au cuisinier, qui fit d'ailleurs une prestation irréprochable.

Il tourna les extérieurs dans les démolitions du site où se construisait le stade des Dodgers. Dans ce décor de décombres, les feux d'artifice du 4 Juillet fournirent un simulacre acceptable d'atmosphère de champ de bataille. La première fois qu'il donna aux acteurs ses instructions sur le tournage de la scène dont il avait lui-même écrit le scénario, Danny sut que sa voie était tracée : il serait réalisateur.

Son film fut classé premier.

***

Milton Schultz, jeune et dynamique agent de la *Famous Artists Agency*, le convoqua quelques jours plus tard. Schultz avait fait partie du jury et Danny fut au comble de la joie.

Dans la salle d'attente du *Famous Artists Building*, au coin de Wilshire Boulevard et de Beverly Drive, Danny trouva une foule hétéroclite composée de jeunes acteurs au physique avantageux, d'ingénues affriolantes et de barbus à l'allure intellectuelle, des scénaristes se dit-il, qui prenaient leur mal en patience. Un personnage entra, tous les yeux se braquèrent sur lui. Brun, visage banal, taille moyenne, on ne l'aurait pas remarqué en le croisant dans la rue — sauf quand on savait, comme tous les gens présents, qu'il était l'un des hommes les plus puissants de Hollywood. Charles Grossman, grand patron de l'agence, traversa la pièce et disparut derrière une porte, dédaignant les regards implorants de ceux qui attendaient depuis des heures, sinon des jours, l'occasion de le rencontrer.

Danny entendit enfin la réceptionniste susurrer son nom :

— Monsieur Dennison ! Dernier bureau à gauche.

Milton Schultz avait un visage rond, un sourire épanoui et un fin collier de barbe qui ne réussissait guère à le vieillir — Danny lui donna au mieux cinq ans de plus que lui. Ses yeux gris pétillaient de malice sous des lunettes à monture d'écaille. Danny le dépassait d'une tête, malgré les talonnettes qu'il portait dans l'espoir de se grandir.

— Votre film m'a plu. Le scénario est de vous ?

— Oui.

— Mise en scène et production aussi ?

— Oui.

— Beau travail. Grande sensibilité.

— Merci, dit Danny avec modestie.

— Je suis Juif. Les scènes de la petite fille m'ont profondément touché, elles symbolisent pour moi les innocentes victimes de l'Holocauste. Vous êtes Juif, vous aussi ?

Une fois de plus, Danny sentit sa gorge se nouer.

— Non, mais... j'ai toujours admiré le peuple juif. Comme beaucoup, je compatis sincèrement à ses souffrances.

— Les goyim qui pensent comme vous sont plutôt rares.

— Les... quoi ?

— Les gentils, si vous préférez. Vous n'êtes pas vexé, au moins ? ajouta l'agent en souriant.

Danny reprit son souffle et parvint à sourire.

— Non, pas du tout.

— A Hollywood, en tout cas, les malheurs des Juifs se vendent mal. C'est du moins mon opinion.

Puis, avec un clin d'œil, il montra sur le mur la photo dédicacée d'une starlette à la poitrine provocante :

— Une de mes meilleures clientes. Elle n'a *aucune* opinion.

Danny rit poliment. Schultz le fit asseoir sur un canapé de cuir. Un échiquier était posé sur la table basse.

— Vous jouez aux échecs ?

— Non, je n'ai jamais essayé.

— Dommage, c'est passionnant. Et maintenant, dites-moi : que voulez-vous faire ?

— Réaliser des longs métrages, répondit Danny sans hésiter.

Schultz poussa un sifflement :

— Débuter au sommet, comme ça ? Vous ne doutez de rien !

— Eh bien, c'est-à-dire...

— Il vous faudra autre chose que ce petit court métrage pour avoir droit à un fauteuil de metteur en scène, mon vieux.

Danny rougit de confusion.

— Je vais essayer de vous faire démarrer à la télévision, reprit Schultz.

— Il faudra aller à New York ?

— Non, maintenant c'est la télé qui s'installe ici. Je vais vous mettre en cheville avec un réalisateur de la CBS. Ça vous plairait ?

— Oui, monsieur Schultz.

— Appelez-moi Milt.

— Oui, Milt.

L'agent écrivit un nom et une adresse sur une feuille.

— Ce type est un de mes clients. Il vieillit, il boit trop, il se laisse aller — autrement dit, il a besoin d'un sérieux coup de main. Vous voyez ce que je veux dire?

Danny acquiesça d'un signe de tête.

— Je fais d'une pierre deux coups: je lui sauve son job, je vous en procure un. Sans oublier mes dix pour cent de commission que je toucherai des deux côtés, ajouta-t-il en riant.

Danny comprit qu'il était en bonnes mains.

⁂

Une lumière rouge clignotait au-dessus de la porte, une pancarte précisait: DEFENSE D'ENTRER AU ROUGE. La main sur la poignée, Danny attendit que la lampe s'éteigne avant de pénétrer dans ce studio de la Paramount, vaste comme un hangar d'aviation, où avait lieu le tournage du téléfilm.

Il tentait de s'y retrouver dans la cohue quand un grand jeune homme maigre à la tignasse blonde s'approcha:

— Danny Dennison?

— Oui, monsieur.

— Appelle-moi Slim! dit le jeune homme en riant. Je suis assistant metteur en scène parce que cela sonne mieux que grouillot, mais c'est à peu près la même chose. Suis-moi.

Rassuré, Danny lui emboîta le pas. Ils enjambèrent des câbles et se frayèrent un chemin entre les machinistes qui déplaçaient des décors, des acteurs qui répétaient leurs répliques, des danseurs qui s'exerçaient à la barre, des techniciens qui bavardaient autour du distributeur de café. Ils arrivèrent près d'un fauteuil de toile, au dossier marqué M. ANDREWS au pochoir, où un homme était affalé, une tasse à thé sur les genoux.

— Danny Dennison est là, annonça Slim.

Surpris, l'homme sursauta, se retourna et ôta ses lunettes noires. Les paupières plissées par l'effort de se rappeler à qui il avait affaire, il dévisagea Danny en grattant sa crinière grise avec perplexité. Danny le trouva plus âgé qu'il ne s'y attendait.

— Ah, oui... C'est vous le jeunot que m'envoie Milt.

— Je suis très heureux de travailler avec vous, monsieur
— Vous croyez? dit-il d'une voix rocailleuse.
Danny se demanda s'il fallait rire. M. Andrews prit un thermos à ses pieds et remplit sa tasse.
— Nous parlerons plus tard. Pour le moment, restez avec Slim.
— En réalité, c'est un type très bien, dit celui-ci à Danny quand ils se furent éloignés. C'était même un grand réalisateur, au début, quand il est arrivé de *London Films*.
— C'est pour cela qu'il boit autant de thé?
— De... thé? Oui, dit Slim en riant, il adore ça.
Puis, sans transition, il annonça d'une voix forte:
— La figuration, en place! Les musiciens, sur l'estrade!
Les figurants envahirent bruyamment le plateau, qui représentait une boîte de nuit au décor tapageur. Slim consulta du regard M. Andrews, qui fit un signe de tête.
— Moteur! cria Slim.
On entendit la caméra ronronner. Un air de jazz retentit dans les haut-parleurs, les figurants se mirent à danser tandis que les musiciens faisaient semblant de jouer en mesure. La musique s'arrêta soudain, mais tout le monde continua à danser pendant que les deux acteurs principaux échangeaient leurs répliques comme s'ils voulaient se faire entendre en dominant la musique de la voix. Danny observait, intrigué. Sur un signal de Slim, la musique reprit. Au bout d'un moment, après un nouveau coup d'œil en direction de M. Andrews, il cria: « Coupez! »
Danseurs et musique stoppèrent d'un seul coup.
— Cinq minutes de pause!
Quand acteurs et figurants eurent déserté le plateau, Slim se pencha vers Danny avec une mine de conspirateur:
— Je vais t'apprendre quelque chose d'essentiel. Pour la télé, inutile de faire bien, il faut faire vite. Or, lui, poursuivit-il en désignant d'un signe de tête Andrews toujours affalé sur son siège, il est bon, *très* bon même, mais il est lent. C'est pour cela que tu es ici.
A la fin de la journée de tournage, M. Andrews emmena Danny dans son bureau, l'invita à s'asseoir et lui offrit un scotch — c'est-à-dire, il n'en fit pas mystère, le contenu de son thermos de « thé ».
— Alors, mon petit, que voulez-vous faire?

— Des films, monsieur. Des longs métrages.

— Il faudrait d'abord apprendre le métier. Les bons réalisateurs de télévision d'aujourd'hui seront les grands cinéastes de demain.

— Croyez-vous, monsieur ?

— Je ne le *crois* pas, j'en suis sûr ! Ces imbéciles de patrons de studios se sont moqués de la télévision à ses débuts, jusqu'à ce qu'ils se soient rendu compte que tous les mardis soirs, les rues se vidaient mais les gens n'étaient pas dans les salles de cinéma.

— Où étaient-ils ? demanda naïvement Danny.

— Chez eux, mon petit gars, pour regarder Milton Berle. C'est Berle qui a révolutionné la profession. Avant lui, Jack Warner avait décrété qu'aucune des stars de son écurie n'aurait le droit de se montrer sur le petit écran. Maintenant, voyez ce qui se passe : chez Warner, on tourne non pas une, mais *trois* séries télévisées. La télé, c'est l'avenir ! La seule chose qui cloche, c'est ceux qui la font marcher.

— Les dirigeants des chaînes, voulez-vous dire ?

— Non, ils ne dirigent rien du tout.

— Qui, alors ?

— Les annonceurs, les *sponsors*... Un exemple : la série que je tourne en ce moment est commanditée par une marque de cigarettes. Eh bien, tous les héros de la série doivent fumer des cigarettes, alors que les traîtres n'en ont pas le droit. J'en ai reçu l'ordre écrit.

— Pas possible ! s'écria Danny, stupéfait.

— Authentique ! Les traîtres ne peuvent que ricaner... Mais il y a eu pire. La diffusion des procès de Nuremberg était parrainée par la compagnie du gaz, qui a interdit d'employer le mot « gaz » dans le commentaire. Vous rendez-vous compte ? dit-il en éclatant de rire. On montrait des nazis jugés pour avoir envoyé les Juifs dans les chambres à gaz et on ne pouvait pas prononcer le mot gaz ! Ce n'est malheureusement qu'un exemple parmi cent autres, poursuivit-il en reprenant son sérieux. Comprenez-vous, maintenant, ce qui ne va pas dans notre métier ? Vous voulez toujours vous lancer dans cette galère ?

— Oui, monsieur.

— Grossière erreur — mais je suppose qu'il est trop tard pour vous corriger. Tenez, voici le scénario du prochain épisode. Etudiez-le attentivement et faites travailler les acteurs.

— Que voulez-vous que je fasse, au juste?

— Ce que vous pourrez. Aidez-les à apprendre leurs dialogues, à jouer leurs scènes — vous aurez peut-être de bonnes idées. Vous sentez-vous capable de vous en sortir?

— Oui, monsieur.

— Bon. Maintenant, allez retrouver votre petite amie.

— Personne ne m'attend, monsieur. Je suis très heureux de discuter avec vous.

— Quel âge avez-vous donc? demanda Andrews, intrigué.

— Vingt-deux ans, monsieur.

— Moi, à votre âge... commença-t-il avec un sourire désabusé. Bon, assez parlé, fichez-moi le camp.

Danny prit plaisir à travailler avec les acteurs. Ils acceptèrent mal, au début, d'être dirigés par un si jeune homme, mais Danny sut gagner leur confiance. Ils comprirent vite qu'il avait du talent et qu'il leur rendait service.

Plus Danny observait la manière dont Andrews travaillait, plus il éprouvait pour lui respect et affection. Il ne se lassait pas de l'entendre parler de son expérience du théâtre en Angleterre ou de la littérature classique.

— Shakespeare et les classiques sont irremplaçables, disait-il. Les meilleures intrigues ont déjà été écrites, il y a des siècles. Tout est dans les classiques.

Mais quand Andrews débouchait une nouvelle bouteille, Danny mettait fin à leur entretien. Il s'inquiétait de le voir sombrer dans l'alcoolisme. Parfois, Andrews ne se donnait même pas la peine de camoufler son scotch dans un thermos et se servait directement à la bouteille, sans se cacher.

Danny noua une vraie camaraderie avec Slim. Ils déjeunaient souvent ensemble pendant que M. Andrews, qui préférait se nourrir sous forme liquide, restait dans son fauteuil. Un jour, au retour de la cantine, ils trouvèrent le siège vide.

— Va le chercher, dit Danny à Slim, je m'occuperai de mettre les acteurs en place.

Slim reparut quelques minutes plus tard, catastrophé:

— Il est ivre mort, je ne peux pas le bouger.

Le réalisateur ronflait, écroulé sur son bureau et pratiquement inconscient. Leurs efforts pour le faire revenir à lui restèrent sans résultat. Slim leva les bras au ciel, atterré:

— Remplace-le, Danny, il n'y a pas d'autre solution. Il aura peut-être récupéré d'ici ce soir.

— Mais... je ne peux pas!

— La production n'admettra pas un nouveau retard.

— Je sais, mais c'est quand même lui le réalisateur.

— Tu vois bien dans quel état il est.

Danny réfléchit un instant.

— Aide-moi à le lever, Slim.

— Pour quoi faire?

— Quand nous l'aurons remmené sur le plateau et remis dans son fauteuil, il ira mieux, tu verras.

Slim se laissa convaincre. A eux deux, ils soulevèrent Andrews par les aisselles, le traînèrent jusqu'au plateau par une porte dérobée et le calèrent sur son siège dans sa posture habituelle. Les lunettes noires dissimulaient commodément ses yeux clos. Danny le secoua par l'épaule, lui parla à l'oreille:

— Monsieur! Monsieur Andrews, je vous en prie!

Un bredouillis incompréhensible lui échappa des lèvres. Acteurs et techniciens attendaient dans un silence de mort.

— Silence! cria Slim pour se donner une contenance.

— Oui, monsieur. D'accord, dit Danny d'une voix forte.

Puis, se tournant vers l'équipe avec un large sourire, il déclara:

— Mesdames et messieurs, M. Andrews a pris froid pendant la pause du déjeuner — un mauvais courant d'air sur la gorge lui a donné une extinction de voix. Il me charge de vous communiquer les instructions qu'il me chuchotera à l'oreille.

Slim le dévisageait, effaré.

— Joe, M. Andrews souhaite reprendre à partir de ton entrée, au moment où tu trouves ta femme en larmes, poursuivit Danny avec une assurance croissante. Allons-y!

— Moteur! cria Slim, les yeux encore écarquillés.

— Scène sept, première! annonça le deuxième assistant en manœuvrant la claquette devant l'objectif.

Debout, les bras croisés, Danny faisait de son mieux pour paraître sûr de lui. Avant de donner ses ordres, il feignait de se pencher pour écouter le metteur en scène.

Cette comédie se déroula sans anicroche. Ce ne fut qu'à la dernière prise qu'Andrews commença à donner signe de vie.

— Vous sentez-vous mieux, monsieur? lui chuchota Danny.

Andrews fit un bredouillis incompréhensible. Danny se pencha plus près:

— Que dites-vous?

— Beau travail, mon petit gars. Du travail de pro.

⁂

A la fin de la journée, Danny était mort de fatigue. Slim lui donna une affectueuse accolade:

— Je ne sais pas comment on s'en est sortis. Je suis à ramasser à la petite cuiller, mais toi, tu t'es surpassé.

— Il allait mieux vers la fin...

— Oui, quand le plus dur était fait! Tu as sauvé sa peau, Danny. Il te doit une fière chandelle.

Slim parti, Danny s'assit enfin, épuisé mais heureux. Dans le silence du studio désert, la sonnerie du téléphone le fit sursauter. Il décrocha. C'était Milt:

— Le vieux chnoque est viré, annonça-t-il.

— Quoi? De quoi parles-tu?

— Tu le sais très bien.

— M. Andrews a eu un léger malaise, voilà tout...

— Pas de salades avec moi, bonhomme! Ils cherchaient depuis longtemps un prétexte pour s'en débarrasser, ils savent parfaitement ce qui s'est passé aujourd'hui. Tu as fait du bon travail, maintenant c'est toi qu'ils veulent.

— Moi?

— Pourquoi crois-tu que je t'ai mis dans la place?

— Il ne va pas perdre son job à cause de moi! protesta Danny. Il ne retrouvera aucun engagement. Cela le tuera!

— Pas de sensiblerie déplacée, Danny! A voir comme ça, tu as l'air grand et costaud mais, au fond, tu es un mou. Apprends à te défendre.

— Et s'il s'arrêtait de boire?

— Il en est incapable.

— Laisse-moi au moins essayer.

— Je ne te comprends vraiment pas! Tu veux devenir réalisateur, oui ou non? Décide-toi, mais fais vite.

Milt raccrocha. Livide, Danny se précipita au bureau de M. Andrews et entra sans frapper.

— Je vous attendais, mon garçon. Tenez, vous l'avez bien mérité, dit Andrews en lui tendant un verre de scotch.

— Je ne veux pas boire, moi, monsieur.

Sa réplique suspendit brièvement le geste d'Andrews, qui finit cependant de remplir son verre et le porta à ses lèvres. Danny tenta de l'en empêcher en lui saisissant la main.

— Non, je vous en prie ! Ne buvez pas. Arrêtez !

Andrews fit un ricanement amer.

— De grâce, ne buvez plus ! cria Danny.

— Vous êtes un brave garçon, dit Andrews en se carrant dans son fauteuil. Je vous aime bien. Mais vous perdez votre temps. Autant interdire à l'océan d'avoir des marées. Essayez, vous n'aurez pas plus de succès.

Là-dessus, il vida le verre d'un trait.

Atterré, Danny ne savait que dire ni que faire. Quand il vit le réalisateur remplir de nouveau son verre, il sortit du bureau à pas lents, les larmes aux yeux.

Il n'allait jamais revoir M. Andrews vivant. La police découvrit son cadavre le lendemain à l'aube, dans sa voiture enroulée autour d'un poteau téléphonique de Sunset Boulevard.

***

Longtemps, Danny fut incapable de diriger une scène sans avoir à côté de lui le fauteuil vide de M. Andrews. Personne n'avait le droit de s'y asseoir.

Slim et lui formaient une équipe parfaitement soudée. Ils se comprenaient sans presque avoir besoin de se parler. Quand la pression montait, ils se lançaient des vannes :

— Si je continue à travailler avec toi, je ne vais pas tarder à devenir chauve ! disait Slim.

— Ce ne serait pas plutôt ta lotion contre la chute des cheveux ?

— Non, je me les arrache à cause de toi !

— Ne t'inquiète pas, va ! disait Danny en lui donnant une affectueuse bourrade. Quand j'aurai fini de t'exploiter, tu seras une vraie boule de billard.

Si Slim était pour Danny un bon compagnon de travail, Milt était devenu son meilleur ami. Milt ne se laissait démonter par rien. Exubérant, direct, volontiers grossier mais toujours franc et honnête, Milt était très fier de voir son jeune client jouir d'une réputation grandissante dans le monde de la télévision. Il l'invitait souvent à dîner chez lui, mais Danny échappait le plus possible à ces soirées familiales qui éveillaient en lui trop de souvenirs, lointains mais encore douloureux.

***

Danny sonna à la porte en s'efforçant de ne pas regarder le mezuzah accroché au chambranle. On entendait Kathy, la fille de Milt âgée de huit ans, marteler ses gammes au piano avec une persévérance plus digne d'admiration que ses dons musicaux.

Sarah vint lui ouvrir, son visage joufflu rouge de la chaleur du fourneau. Elle s'essuya les mains à son tablier, tendu sur ses hanches débordant d'un pantalon trop petit de deux tailles, embrassa Danny et débita ses rituelles paroles d'accueil :

— Ce soir, tu vas manger un vrai repas, pas de ces nourritures de goyim dont tu fais ton ordinaire. Oh ! excuse-moi...

Là-dessus, elle se précipita à la cuisine, d'où émanaient des odeurs familières de galette de pommes de terre, de soupe aux *matzos* et de foies de volaille revenus aux oignons.

Milt contemplait l'échiquier d'un air concentré.

— Tu arrives juste à temps, dit-il sans lever les yeux.

En face de lui, avec l'expression blasée du grand maître qui connaît d'avance l'issue de la partie, Jonathan, sept ans, attendait que son père ait joué.

— Echec et mat, annonça-t-il une seconde plus tard en déplaçant négligemment un fou.

— Bon dieu, il a encore gagné ! s'exclama Milt, qui se leva et serra la main de Danny. A ton tour.

— Non, merci, je sais à peine déplacer les pièces.

— Essaie quand même, Jonathan te conseillera.

Milt prépara l'échiquier, Danny fit l'effort méritoire de feindre de s'amuser. Après avoir dégagé sa ligne de pions, il avança le fou du roi et se força à sourire à Jonathan.

— Qu'en penses-tu ?

— C'est idiot.

— Sois poli, l'admonesta Milt, sans conviction.

En général, Danny aimait les enfants, mais il y avait

quelque chose chez ce gamin qui le lui rendait odieux. On entendait toujours Kathy martyriser laborieusement son clavier.

— Ecoute ça, Danny! dit Milt, béat d'admiration.

Danny essayait justement de ne pas entendre.

— Elle fait des progrès, répondit-il poliment.

Il déplaçait ses pièces n'importe comment, dans l'espoir d'abréger la partie, et il ne fut pas déçu.

A la fin du dîner, les enfants furent enfin envoyés au lit. Danny n'osa pas demander de bicarbonate.

— J'ai horreur de la cuisine juive, lui chuchota Milt pendant que Sarah était partie à la cuisine chercher le dessert. Dieu merci, j'ai réussi à l'empêcher de cuisiner kasher.

— Il faut que je te présente une fille, Danny! clama Sarah depuis la cuisine.

Milt et lui échangèrent un regard résigné.

— Une vraie perle! poursuivit-elle en revenant avec le dessert et le café. N'est-ce pas, Milt? Et riche, avec ça!

— Merci, Sarah, mais pour le moment, je préfère m'occuper de ma carrière avec l'aide de Milt.

— Une bonne épouse peut faire dix fois plus que lui pour ta carrière, répondit-elle en retournant à la cuisine. Milt! ajouta-t-elle de derrière la porte, organise donc le plus tôt possible une soirée avec elle.

— Oui, ma chérie! cria Milt — en faisant de la tête un signe de dénégation à Danny.

Les deux amis pouffèrent de rire.

— Au fait, reprit-il, tu ne connais pas mon bureau.

— Mais si, le dernier à gauche au fond du couloir...

— Erreur: le deuxième après celui de M. Grossman.

— Félicitations. Tu prends du galon.

— Avec des clients comme toi, c'est forcé! Pas un de tes téléfilms qui n'ait crevé le plafond des taux d'écoute. Tu deviens bon, tu sais.

— Si je suis aussi bon que tu le dis, pourquoi ne m'as-tu pas encore trouvé un long métrage à réaliser?

— Voilà que ça te reprend!

— Et pourquoi pas? Maintenant que tu es à deux portes de Grossman, tu devrais être capable d'arranger cela, non?

— Peut-être bien. Je vais y réfléchir.

— Ne te presse surtout pas. Cela ne fait jamais que cinq ans que tu me fais lanterner.

*
**

On était en 1960. John Kennedy venait d'être élu à la Maison Blanche, Chubby Checkers ne bougeait pas du Top-10 et le twist faisait fureur, mais Danny, à vingt-huit ans, ne pensait qu'à l'entrevue que Milt lui avait ménagée avec Art Gunn.

Art Gunn s'était frayé son chemin dans la jungle du cinéma à coups de films d'horreur à petit budget, qui avaient rapporté des fortunes aux studios Ace Films dont il s'apprêtait à prendre la tête. Milt avait prévenu Danny: Gunn était un dur, formé à la rude école des Juifs russes sortis des ghettos de New York pour venir concrétiser à Hollywood leur vision du rêve américain. Le rêve de Gunn était moins prestigieux et moins dispendieux que ceux de ses prédécesseurs. Seul comptait pour lui le montant du bénéfice d'exploitation.

Milt, dans la plus voyante de ses vestes à carreaux, et Danny, en blazer bleu et pantalon de flanelle grise comme à l'accoutumée, allèrent déjeuner à la cantine du studio avant leur rendez-vous.

— Ne me reproche plus de ne pas t'avoir emmené dans un studio, dit Milt en mastiquant son steak « Humphrey Bogart ».

Entre deux bouchées de salade « Greta Garbo », Danny suivit des yeux William Wyler et Howard Hawks, qui se dirigeaient vers la salle à manger privée réservée aux dignitaires.

— C'est vrai, Milt. Mais maintenant, comment fait-on pour entrer *là-dedans* ? répondit-il en montrant la porte par laquelle disparaissaient les deux célèbres réalisateurs.

L'entrevue dura exactement cinq minutes. De derrière son énorme bureau et l'écran de fumée de son havane, qu'il brandissait pour ponctuer ses phrases, Art Gunn déclara à Danny:

— Revenez me voir avec un scénario qui me rapporte un million de dollars et vous pourrez le faire réaliser par votre chien si ça vous fait plaisir.

Danny délaissa la télévision afin de se consacrer à la recherche d'une histoire capable de satisfaire les goûts vulgaires d'Art Gunn. Les paroles de M. Andrews — « tout est déjà dans les classiques » — le mirent bientôt sur la bonne voie. C'est ainsi que son premier film pour Ace Films fut un western, inspiré du *Roi Lear* de Shakespeare, dont le personnage principal était un vieux *rancher* cherchant a diviser son domaine entre ses trois filles. Danny en avait lui-même écrit le scénario.

Le jour de l'avant-première, devant un public de collégiens et d'étudiants dans un cinéma perdu au fin fond d'une banlieue de la vallée de San Fernando, Danny était tellement énervé que Milt dut prendre le volant. Le cœur au bord des lèvres, Danny fut ensuite hors d'état d'entrer dans la salle et fit les cent pas devant la porte des toilettes pendant que Milt assistait à la projection. Art Gunn s'était posté dans le hall, près d'une table où il avait disposé questionnaires et crayons. A l'intérieur régnait un profond silence que Danny, angoissé, ne savait comment interpréter.

Les spectateurs sortirent enfin en riant, en criant, en mâchant du chewing-gum et en se bousculant pour noter leurs impressions. Danny les regarda avec désespoir.

— Mon avenir dépend-il vraiment de l'opinion de ces jeunes crétins ? demanda-t-il à Milt en se forçant à sourire.

— Ils ont payé leurs places, bonhomme.

La bousculade s'apaisa, le public s'éclaircit. Derrière sa table, le cigare entre les dents, Art Gunn feuilletait les questionnaires avec un sourire épanoui.

***

Grâce au juteux contrat négocié par Milt avec Ace Films, Danny fut en mesure de troquer son petit appartement au-dessus du Sunset Strip pour un chalet suisse, bâti à flanc de coteau dans Tower Road à cinq minutes du Beverly Hills Hotel, qu'il n'aurait jamais pensé pouvoir s'offrir. Le garage s'étendait au-dessous de la maison ; de l'étage principal — grande cuisine, vaste living pourvu d'une cheminée et chambre d'amis — on avait une vue superbe sur les collines. Un escalier menait du living à la chambre ; elle donnait à l'arrière sur un plateau herbu, où Danny prévoyait d'aménager plus tard une piscine et un tennis. Cette chambre était sa pièce préférée et il y installa son bureau. Il aimait, quand il écrivait, se délasser en marchant dans l'herbe et en contemplant le paysage.

Les westerns adaptés des tragédies classiques devinrent sa spécialité. Certes, ses films n'étaient pas promis aux Oscars. Les intellectuels l'accusaient de massacrer les chefs-d'œuvre de la littérature pour flatter le goût des masses ignares ; d'autres soutenaient au contraire qu'il savait faire apprécier de manière distrayante par l'homme de la rue le message des grands auteurs classiques. La controverse attirait l'attention sur lui et ses critiques les plus sévères devaient admettre que ses films étaient habilement faits. Nul, en tout cas, ne niait qu'ils rapportaient de l'argent.

Quand il lisait des articles sur lui-même, Danny avait l'impression qu'il y était question d'un étranger. Sa réussite le laissait indifférent, son existence n'avait pas plus de réalité. Il se voyait parfois comme un personnage de ses films.

Son nom revenait souvent dans les potins des échotiers. A trente-trois ans, célibataire, talentueux et plein d'avenir, il passait pour le plus beau parti de la ville. On le jugeait assez beau garçon pour le comparer à des séducteurs du calibre d'un Cliff Robertson ou d'un Robert Taylor. Ses aventures avec de pulpeuses starlettes défrayaient fréquemment la chronique, sans cependant que ses liaisons semblent jamais pouvoir durer plus d'un mois ou deux.

Bien entendu, Sarah redoublait d'efforts pour le marier. Quand elle disait « droiture de caractère » ou « parfaite maîtresse de maison » en décrivant ses candidates, Danny traduisait par « grosse dondon » ou « vieille fille invétérée ». Pendant ce temps, Milt lui fournissait un flot ininterrompu de beautés peu farouches, prêtes à tout pour décrocher un petit rôle.

Un soir, pendant que Sarah préparait le café à la cuisine, Milt chuchota à Danny :

— Comment était-ce avec Nancy, hier soir ?

— Pas mal, répondit Danny en souriant.

— Je t'envie. Ah ! si j'étais encore célibataire...

— Sarah est pourtant une femme parfaite, dit-il en s'efforçant d'y mettre de la conviction.

— Oui, je sais, répondit Milt sans enthousiasme. Seulement, vois-tu, nous nous sommes mariés trop jeunes, nous avons changé. Moi, j'adore ce métier de fou tandis que Sarah serait ravie que nous végétions encore dans le Bronx.

— Eh bien, emmène-la passer des vacances là-bas.

— Pas ce week-end, en tout cas, chuchota Milt avec un coup d'œil inquiet vers la porte de la cuisine. Samedi, tu viens avec moi à Las Vegas.

— Pour quoi faire?

— Nous changer les idées. Si tu n'as pas de chance au jeu, tu trouveras peut-être la femme de ta vie, qui sait? dit Milt d'un ton persuasif.

— Cela me ferait plaisir, mais j'ai du travail.

— Tu travailles trop et tu ne baises pas assez.

Danny riait encore quand Sarah revint de la cuisine.

— Milt chéri, as-tu parlé à Danny de cette adorable jeune fille, Rosalinde, que nous avons rencontrée l'autre soir chez les Rosenberg?

— J'allais le faire, mon amour.

Milt leva les yeux au ciel. Dès que Sarah eut regagné la cuisine, il s'assit sur le bras du fauteuil de Danny.

— Suis-je ton ami? dit-il d'un ton de conspirateur.

— Oui, Milt. Et même à peu près le seul.

— Alors, il faut que tu m'accompagnes à Las Vegas.

— Enfin, Milt, je t'ai déjà dit...

Milt le fit taire et lança un nouveau regard inquiet en direction de la cuisine, où Sarah fouettait à grand bruit la crème fraîche destinée à la tarte aux fraises.

— Sarah a des soupçons. J'ai besoin d'un alibi.

— Qui vas-tu voir là-bas?

— Darlene.

— Qui cela?

— Allons, tu t'en souviens! La danseuse blonde qui a joué dans ton dernier film.

— Ouais, vaguement.

— Ecoute, elle travaille en ce moment à Vegas. Je dois la retrouver samedi soir après le dernier show.

Danny hésitait encore.

— Je lui demanderai de te trouver une copine, insista Milt, tentateur.

— Pas la peine... Bon, si tu y tiens à ce point, j'irai.

— Je te reconnais bien là, Danny, dit Milt avec effusion. Tu es un ami, un vrai. Je ne l'oublierai jamais.

***

Ils assistèrent ensemble à la revue du *Caesar's Palace*.

— La voilà ! chuchota Milt en envoyant à Danny un coup de coude qui lui fit presque tomber son verre des mains. La troisième à partir de la gauche. Et j'ai une bonne nouvelle pour toi, mon bonhomme. Darlene te présentera sa meilleure amie, Tina. C'est la grande brune au bout de la rangée.

Elle est bien roulée, la soirée vaudra peut-être la peine, après tout, se dit Danny.

A la fin du spectacle, Milt disparut avec Darlene dans sa chambre sans perdre une seconde.

— Voulez-vous venir dîner ? demanda Danny à Tina.

— Dîner ?

— Oui. Cela ne vous donne pas faim, de danser ?

— Oh, si ! répondit-elle avec reconnaissance.

Il l'emmena au restaurant de luxe du dernier étage. Avec un embarras évident, Tina regarda la carte rédigée en français.

— Je vais commander. Vous me faites confiance ?

— Bien sûr, dit-elle, soulagée.

Danny l'observa discrètement. Sans doute une reine de beauté d'un bled du Middle-West, prête à faire n'importe quoi pour être remarquée par un metteur en scène de Hollywood. Bien sûr, elle était belle, désirable — mais naïve et vulnérable. Danny se sentit incapable de jouer ce jeu-là une fois de plus. A la stupeur de Tina, il la raccompagna chez elle après le dîner et reprit le premier avion pour Los Angeles.

Le lundi matin, Milt vint le voir au studio.

— Dis donc, bonhomme, tu n'es pas resté longtemps ! Je te savais rapide, mais à ce point ?

— Tu te trompes, Milt. Je l'ai invitée à dîner et je suis rentré tout de suite après.

— Je ne te crois pas !

— C'est pourtant vrai.

— Tu sais, je me demande par moments si tu n'as pas de complexes de ce côté-là, dit Milt en se grattant la tête.

— Moi, des complexes ?

— Oui, toi. Tu es beau garçon, elles te courent toutes après et, les trois quarts du temps, tu n'y fais même pas attention. Veux-tu que je te dise ? Tu ne remplis pas ton quota.

Danny éclata de rire.

— Tu ne crois pas que tu exagères?

— Non, non, je suis sérieux! poursuivit Milt. Tiens, prends la première star qui te passe par la tête, appelle-la, donne-lui rendez-vous. Tu verras! Ces filles-là se morfondent seules chez elles presque tous les soirs parce qu'on les croit débordées et que personne n'ose rien leur demander. Si tu voulais, tu t'enverrais une star différente tous les soirs.

— Te crois-tu vraiment obligé de coucher avec toutes les filles que tu rencontres, Milt? Serais-tu un obsédé, par hasard?

— Un jour, quelqu'un m'a dit: « Ça vous est déjà arrivé de tomber sur un boudin? » — « Oui. » — « Alors, comment était-ce? », et j'ai répondu: « Du tonnerre! »... Tu es un dingue, poursuivit Milt en prenant affectueusement Danny aux épaules, mais tu es mon ami et un ami c'est sacré. Après le service que tu m'as rendu avant-hier, tu peux me demander ce que tu veux.

— D'accord: dis à Art Gunn de me foutre la paix pour mon prochain film.

— Ah! Justement, je suis content que tu en parles...

— Quoi encore?

— Quand commences-tu le tournage?

— La semaine prochaine.

— Sois gentil, donne un rôle à Darlene.

— Mais ma distribution est déjà faite! Il ne me reste à auditionner que le troupeau de bisons.

— Ajoute quelques lignes dans le scénario — à moins que tu ne tiennes à m'accompagner tous les week-ends à Las Vegas.

Danny pouffa de rire:

— Et c'est toi qui te fais du souci pour mon quota?

— Ecoute, répondit Milt en redevenant sérieux. Ce n'est pas mon physique qui attire les filles, tu t'en doutes. Je ne suis pas Clark Gable, comme Sarah passe son temps à me le rappeler. Il faut bien que je fournisse autre chose, tu comprends?

Danny comprit et il ajouta pour Darlene un petit rôle de danseuse de *saloon*. Le film, son cinquième, était l'histoire adaptée de *Macbeth* d'un fermier cupide et de sa femme voulant s'approprier les terres de leurs voisins.

***

Après avoir garé sa Porsche 911 flambant neuve, modèle 1967, Danny entra sur le plateau, le scénario annoté à la main. Il fit la bise à Matilda, la scripte, et lui donna les dernières révisions. Les électriciens réglaient les éclairages prévus la veille. Danny vérifia dans le viseur le cadrage du plan général et décida quelques modifications de détail.

Quand il se retourna, il vit Slim qui lui souriait.

— Tu as beau faire semblant, dit-il en reprenant leur plaisanterie habituelle, au fond tu crèves de frousse et tu vas encore t'arracher les cheveux.

— J'ai une surprise pour toi, répondit Slim en palpant malgré lui sa tonsure qui s'élargissait.

— Es-tu sûr que ce n'est pas plutôt une tuile?...

C'est alors qu'il vit la silhouette au fond du plateau.

— Ta mère, Danny, dit Slim.

Margaret Dennison s'avança, les yeux brillants de larmes. Danny se précipita, la prit dans ses bras. Il la sentit frêle, presque décharnée. Des rides creusaient son visage émacié. Elle paraissait flotter dans sa robe.

Ils ne s'étaient pas revus depuis des années. Danny l'appelait par devoir au moment des fêtes et ajoutait parfois à ses chèques mensuels quelques lignes, auxquelles elle répondait toujours avec une affectueuse gratitude. Plein de remords, il lui fallut quelques minutes pour se ressaisir.

— Je suis si heureux de vous revoir... A chaque fois que j'ai voulu venir vous rendre visite, j'étais coincé par un nouveau film et...

— Je comprends, Daniel. Je les ai tous vus.

— Au Rialto?

— Naturellement.

— Oui, c'est là que tout a commencé...

Danny la fit asseoir dans son fauteuil et s'accroupit à ses pieds.

— Je n'oublierai jamais ces matinées du samedi.

— Moi non plus, Daniel.

— Voyez où cela m'a mené. Comme Cagney, dans ce film de gangsters: « Regarde-moi, M'man! C'est moi le plus grand... »

Elle lui prit la main, la serra entre les siennes.

— Nous sommes prêts, patron, intervint Slim.

— Je ne veux pas te retarder, Daniel.

— Ne vous inquiétez pas, les stars ne sont jamais pressées de travailler... Slim, prends bien soin de ma mère pendant que je vais créer sous ses yeux un impérissable chef-d'œuvre! dit-il en riant.

Slim remplit son rôle avec sollicitude.

— Etes-vous confortablement installée, madame Dennison? Auriez-vous envie de quelque chose? Du café, peut-être?

— Non, merci beaucoup. Expliquez-moi plutôt ce qui se passe, je n'ai encore jamais assisté à un tournage. Ce décor est celui d'un *saloon*, n'est-ce pas?

Slim se rendit bientôt compte qu'elle ne l'écoutait pas. Fascinée, elle regardait Danny donner ses instructions aux acteurs jouant les rôles du *rancher* McMurtry et de sa femme.

— Silence sur le plateau! cria Slim par-dessus la tête de Margaret Dennison. On répète!

McMurtry: « J'en ai assez! Restons-en là. »

Mme McMurtry: « Non! Nous ne pouvons pas revenir en arrière. Reprends-toi, Mac! Il faut achever ce que nous avons commencé. »

McMurtry: « Tu as raison, femme. Nous avons été trop loin, nous ne pouvons plus faire demi-tour. »

Mme Dennison s'animait, murmurait des répliques. Intrigué, Slim l'interrogea du regard.

— C'est le thème de *Macbeth*, dit-elle en retrouvant le ton du professeur qui s'adresse à un élève. Ce personnage a dépassé le point de non-retour. Il n'échappera pas à son destin et devra poursuivre sa route jusqu'au désastre inéluctable.

— Je vois... Prêts pour une pause? dit Slim en consultant sa montre.

Danny les rejoignit avec deux gobelets de café.

— Tu es impitoyable, Daniel! s'écria Mme Dennison. Faire répéter vingt fois leurs répliques à ces malheureux acteurs, ce doit être épuisant!

— C'est pour cela qu'ils sont si bien payés.

Elle pouffa de rire.

— Et qui sont ces gens sur le plateau?

— Les doublures. Ils prennent la place des acteurs afin que les électriciens règlent les éclairages.

— Pourquoi les acteurs ne le font-ils pas eux-mêmes?

— Vous venez de dire que je les tue au travail!

Elle rit de nouveau en lui prenant la main. Danny était heureux de la voir s'amuser comme une écolière en vacances.

En quittant le plateau à la fin du tournage, ils croisèrent Milt, qui avait donné rendez-vous à Darlene dans le bureau de Danny. Milt déploya une courtoisie digne du Vieux Monde et baisa la main de Mme Dennison.

— Je comprends, maintenant, à qui Danny doit son charme, dit-il en s'inclinant.

Margaret rougit de plaisir.

— Milt est mon meilleur ami, précisa Danny.

— Oui, et c'est même pourquoi je lui permets de garder quatre-vingt-dix pour cent de mon argent.

Danny rit devant l'étonnement de Mme Dennison.

— Il plaisante, lui dit-il. Mais il y a dans ce métier beaucoup d'agents qui le pensent réellement.

***

Ce soir-là, il l'emmena dîner chez *Chasen's* à Beverly Hills.

— A celle qui a tenu le rôle le plus important dans ma vie, dit-il en levant son verre de champagne.

— Merci de m'avoir offert une merveilleuse journée, Daniel, dit-elle avec émotion.

Il observa cette femme à qui il devait tant et s'attrista de la voir à ce point vieillie. Elle avait perdu son aisance et sa distinction d'antan, son rouge à lèvres débordait des contours de sa bouche. Au studio, elle riait, elle était gaie. Maintenant, elle avait l'air triste. Ses yeux brillaient de fièvre, sa main tremblait en portant le verre à ses lèvres. Danny s'inquiéta.

— Vous sentez-vous bien, Margaret?

Il eut du mal à l'appeler ainsi au bout de tant d'années.

— Pardonne-moi les fautes que j'ai pu commettre envers toi, Daniel, murmura-t-elle dans le tohu-bohu du restaurant.

— Comment pouvez-vous dire une chose pareille? s'exclama Danny, stupéfait. Vous avez fait pour moi plus que personne au monde!

— Je l'espère, dit-elle avec un sourire triste. J'aimerais

que tu ne te souviennes que de mes bonnes actions, voilà tout.

Déconcerté, Danny se demanda si le champagne était seul responsable de l'étrangeté de ses propos.

— Etes-vous sûre d'aller bien, Margaret ? répéta-t-il.

— Mais oui... Je suis si fière de toi, si heureuse de ta réussite. Je suis seulement un peu lasse et je dois rentrer par le vol de nuit.

— Vous venez à peine d'arriver ! Vous n'avez même pas vu ma maison. Je vous ai fait préparer la chambre d'amis...

— Merci, Daniel, mais il faut vraiment que je rentre.

— Pourquoi ? Restez vous reposer quelques jours, vous avez l'air si fatiguée. Acceptez, je vous en prie.

Elle fit un signe de dénégation puis, avec le même sourire triste, elle sortit de son sac un petit paquet enveloppé de papier bleu et noué avec un ruban de dentelle.

— J'ai voulu t'apporter ceci, Daniel. C'est un livre qu'on m'avait offert quand j'étais petite. Je n'y avais pas prêté attention à ce moment-là, mais j'y suis maintes fois revenue ces derniers temps. Si tu veux me faire plaisir, lis-le attentivement et réfléchis à son contenu, dit-elle avec un regard suppliant. Considère cette lecture comme un devoir que t'impose ton ancien professeur, veux-tu ?

Danny lui prit le paquet des mains sans savoir que répondre. En la raccompagnant à l'aéroport, il lui promit d'aller bientôt lui rendre visite. Il n'en eut pas le temps : une semaine plus tard, le pasteur de Margaret Dennison lui apprit par téléphone qu'elle venait de mourir du cancer. Elle s'était rendue en Californie contre l'avis des médecins, sachant que c'était sa dernière chance de revoir son fils adoptif.

Rongé de remords et de regrets, Danny ouvrit le paquet auquel il n'avait pas encore touché, qui sentait la lavande, comme Margaret. Il s'agissait d'un « mystère » du Moyen Age intitulé *Jedermann*, adapté au début du siècle par le dramaturge autrichien Hugo von Hofmannstahl. Le texte, imprimé en allemand sur une page, comportait en regard une traduction anglaise sous le titre *Everyman*.

A l'anglais faussement harchaïque, Danny préféra le texte allemand qui commençait ainsi : « *Le Seigneur a dit : que toutes créatures viennent rendre compte de leur vie.* » Le principal protagoniste, Everyman, personnifiant chacun des hommes, est appelé à comparaître au jour du Jugement. Tandis que la Mort, messagère de Dieu, attend à sa porte, il implore désespérément ses amis de venir témoigner en sa faveur, mais tous — Plaisir, Beauté, Puissance — se récusent. Il ouvre son trésor, sans que ses richesses temporelles lui soient d'aucune utilité. Seul son ami Bienfaits pourrait lui assurer le salut, mais Bienfaits ne trouve presque rien à dire pour la défense d'Everyman devant le Tribunal suprême. La morale de la pièce se résumait à ceci : faites dès aujourd'hui l'inventaire de votre vie, assurez-vous d'avoir accompli assez de bonnes actions pour que Bienfaits intercède en votre faveur, car le jour du Jugement est toujours plus proche que vous ne le pensez.

Danny feuilleta distraitement le volume, troublé sans savoir pourquoi. Faire l'inventaire de sa vie... Etait-ce là tout ce que Margaret Dennison avait voulu lui faire comprendre, son dernier message ? Ce livre était bon pour une vieille femme qui se savait condamnée et contemplait la mort en face. Mais pour lui ? Certes, il cherchait depuis longtemps le moyen de se défaire de ce malaise persistant et de cette mélancolie qui semblaient assombrir sa vie entière, même dans les bons moments. Trouverait-il la recette dans ce livre ? C'était bien improbable...

Et pourtant, *Everyman* n'allait plus cesser de l'obséder.

Chapitre 6

1986 : BRIGHTON, GRANDE-BRETAGNE

Souriant, le colonel Johnson les attendait à la gare.

— Dans quelques instants, vous découvrirez votre nouveau foyer, dit-il en ouvrant la portière de sa voiture — mais en laissant les deux femmes porter elles-mêmes leurs lourds bagages et les hisser dans le coffre.

Ils arrivèrent bientôt en vue d'une grande bâtisse victorienne de quatre étages, à la façade hérissée de balcons. Le nom de l'établissement, GREENFIELDS INN, s'étalait sur l'enseigne. L'Auberge des Vertes Prairies, quel joli nom ! se dit Luba en regardant de tous ses yeux. Le colonel Johnson expliqua à Magda que, compte tenu de son irremplaçable expérience dans ce domaine, il lui confiait la responsabilité de la restauration tandis qu'il se réservait l'accueil de la clientèle. Il y avait beaucoup à faire, la saison venait à peine de commencer.

Dès la fin de la deuxième semaine, l'hôtel était bondé. Magda se levait à l'aube pour préparer les petits déjeuners des deux douzaines de clients. Pour la plupart, ils restaient à la plage au moment du déjeuner mais ils étaient nombreux à emporter des sandwiches ou des paniers-repas. Aussitôt après, il fallait s'occuper de la préparation du dîner.

Luba était chargée de faire les lits et le ménage des chambres. Le colonel promettait d'engager du personnel, sans jamais trouver personne qui lui convînt. Cela ne l'empêchait pas d'exiger la perfection et d'appliquer une discipline militaire. Il critiquait tout, rien n'était assez bien ni assez vite fait et, quand il était mécontent, il se montrait extrêmement désagréable. Devant les clients, toutefois, il retrouvait son sourire et se répandait en compliments sur sa « merveilleuse épouse » et sa « ravissante jeune fille ».

Luba s'en consolait car elle avait sa propre chambre. Au quatrième étage, c'était la plus petite et la moins chère de toutes, rien de plus en fait qu'un placard à balais sommairement aménagé, mais elle y était au moins chez elle.

Johnson la lui reprit la troisième semaine. Un samedi soir, Luba aidait sa mère à finir la vaisselle du dîner. Morte de fatigue, elle avait hâte d'aller enfin s'étendre sur son lit quand le colonel entra dans la cuisine :

— Luba, débarrassez votre chambre, ordonna-t-il sèchement.

Elle le regarda sans comprendre.

— Allons, plus vite que cela ! J'ai un client à loger. Mettez vos affaires dans notre penderie. Vous coucherez sur le canapé de mon bureau.

Son sourire reparut quand il eut passé la porte.

— Pourquoi ne pas nous avoir prévenues que la maison était pleine ? s'indigna Luba.

Magda continua à laver les assiettes sans répondre.

— Un client à loger !... Ça l'aurait tué de refuser la chambre de sa fille ? Où sont les leçons de danse et les bains de mer qu'il me promettait ? Et maintenant, il me prive de ma chambre ! Quelle nouvelle brimade va-t-il encore inventer ?

— Nous sommes en pleine saison, ma chérie. Il est sur les nerfs. L'hôtel lui a coûté cher, il veut faire rentrer de l'argent. Un peu de patience, je t'en supplie.

— De la patience ? Depuis un mois, nous trimons comme des esclaves ! Il parle tout le temps d'engager du personnel, mais je ne vois toujours rien venir ! Pour lui, c'est facile. Il n'a qu'à faire le joli cœur, à jouer le maître de maison et à empocher le fric !

— Assez ! Je ne veux plus t'entendre dire un mot là-dessus. Nous sommes dans un pays étranger, je veux que nous menions enfin une vie normale et que...

Magda s'interrompit brusquement. Grâce à ses semelles de caoutchouc, le colonel Johnson venait de surgir silencieusement sur le seuil.

— Pas de langue étrangère ! Ici, on parle anglais. C'est un ordre, déclara-t-il en appuyant ses propos d'un regard menaçant avant de faire demi-tour.

Luba contenait difficilement sa fureur. Comment sa mère avait-elle pu se tromper à ce point sur cet individu ? Naturellement, Magda ferait l'impossible pour éviter un nouvel échec. Eh bien, soit, se dit Luba, je l'aiderai de mon mieux... Et elle alla débarrasser sa chambre de ses affaires.

⁂

Le bureau de l'hôtel était encombré par un grand bureau à cylindre, où le colonel Johnson passait plusieurs heures par jour pour vérifier les factures et le registre des réservations. Le meuble restait fermé en permanence et il en conservait précieusement la clef dans son gousset. Luba le voyait souvent tâter sa poche pour s'assurer que la clef y était à l'abri.

Sa deuxième nuit sur le canapé, Luba fut brutalement réveillée par la lumière. Elle ouvrit les yeux et vit le colonel Johnson assis à son bureau.

— Que se passe-t-il ? demanda-t-elle en bâillant.

— Ne me dérangez pas quand je travaille.

Elle le regarda compter et recompter une épaisse liasse de billets, en grommelant des paroles incompréhensibles où revenaient les mots « paresse » et « incompétence ». Depuis qu'il s'était vu dépouillé de ses économies par la nationalisation des banques, après que l'Angleterre eut accordé leur indépendance à ses colonies d'Afrique, le colonel Johnson avait perdu confiance dans les banques et les coffres. Luba se demanda combien il avait déjà amassé ainsi. Quand il eut terminé, il referma le meuble et remit la clef dans son gousset.

Ce fut la première de ses nombreuses visites nocturnes. Une fois, en grande tenue de colonel, il fit irruption dans le bureau.

— Debout ! Debout ! Aujourd'hui, c'est l'anniversaire de la Reine, cria-t-il. Rassemblement à cinq heures précises !

Effarée, Luba dégringola l'escalier. Magda attachait le drapeau aux drisses du mât. Le colonel les fit mettre au garde-à-vous et hissa solennellement l'Union Jack.

— Nous saluerons les couleurs à l'occasion de chaque fête nationale, déclara-t-il en les suivant à la cuisine à la fin de la cérémonie.

Saluer les couleurs avant l'aube ? Il est cinglé ! se dit Luba en regardant la pendule. Il était à peine plus de cinq heures du matin, deux heures plus tôt que d'habitude, et il les remettait déjà au travail pour préparer un petit déjeuner spécial « digne de l'occasion » !...

Il faisait les cent pas en les observant avec un énervement visible quand, tout à coup, il écrasa du poing la pile de coquilles de beurre qu'elles venaient de confectionner.

— Elles sont mal faites ! cria-t-il. C'est du sabotage !

Il continua à les insulter pendant qu'elles recommençaient le travail. Magda n'osait pas regarder Luba.

Trois heures plus tard, il apparut à la salle à manger en grande tenue, décorations pendantes, pli de pantalon affûté, chaussures éblouissantes et sourire aux lèvres :

— Bonjour, cher monsieur... Avez-vous bien dormi, chère madame ?... Ma chère épouse s'est surpassée, ce matin...

Cet après-midi-là, il décida de transférer les fournitures du sous-sol au grenier où, prétendit-il, nul ne serait tenté de les voler. Qui diable aurait envie de voler du papier hygiénique et des paquets de lessive ? pestait Luba, en gravissant pour la dixième fois l'échelle de fer menant du quatrième étage au grenier. Fidèle à son vœu de se montrer patiente, elle s'abstint toutefois de protester.

Epuisée, elle émergeait dans le grenier pour la dernière fois quand elle le vit qui rangeait son uniforme dans une malle. Il referma le couvercle, salua militairement en claquant les talons et s'en alla comme si elle n'avait pas été là.

***

Le mois de septembre arriva enfin, la brise de mer fraîchit et l'hôtel se vida. Maintenant, les choses allaient changer, déclara Magda, et le colonel Johnson allait se calmer. L'hôtel n'avait pas désempli de l'été, ils avaient sans doute fait de bons bénéfices, bien qu'il ne lui en ait pas touché un mot. Il ne parlait d'ailleurs jamais d'argent devant elles.

Les choses changèrent, en effet — pour le pire.

Il leur imposa de faire marcher l'hôtel comme à l'accoutumée. Luba couchait toujours sur le canapé du bureau alors que les chambres étaient presque toutes inoccupées. Elle était obligée de changer tous les jours les draps de tous les lits, même quand personne n'y avait couché, et de cirer les parquets sur lesquels aucun pied ne s'était posé, sous prétexte que « nous devons toujours être prêts à accueillir les clients ».

Il est fou, se disait Luba, fou à lier!

— Il espère recevoir un groupe important de marchands de bière, une convention comme on dit, l'informa Magda en jetant un regard apeuré vers la porte, tant elle redoutait qu'il ne fasse encore un éclat s'il les surprenait à parler polonais.

Ses visites nocturnes au bureau se firent plus fréquentes. Il allumait toutes les lumières et marchait bruyamment de long en large en grommelant. Excédée, Luba allait se décider à en parler à Magda quand d'un seul coup, à son vif soulagement, ces intrusions cessèrent. Un soir, en se déshabillant, Luba eut l'impression d'être épiée. Elle alla ouvrir la porte et surprit le colonel Johnson, à demi accroupi, qui regardait par le trou de la serrure.

Il se redressa à la hâte et s'éloigna en disant:

— Je vérifiais l'état des serrures.

*
**

Couchée sur le canapé, Luba écoutait la pluie tomber. Depuis l'incident de la semaine précédente, elle accrochait tous les soirs une serviette à la poignée de la porte pour obturer le trou de serrure. Maîtrisant de plus en plus mal sa fureur, elle se forçait à fouiller sa mémoire à la recherche de souvenirs heureux. Elle parvenait à imaginer un manège, la musique du limonaire couvrait le crépitement de la pluie et Valentin se matérialisait presque devant ses yeux quand, tout à coup, elle entendit un choc sourd et le raclement d'un meuble qu'on traîne sur le parquet. Aussitôt après, elle reconnut la voix de sa mère qui gémissait de douleur. Luba se leva d'un bond, enfila un vêtement et se précipita dans le couloir. Des bruits de coups et des cris retentissaient derrière la porte de la chambre fermée à clef.

— Salope! Connasse! Je vais te tuer!

Etait-ce bien la voix de l'irréprochable colonel Johnson, que nul n'avait jamais entendu proférer une grossièreté?

— Pitié, pitié! Assez! gémit Magda.

Luba tambourina des poings sur la porte en appelant:

— Magda! Magda!

Le silence retomba.

— Retournez vous coucher! gronda Johnson.

Les coups et les gémissements de Magda reprirent de plus belle. Luba cogna encore plus fort.

— Fous le camp, petite garce! hurla Johnson. Si tu entres, je la tue!

Elle s'élança dehors, pieds nus sous la pluie, et courut jusqu'au poste de police où elle arriva trempée.

— Il est en train de tuer ma mère! s'écria-t-elle, hors d'haleine. Venez vite, je vous en prie!

— Allons, du calme, ma petite, dit un gros policier moustachu assis derrière un bureau.

— Je vous dis que mon beau-père est en train de tuer ma mère! Venez vite à son secours.

— Je regrette, répondit l'homme en déplaçant calmement des papiers, nous ne pouvons pas nous en mêler.

— Vous ne comprenez donc pas? cria Luba en cherchant désespérément des yeux autour de la pièce si un autre daignerait l'écouter. Cet homme est en train de la tuer!

— Nous ne sommes pas habilités à intervenir dans les querelles domestiques. C'est la loi en Angleterre, ajouta le policier qui avait remarqué son accent.

Luba resta muette de stupeur. Même en Pologne, dans un cas semblable, la police aurait fait quelque chose!

Un jeune homme avec des galons de sergent s'approcha, la mine compatissante. Luba espéra qu'il interviendrait.

— Voulez-vous du thé? lui demanda-t-il.

La stupeur de Luba ne connut plus de bornes. Gêné, le jeune sergent rougit sous sa moustache naissante.

— Prenez-en une tasse, répéta-t-il. Il est tout chaud, cela vous fera du bien.

Luba n'en croyait pas ses oreilles: un fou battait sa mère à mort, elle implorait l'aide de la police et on lui offrait une tasse de thé! Découragée, elle fit un signe de tête, sortit sous la pluie et regagna l'hôtel à pas lents.

Quand elle arriva, grelottante de froid, elle trouva la porte bouclée. Elle avait heureusement eu l'idée, quelque temps auparavant, de cacher une clef sous une jardinière de géraniums. Elle entra sans bruit, tendit l'oreille. La maison était plongée dans un profond silence.

⁂

Le lendemain matin, Luba trouva Magda seule à l'office.

— Depuis combien de temps cela dure? lui demanda-t-elle.

— N'en parlons plus, Luba, dit Magda en jetant autour d'elle des regards effrayés. Tout va bien.

— Tu oses dire que tout va bien? Cet individu est un fou dangereux! Il faut partir d'ici.

— Pour aller où?

— N'importe où!

— C'est mon mari. Cela s'arrangera, tu verras.

Voyant le colonel Johnson approcher, elle se remit en hâte à laver la vaisselle. Il traversa la cuisine à pas lents, s'appuya à la table et fixa Magda des yeux:

— Ici, on parle anglais. Uniquement anglais. Est-ce bien compris, Magda?

— Oui, murmura-t-elle.

— Plus fort! Est-ce bien compris une fois pour toutes? répéta-t-il en détachant ses mots.

— Oui, oui, dit Magda.

Luba se détourna pour dissimuler ses larmes de rage.

⁂

Sur son carnet de croquis, Luba dessinait rageusement à grands traits de crayon rouge une caricature du colonel Johnson en Diable. Elle se sentait entraînée avec Magda dans un tourbillon mortel auquel il fallait échapper au plus vite. Elle devait se sauver — et sauver Magda avec elle. Il faisait, ce jour-là, une température inhabituelle pour la fin de septembre. Luba transpirait abondamment — de chaleur ou de colère, elle n'aurait su le dire. N'y tenant plus, elle ôta sa blouse et alla se rafraîchir au lavabo, caché derrière un paravent. Elle s'aspergeait avec une éponge quand la porte s'ouvrit et le colonel Johnson entra.

Immobile, Luba attendit en retenant son souffle dans l'espoir qu'il se retirerait. Ne voyant pas ce qu'il faisait de l'autre côté du paravent, elle se pencha, tendit l'oreille. Le silence était retombé. Peut-être était-il reparti...

Il surgit soudain derrière elle et lui empoigna un sein. Entièrement nu, en érection, il commença à lui caresser son corps ruisselant de sueur et d'eau.

— Je vais t'aider, lui souffla-t-il à l'oreille.

— Ne me touchez pas!

Elle le repoussa de toutes ses forces, courut se rhabiller. Il la poursuivit, attrapa au passage le carnet posé sur le bureau, déchira la page et l'agita comme un trophée en dansant autour de la pièce et en criant d'une voix de fausset :

— Sale petite garce! Sale petite connasse!

Toujours dansant, il déchira la caricature en morceaux minuscules qu'il jeta comme des confettis. Puis, tournant sur lui-même comme un derviche, il se masturba frénétiquement en lâchant une bordée d'injures de plus en plus ordurières. Luba parvint à s'enfuir au moment où il éjaculait.

Jusqu'au soir, incapable de lui raconter cette scène de démence, Luba évita Magda. Comment sa mère réagirait-elle? Elle la soupçonnerait sans doute d'avoir provoqué la concupiscence du colonel Johnson et de l'avoir trahie, comme elle l'avait fait avec Chaim...

Luba mettait le couvert pour le dîner quand le colonel Johnson, vêtu de son habituel smoking blanc, entra dans la salle à manger et lui demanda avec étonnement :

— Pourquoi cette mine bouleversée?

Là-dessus, il s'éloigna sans attendre de réponse.

***

Explosions de violence et accalmies se succédèrent ainsi tout au long de l'automne et de l'hiver. Magda dissimulait de son mieux ses nouvelles traces de coups, Luba feignait de ne pas les voir. Magda n'avait cependant jamais le visage meurtri ; dans sa folie, Johnson conservait assez de raison pour ne pas exposer les marques de sa brutalité devant les clients.

Luba passait tous ses instants de liberté au grenier, dont elle s'était fait un refuge. Assise sur la cantine du colonel

Johnson avec son carnet de croquis, elle tentait de s'évader de la sordide réalité. Malgré ses efforts, les féeriques dessins de chevaux et de manèges qui l'avaient tant aidée à Cracovie faisaient cependant place à des images sinistres — silhouettes indistinctes aperçues à travers les grilles de San Sabba, poissons morts entassés sur la berge d'un fleuve, mer grise vue de derrière une échelle de fer comme d'entre les barreaux d'une prison.

Les disparitions quotidiennes de Luba passaient inaperçues. Le colonel Johnson affectait d'ignorer son existence — jusqu'au jour où ses dérèglements sexuels le reprirent.

Luba s'épilait les sourcils quand elle entendit la porte du bureau s'ouvrir. Elle regarda dans le miroir et vit entrer le colonel Johnson en grande tenue. Il se mit au garde-à-vous, ouvrit sa braguette et s'avança vers elle à pas lents en se masturbant. Luba le laissa approcher puis, quand il fut à sa portée, elle se retourna brusquement et lui empoigna le sexe. Il recula, sursauta comme s'il avait reçu un coup de poignard. Sans lâcher prise, Luba le repoussa contre le mur.

— Tu veux me baiser? dit-elle d'une voix sifflante.

Pétrifié, il se laissa glisser à terre en gémissant.

— Petite garce... Petite salope...

Alors, sa rage trop longtemps contenue déborda et Luba ne se contrôla plus. Elle frappa de toutes ses forces, à coups de poing, à coups de pied, en lui criant à la figure:

— Salaud! Ordure! Si tu oses toucher encore à ma mère, c'est moi qui te tuerai!

Il se laissait faire sans réagir. Finalement, atterrée par sa propre violence, Luba s'arrêta, épuisée, et le laissa écroulé au pied du mur, grommelant un chapelet d'obscénités.

Elle prit son manteau et sortit, aspira à pleins poumons l'air frais et vivifiant sans parvenir à chasser le sentiment d'oppression qui lui serrait la poitrine. Il faisait doux, les crocus commençaient déjà à poindre, le printemps ne tarderait plus. En cet après-midi de mars, les promeneurs profitaient de la première belle journée de l'année.

Sur la promenade du bord de mer, elle croisa le jeune sergent qui avait voulu la réconforter en lui offrant une tasse de thé. Il la reconnut et porta la main à son casque.

— Bonjour, mademoiselle, dit-il en souriant. Allez-vous mieux que la dernière fois?

Luba poursuivit sa marche sans répondre. Des mères poussaient des voitures d'enfants, des amoureux s'enlaçaient sur un banc en contemplant l'écume argentée du ressac sur le sable. Elle aurait mérité, elle aussi, d'être aimée de la sorte, au lieu de devoir sans cesse repousser les assauts d'un obsédé. Magda aussi méritait mieux, après avoir tant lutté pour fuir Cracovie. Pauvre Magda, si fière de son colonel Johnson, dont elle s'imaginait qu'il était la réponse à ses prières... Quelle désillusion !

Manifestement, cet homme était malade. Jusqu'où irait sa folie ? Magda travaillait dans un état d'engourdissement proche de l'inconscience. Quand Luba voulait la convaincre de réagir et de partir avec elle, Magda secouait la tête :

— Nous n'avons même pas de quoi prendre le train.

— Moi, si.

— Tu ne l'as pas volé dans son bureau, j'espère !

— Je le ferais si je pouvais, mais ce salaud ne se sépare jamais de sa clef. Non, je me contente de garder une partie de mes pourboires.

— Où irions-nous, Luba ? Retourner à Cracovie ?

— Pourquoi pas ? On vivait autrement mieux qu'ici ! Allons à Londres, Magda ! Te souviens-tu de la fille que j'avais rencontrée à Weymouth ? J'ai toujours son adresse et son téléphone.

— Tu parles de cette « agence d'hôtesses » ? Autant faire le trottoir !

— Et alors ? Au moins, ça rapporte !

— Jamais, tu m'entends ? Jamais plus !

Contemplant pensivement la mer ce jour-là, Luba en arrivait à se demander si elle était responsable de ce cauchemar. Peut-être Magda aurait-elle une vie meilleure si elle la quittait.

C'est alors qu'un bruit familier interrompit le cours de ses sombres réflexions. Elle partit en courant vers sa source et découvrit un petit manège de chevaux de bois installé sur la plage. Les enfants tournaient joyeusement, leurs rires semblaient scander la musique du limonaire.

Valentin... Où es-tu, Valentin ? Son souvenir lui apportait les seules pensées heureuses de sa vie sinistre. Le soir venu, couchée sur le canapé dur et inconfortable, il venait la rassurer de son sourire lumineux et l'emmenait loin, très loin, sur son cheval de bois, au son du limonaire.

Tourne, tourne, joli manège,
Comme la vie tu vas sans fin...

Le cœur serré, Luba fit demi-tour et rentra à l'hôtel.

⁂

Le printemps chassa les derniers vestiges de l'hiver en célébrant sa victoire par un déchaînement de foudre et de tonnerre. Cette nuit-là, il pleuvait à torrents. Pelotonnée sous la couverture, Luba attendait que Valentin vienne ensoleiller son horizon.

Des cris déchirants interrompirent soudain sa rêverie, avec une violence telle que le grondement de l'orage ne parvenait pas à les assourdir.

Levée d'un bond, Luba courut au bout du couloir. Les hurlements redoublèrent au moment où elle posa la main sur la poignée. La porte n'était pas verrouillée. Quand elle ouvrit, elle vit Magda qui se tordait de douleur sur le parquet en essayant d'esquiver les coups de ceinture que lui assenait le colonel Johnson. Ils étaient nus l'un et l'autre.

— Salope! Ignoble pute! hurlait-il au rythme des coups.

Luba se jeta sur lui et tenta de l'écarter. Le visage tordu de rage, il la repoussa brutalement.

— Fous le camp d'ici!

Il courut à la penderie, arracha des cintres les robes de Luba et les jeta à la volée dans le couloir. Ses chaussures, ses sacs, sa valise suivirent le même chemin.

— Fous le camp! répéta-t-il. Et va-t'en pour de bon! Je ne veux plus te revoir!

Paralysée, Luba ne réagit pas aussitôt.

— Tu entends ce que je te dis, petite salope? lui hurla-t-il sous le nez.

Luba se ressaisit et se tourna calmement vers sa mère.

— Viens, Magda. Tu vas partir avec moi.

Magda se redressait péniblement quand le colonel Johnson l'empoigna d'une main par le cou et, de l'autre, saisit sur la coiffeuse une paire de ciseaux dont il posa les pointes sur le cœur de Magda. Les trois protagonistes se figèrent, comme des figures de cire dans une scène d'horreur

— Au moindre geste, je te tue, dit-il froidement.

— Va-t'en, Luba, je t'en supplie, murmura Magda.

Luba ne pouvait détacher son regard des deux corps nus, luisants de sueur. Celui de Magda était couvert de bleus et de croûtes ; un filet de sang dégoulinait sur sa jambe. Les lames des ciseaux étaient à demi enfouies sous son sein gauche.

— Je m'en irai si vous jetez votre arme, dit Luba en s'efforçant de parler d'une voix ferme.

Il hésita, finit par s'exécuter et jeta les ciseaux sur le lit. Le visage de Magda était ruisselant de larmes.

— Va, Luba, va-t'en, je t'en supplie, répéta-t-elle.

Luba prit les ciseaux et sortit dans le couloir. Elle entendit la porte claquer et la clef tourner dans la serrure. Le silence retomba, sans autre bruit que le crépitement de la pluie sur le toit et les vitres. Luba ramassa ses affaires éparses, les mit dans sa valise et descendit l'escalier d'un pas de somnambule.

Je la pousse à partir depuis longtemps, j'ai fait de mon mieux pour lui venir en aide. Que puis-je de plus ? se dit-elle en retenant ses larmes. J'ai tout essayé. Maintenant, je n'en peux plus. Moi aussi, je veux vivre ma vie ! J'ai dix-neuf ans, je refuse de me résigner...

Sa valise à la main, elle quitta cette fois l'hôtel sans esprit de retour et prit le premier train pour Londres.

Chapitre 7

1968 : BEVERLY HILLS

Danny était client de Milt et de la *Famous Artists Agency* depuis près de quinze ans sans jamais avoir été convié au grand dîner annuel de Charles Grossman, le patron de l'agence. Milt lui-même, malgré sa flatteuse promotion, n'y avait pas encore eu droit. La liste des soixante invités constituait un super *Who's Who* de Hollywood que les échotiers s'arrachaient. Cette année-là, pour la première fois, Milt et Danny eurent l'honneur d'y figurer. Milt ne se sentait plus de joie, tandis que Danny était furieux de voir, sur le précieux carton, son nom incorrectement orthographié, Denison avec un seul *n*.

Ils s'y rendirent dans la voiture de Milt, les deux hommes à l'avant et Sarah seule sur la banquette arrière, afin d'étaler ses kilomètres de taffetas qu'elle tremblait de peur de chiffonner. Après avoir laissé la voiture aux mains d'un voiturier, ils gravirent le perron sous les récriminations de Sarah, qui accusait Milt de piétiner sa robe.

La décoration intérieure, traitée dans des dégradés de beige, étonna Danny par sa sobre élégance qui mettait en valeur une fabuleuse collection de tableaux — Monet, Matisse, Pascin, Chagall et quelques autres qu'il ne reconnut pas.

Charles Grossman les accueillit dans le vestibule. Pour la première fois, Danny adressa la parole à celui dont l'agence prélevait une dîme sur tous ses gains.

– Vous savez sûrement que Danny est un de nos clients

les plus importants, Charlie, s'empressa de préciser Milt, soucieux d'éviter un impair.

Avec un large sourire, Grossman donna une claque dans le dos de Danny comme s'ils étaient amis intimes depuis des années.

— Servez-vous à boire, Danny. Faites comme chez vous.

Là-dessus, il reprit sa conversation avec Jack Warner et Darryl Zanuck, les potentats rivaux qui se haïssaient cordialement dans l'intimité mais feignaient toujours en public d'être les meilleurs amis du monde. Abandonnés à eux-mêmes, Danny, Milt et Sarah allèrent flâner dans les salons, où l'éclat des célébrités le disputait à celui des lustres. Grossman avait bien fait les choses. Noyées dans la foule des producteurs, on reconnaissait au hasard Joan Crawford, Rita Hayworth, Katherine Hepburn. Shirley MacLaine, en minijupe, riait bruyamment d'un bon mot claironné par son frère, Warren Beatty, à l'autre bout de la pièce. Un peu à l'écart, Jane Fonda et Roger Vadim se tenaient amoureusement la main. Tous les regards se braquaient cependant — avec plus ou moins de discrétion – sur Elizabeth Taylor qui affectait d'ignorer la présence de Richard Burton.

Le dîner fut bientôt annoncé. A la suite du Gouverneur Ronald Reagan et de sa fidèle Nancy, l'assistance se dirigea en cortège vers le jardin illuminé aux chandelles.

Les paons qui faisaient la roue sur la pelouse s'efforçaient en vain de concurrencer ceux qui se pavanaient aux tables, ornées d'orchidées et étincelantes de fine porcelaine, de cristal et d'argent massif, disposées autour de la piscine. Sur le bristol marquant sa place, Danny constata que son nom était toujours mal orthographié. A sa droite trônait Dorothy Chandler, « Buff » pour les intimes, veuve du fondateur du *Los Angeles Times* et elle-même fondatrice du Music Center qui abritait l'orchestre philharmonique et l'opéra. La place à sa gauche restait vide. Danny lut sur le carton qu'elle était dévolue à une certaine Miss Stéphanie Stoneham. C'est bien ma veine! se dit-il avec un soupir. Me voilà coincé pour la soirée entre une douairière et une vieille fille...

A côté de la place vide siégeait Adolphe Burns, ancien opticien et grand patron de la MCA, qui bavardait avec Dorothy Chandler par-dessus l'assiette de Danny comme si ce dernier n'existait pas. Danny tentait de se distraire en se demandant s'il s'était lui-même prescrit ses lunettes quand la conversation s'interrompit. Voyant Burns sourire à quelqu'un derrière Mme Chandler, Danny suivit son regard.

La plus merveilleuse créature sur laquelle il eut jamais posé les yeux s'avançait en faisant tourner toutes les têtes sur son passage. Grande, élancée, ses cheveux d'un blond doré flottant sur les épaules, elle se dirigeait droit vers lui et semblait glisser plutôt que marcher entre les tables.

Adolphe Burns se leva avec empressement et embrassa la féerique apparition sur les deux joues.

— Ah, ma chère Stéphanie, vous voilà enfin ! J'avais peur que vous n'ayez décidé de nous faire faux bond.

— Soyez rassuré, répondit-elle en s'asseyant avec grâce.

Hypnotisé, Danny contempla ses épaules nues, caressa du regard la courbe de son cou jusqu'à un nuage de tulle bleu drapé sur une poitrine au galbe irréprochable.

Elle baissa ses yeux gris vers le bristol de son voisin :

— Daniel Denison ?

— Oui, mais avec deux *n*.

Elle le gratifia d'un sourire.

— Vous êtes donc Stéphanie Stoneham, reprit-il.

— J'admire votre perspicacité.

— Seriez-vous actrice ?

— Grand dieu, non ! répondit-elle en riant. C'est bien le dernier métier que j'aurais envie de pratiquer.

Danny en fut interloqué. Il avait toujours cru qu'à Hollywood les jolies filles rêvaient toutes de devenir des stars. Du coin de l'œil, il vit le majordome chuchoter quelques mots à l'oreille d'Adolphe Burns, qui se leva aussitôt.

— M'abandonneriez-vous déjà, Adolphe ? demanda Stéphanie en se tournant vers lui.

— Navré, ma chère enfant, il faut que je remmène Agnès à la maison. Une fois de plus, ajouta-t-il d'un air résigné, l'heure des cocktails a été... un peu trop longue pour elle.

— Quel dommage ! Embrassez-la de ma part.

— Je n'y manquerai pas. Et n'oubliez pas notre dîner de vendredi prochain.

— Impossible, Adolphe, je serai à Long Island.

— J'en suis désolé. En tout cas, dites à J.L. que nous nous réjouissons à l'idée de le retrouver sur la Côte d'Azur.

Et il s'en fut sans un regard pour Danny.

Tandis que Stéphanie vidait son verre de vin en dédaignant le consommé, Danny tenta de renouer leur conversation

— Vous habitez Long Island?

— Non, mais mon père donne une réception en l'honneur de la princesse Margaret et il tient à ce que j'y sois.

Se moque-t-elle de moi? se demanda Danny. Sa beauté ne l'empêche pas d'être une fieffée mythomane...

On servit le plat de résistance, du saumon accompagné d'asperges et de riz sauvage; elle se borna à former des petits tas de riz dans son assiette sans rien manger. Danny observait ses doigts fuselés tripoter les couverts quand elle se leva:

— Il faut que j'aille faire du charme pour trouver quelqu'un qui veuille bien me remmener chez moi.

Danny saisit la balle au bond:

— Faites-en à moi, je vous raccompagnerai.

Leurs regards se croisèrent. Il comprit qu'elle le jaugeait et que l'examen ne lui était pas défavorable.

— Pourquoi pas? Je vais me préparer. Attendez-moi, je n'en aurai pas pour longtemps.

Danny se rappela alors n'avoir pas pris sa voiture mais être venu dans celle de Milt, qu'il devait donc retrouver d'urgence. Mme Chandler venait de se lancer dans un exposé verbeux sur la récente production d'un opéra. Danny repéra Milt dans la foule et lui fit signe. Profitant d'une pause dans le monologue de l'intarissable mécène des arts, il s'esquiva discrètement et rejoignit son ami.

— Que sais-tu de cette Stéphanie Stoneham à côté de qui je suis assis, Milt?

— Quoi, tu ne sais pas qui c'est?

— Je sais seulement qu'elle raconte n'importe quoi, mais elle est ravissante et elle me plaît.

— C'est la fille de J.L. Stoneham, voyons!

— J.L. Stoneham? Tu veux dire?...

— Mais oui, « le Bourreau de Wall Street »! Un des dix hommes les plus riches du pays.

Danny ne put retenir un sifflement de stupeur.

— Elle part donc réellement pour Long Island?

— C'est probable, son père y habite.

— Et elle va dîner avec la princesse Margaret?

— Si elle le dit, c'est sûrement vrai.

Danny s'était toujours fait fort de démasquer les vantards. Pourtant, il n'avait pas cru Stéphanie qui lui disait la vérité... Il la chercha des yeux sans la voir nulle part. Les invités commençaient à prendre congé et Danny se résignait à l'idée qu'elle avait trouvé quelqu'un d'autre pour la raccompagner quand il sentit qu'on le tirait par la manche.

— Espériez-vous partir sans moi ?

Son sourire la rendait plus belle que jamais.

— Pas du tout ! Je donnais simplement des ordres à notre chauffeur...

— En réalité, je suis son agent, dit Milt en riant. Mais ce jeune et brillant réalisateur est tellement habitué à ce que rien ne lui résiste qu'il me traite comme son domestique.

En montant en voiture, Danny surprit les regards que Sarah lançait à Stéphanie, dont la toilette élégante et discrète ridiculisait sa robe en taffetas ruché, surchargée de nœuds et de fanfreluches tressautant sur son ample poitrine. Milt débordait d'une bruyante gaieté et faisait seul les frais de la conversation. Pour une fois, Danny était soulagé, il aurait été gêné de parler à Stéphanie devant témoins.

Ils descendirent Coldwater Canyon et Rodeo Drive en direction du Beverly Wilshire Hotel, où Stéphanie se faisait déposer. Milt voulait à toute force raconter une histoire et se tordait de rire avant même d'avoir commencé.

— Connaissez-vous celle de l'Esquimau saoul qui va à la pêche ? Il fait un trou dans la glace, enchaîna-t-il sans attendre de réponse, il jette sa ligne et, une minute plus tard, il entend une voix de tonnerre crier : « IL N'Y A PAS DE POISSON ICI ! » « Inutile de brailler », répond l'Esquimau...

— Milt, attention à ton volant ! intervint Sarah, excédée d'entendre la plaisanterie pour la centième fois.

— Alors, poursuivit Milt comme si de rien n'était, il va deux mètres plus loin, il creuse un autre trou et il entend la voix qui répète encore plus fort : « IL N'Y A PAS DE POISSON ICI ! » Agacé, il se retourne et il demande : « Qui est-ce qui dit ça ? » Et la voix répond : « LE DIRECTEUR DE LA PATINOIRE ! »

Milt était plié en deux. Sarah empoigna précipitamment le volant pour redresser la voiture qui amorçait une embardée.

— Le voilà qui se prend pour Bob Hope, soupira-t-elle.

Danny fut agréablement surpris d'entendre Stéphanie rire de bon cœur. Peu avant d'arriver à l'hôtel, il se hasarda à lui faire du genou. Elle ne réagit pas mais ne s'écarta pas non plus. A la porte, il lui souhaita bonne nuit en lui baisant galamment la main.

— Eh bien, bonhomme, tu profites de mes leçons! dit Milt quand il remonta en voiture.

Sarah poussa un nouveau soupir:

— Il ne lui manquait que de se prendre pour Casanova....

⁂

Le lendemain matin, Danny se précipita chez le fleuriste de l'hôtel choisir une gerbe de roses blanches, qu'il fit livrer à l'appartement de Stéphanie avec une carte:

Appelez-moi avant qu'elles ne se fanent. Danny Dennison (avec deux n).

De là, il se rendit au bureau de Milt, récemment redécoré par Sarah dans le style chinois — y compris l'échiquier. Les photos de starlettes avaient même droit à des cadres en bambou.

— Je ne peux pas m'empêcher de penser à elle, avoua-t-il en regardant par la fenêtre la circulation de Wilshire Boulevard.

— Tu aurais pourtant intérêt à l'oublier, parce que J.L. Stoneham ne te laissera jamais approcher sa fille. D'abord, c'est le roi des salauds.

— Qu'en sais-tu?

— Voyons, Danny, tout le monde connaît l'histoire! Son propre père, mourant, avait légué sa fortune à J.L. Or, quelques jours plus tard, le père Stoneham s'est rétabli. Crois-tu que J.L. lui ait rendu son argent? Pas question! Le pauvre vieux est mort dans la misère, seul et abandonné de tous. Pour faire une chose pareille, il faut être le roi des salauds, non?

— Je me moque de J.L., c'est Stéphanie qui m'intéresse. Quand revient-elle?

— Comment veux-tu que je sache?

La secrétaire de Milt les interrompit:

— Monsieur Schultz, Ace Films vient de faire porter ces papiers pour M. Dennison.

Avec un large sourire, Milt fit asseoir Danny à côté de lui sur le canapé. Ils feuilletèrent ensemble le contrat du nouveau film de Danny, son sixième, adapté de *Beaucoup de bruit pour rien* et intitulé *Tout pour rien.*

— Regarde ! dit Milt en montrant le paragraphe concrétisant une substantielle augmentation de salaire. Tu vas pouvoir te faire construire la piscine et le tennis dont tu rêvais... Et ça ! poursuivit-il en tournant une page. Pour la première fois, ils t'accordent de figurer au générique *avant* le titre : « Un film de Daniel Dennison » ! Faites-en une photocopie, dit-il à la secrétaire, M. Dennison voudra sûrement le faire encadrer !

Danny soupira ; après le départ de la secrétaire, il se cacha la figure dans les mains.

— C'est tout l'effet que cela te fait ? s'écria Milt, sans dissimuler sa peine. Je suis pourtant fier d'avoir réussi à négocier des clauses comme celles-là ! Tu n'es pas content ?

— Si, Milt, tu es le meilleur des agents. Seulement, que veux-tu, « Tout pour rien » c'est l'histoire de ma vie. On me paie pour faire des films qui ne valent rien. De toute façon, tout le monde s'en moque...

— Tu te trompes, Danny ! Le public adore tes films. Pendant deux heures, les spectateurs oublient leurs problèmes. C'est ce qui compte le plus, non ?

— Tu ne comprends pas, Milt...

— Arrête, bonhomme ! l'interrompit Milt en le prenant par les épaules. Je connais des tas de gens qui seraient trop contents de faire ce que tu fais, d'avoir le dixième de ton talent, de gagner le quart de ce que tu gagnes.

Danny leva les yeux au ciel.

— Mais si ! protesta Milt. Tiens, je voudrais bien voir ce qu'un Kazan ou un Wilder feraient d'un scénario comme ceux qu'on te fait tourner.

— Justement, Milt, ces scénarios sont nuls ! J'en ai assez, je voudrais enfin pouvoir faire un film qui ait un sens.

— Voilà que ça te reprend !

— Eh bien, oui ! Je ne veux plus faire n'importe quoi, je veux faire quelque chose qui compte vraiment.

— Toi, bonhomme, tu as attrapé le virus du film d'auteur, du « film d'art » ! Dans le genre du vieux bouquin que tu m'as fait lire — comment ça s'appelle, déjà ?

— *Everyman.*

— Oui. Tu t'imagines que ça ressemble à quelque chose? Ton *Everyman*, c'est nul! Il n'y a rien dedans! Pas de personnages — *Bienfaits*, tu appelles *ça* un personnage? Aucune intrigue. Ce n'est qu'un long sermon rasant...

— Je n'ai pas encore réussi à faire un bon traitement, je sais. Pourtant, crois-moi, Milt, je le sens là, dans les tripes. Cette pièce donne un message universel et...

— Tu vas me refaire le coup de Kafka, l'interrompit Milt avec un soupir exaspéré.

— De quoi parles-tu?

— Ecoute-moi, Danny. J'ai eu un client, un réalisateur plein de talent — comme toi — qui m'a seriné les mêmes sornettes. Il voulait faire un film d'après un roman de Kafka. Je débutais, je me suis laissé influencer, j'ai négocié les contrats et il a fait son film. Un four, Danny, un désastre!

— Quel genre d'histoire?

— L'histoire d'un Juif — rappelle-toi ce que je t'avais dit au début: les Juifs ne se vendent pas, personne ne s'y intéresse. Seulement, voilà: mon type voulait lui aussi délivrer un « message universel »! Son soi-disant chef-d'œuvre a fini à la poubelle. Je voudrais au moins t'épargner cela.

— Mais tout ce que je fais mérite la poubelle! Je voudrais faire enfin quelque chose de bon, tu comprends? D'ailleurs, il n'est pas question de Juifs...

— Je ne veux pas discuter, Danny. Oublie tes divagations, pour le moment du moins. D'accord?

***

Pour Danny, la seule façon d'oublier était de penser à Stéphanie. Il ne cessait de revoir son cou souple et gracieux, ses cheveux blonds qui effleuraient ses épaules nues; le regard voilé de ses yeux gris l'obsédait.

Elle lui donna signe de vie une semaine plus tard. En rentrant du studio à onze heures du soir, il trouva un message sous sa porte: *Merci pour les fleurs. Appelez-moi.*

L'avait-elle fait porter par un coursier, était-elle venue elle-même? Danny consulta sa montre. Etait-il trop tard pour téléphoner? Il prit le risque.

— Allô! fit la voix inoubliable.

— Pardonnez-moi de vous appeler si tard...

— Mais non, il n'est pas trop tard, l'interrompit-elle. Venez boire un dernier verre.

Un peu surpris de l'invitation, il se doucha en hâte, se changea et se rendit au Beverly Wilshire.

Elle l'attendait, drapée dans un peignoir de satin champagne assorti à ses cheveux. Danny se demanda si elle portait quelque chose en dessous.

— Je viens d'arriver, lui dit-elle. J'ai grand besoin de quelque chose de fort pour me désintoxiquer de Long Island.

Elle leur versa à chacun un double scotch et vint s'asseoir à côté de lui.

— Votre séjour ne s'est pas bien passé?

— J'étais malade au lit, comme d'habitude. Je le hais!

— Qui donc?

— Mon père. A chaque fois que je le vois, je suis malade.

— Pourquoi? Est-il si désagréable?

— Non. Quand je fais exactement ce qui lui plaît, il me donne tout ce que je veux. Vous voyez cet appartement?...

Danny regarda avec plus d'attention les meubles modernes et coûteux, tout en cristal et en cuir blanc, qui luisaient sous la lumière tamisée.

— C'est à lui, il le loue à l'année. Si je lui désobéis, il me fera expulser.

— Vous ne parlez pas sérieusement!

— Si, c'est déjà arrivé. Il n'est jamais content de rien. Je m'habille toujours mal, je ne dis que des âneries, je ne fais jamais rien de bien, je ne suis jamais telle qu'il me voudrait. Il est odieux. Je le hais...

Ses yeux se remplirent de larmes. Danny passa un bras autour de ses épaules.

— Allons, ne pleurez pas. N'y pensez plus. Moi, Stéphanie, je vous aime exactement telle que vous êtes.

Son visage s'éclaira instantanément d'un sourire.

— Personne ne me l'a encore jamais dit, murmura-t-elle.

Puis, en se serrant contre lui, elle ajouta:

— Je suis si heureuse que vous soyez venu, Danny.

Elle lui embrassa l'oreille. Le contact de ses lèvres, douces et soyeuses, lui fit l'effet d'une décharge électrique.

Il se tourna vers elle, leurs lèvres se joignirent. Du bout de la langue, il explora sa bouche avec gourmandise tandis qu'elle lui déboutonnait sa chemise. Les longs doigts fuselés qui l'avaient tant fasciné, à table, quand ils jouaient avec les couverts, caressaient maintenant sa poitrine, débouclaient sa ceinture, se refermaient sur son érection.

Elle éteignit la lampe, se laissa glisser du canapé. La pièce n'était plus éclairée que par un rai de lumière venu d'une porte entrouverte. Dans la pénombre, il la regarda s'allonger sur le tapis, ouvrir son peignoir d'un geste voluptueux. La beauté parfaite de son corps nu lui coupa le souffle. Il lui caressa lentement les cheveux, la gorge, s'attarda sur un sein dont il sentit la pointe se durcir sous sa paume. Etendu près d'elle, il fit descendre sa main jusqu'au monticule doux et moite, le caressa doucement, longuement. Elle se mordit les lèvres, sa respiration se fit haletante.

— Prends-moi, Danny, prends-moi...

Elle l'étreignit dans ses bras, le serra de plus en plus fort tandis qu'ils parvenaient ensemble à une extase qu'il n'avait jamais encore connue aussi enivrante. Pour la première fois de sa vie, il se sentait tout-puissant, immortel.

Longtemps plus tard, tandis qu'il reposait, épuisé, allongé sur elle, l'étreinte de ses bras ne s'était pas relâchée et elle continuait à le serrer sur sa poitrine.

⁂

Le lendemain matin, elle jeta quelques affaires dans une valise et alla s'installer chez lui, dans sa petite maison de Tower Road. Danny flottait sur un nuage ; il n'arrivait pas à croire à la réalité d'un tel miracle.

A sa stupeur, il découvrit qu'elle était excellente cuisinière. Quand il rentrait du studio, d'appétissantes odeurs émanaient de la cuisine. Elle métamorphosa la maison, acheta des fleurs, des lampes, des tapis et lui fit la surprise d'un aquarium rempli de poissons exotiques aux vives couleurs.

Le matin, au réveil, il aimait la regarder dormir et contempler son visage angélique sous le voile de ses cheveux d'or. Quand il rentrait le soir, il entendait du seuil sa voix appeler son nom, il montait en courant pour la trouver, étendue dans la baignoire, qui lui tendait le savon comme une invite. Avec elle, l'amour était une fête sans cesse renouvelée ; elle lui redonnait les sentiments de plénitude, de toute-puissance éprouvés la première fois et il ne s'en lassait pas. Pourquoi, dans ces conditions, hésitait-il lorsqu'elle lui parlait mariage ? Danny ne s'expliquait pas sa propre indécision. A trente-six ans, aucune femme ne l'avait attiré ni fasciné à ce point. Chaque jour avec elle le convainquait davantage d'avoir rencontré la femme de sa vie. Alors, qu'est-ce qui le retenait encore ? Pourquoi ne pas l'épouser ?

En fait, tout allait trop vite pour lui. Des intermèdes déconcertants s'insinuaient entre leurs moments de pur bonheur. Elle se révélait imprévisible et sujette à de brusques sautes d'humeur, passant parfois sans transition des larmes à des fous rires hystériques. Plus elle insistait pour le pousser au mariage, plus il ajournait sa décision.

La situation se dénoua brutalement un mois plus tard, sur un coup de téléphone de J.L. Stoneham. Danny entendit une voix rude déclarer de but en blanc :

— Je m'y oppose formellement.

— De quoi parlez-vous, monsieur ?

— Ma fille est une écervelée, elle ignore à quoi elle s'expose. Je ne veux pas qu'elle épouse un acteur.

— Je ne suis pas acteur, je suis réalisateur.

— Peu importe, vous faites partie de cette maffia juive.

— Mais... je ne suis pas Juif !

— Vous êtes quand même contaminé.

— Qu'est-ce que cela signifie ?

— Que je vous interdis d'épouser ma fille.

— Vous n'avez pas à vous en mêler, ceci ne concerne que Stéphanie et moi !

— Non. J'ai déjà eu affaire à trop de coureurs de dot dans votre genre.

Danny sentit la moutarde lui monter au nez :

— Permettez-moi de vous dire, monsieur...

Stoneham ne le laissa pas finir sa phrase :

— Je vous avertis que si vous l'épousez, vous n'aurez pas un sou, ni l'un ni l'autre...

— Je n'en crois pas mes oreilles !

— Mais si vous la laissez tranquille, poursuivit l'autre sans tenir compte de l'interruption, je me montrerai généreux.

— Quoi ? Vous croyez pouvoir m'acheter ?

— Tout s'achète. Acceptez et n'en parlons plus.

— Vous n'avez pas assez d'argent pour *tout* acheter ! cria Danny en raccrochant.

Le lendemain, Stéphanie et lui se marièrent à Las Vegas.

⁂

Il n'y eut d'abord aucune réaction de J.L. Stoneham, au point que son silence les inquiéta. Si Stéphanie en souffrait, en tout cas, elle ne le montrait pas. Ils étaient heureux et leur bonheur éclatait au grand jour. Quand ils entraient dans un restaurant, ils attiraient tous les regards. Ils formaient un couple idéal : Danny, grand, brun, énergique ; Stéphanie, mince, belle et dorée comme une idole à ses côtés. Elle aimait être vue avec lui dans les endroits à la mode ; elle fit même admettre Danny au Westside Country Club, le plus fermé et le plus snob, pour lui faire rencontrer ses amis à elle.

Le mariage de Danny eut pour seule conséquence fâcheuse de jeter un froid sur ses rapports avec Milt et Sarah. Leur premier dîner de bortsch et de carpe farcie suffit à démontrer sans ambiguïté que les deux femmes n'auraient décidément jamais d'atomes crochus. Milt et Danny se rattrapèrent en se voyant plus souvent seul à seul.

⁂

Le silence de J.L. Stoneham fut enfin rompu par une lettre de ses avocats, avisant Stéphanie que son père engageait une procédure pour la déshériter. La missive se concluait par ces mots : *M. Stoneham vous informe qu'il cesse, dorénavant, de vous considérer comme sa fille.*

Stéphanie en fut littéralement assommée. Danny s'était absenté quelques jours pour des repérages d'extérieurs. Il la trouva à son retour pratiquement inconsciente : elle avait bu sans arrêt depuis l'arrivée de la lettre. Il parvint à lui redonner assez de lucidité pour tenter de la raisonner.

— Nous savions qu'il fallait s'attendre à quelque chose de ce genre. A quoi bon te mettre dans des états pareils ?

— Il m'a dépouillée de *tout* !

— Et alors ? Nous n'avons pas besoin de son argent, j'en gagne largement assez.

— Il ne s'agit pas d'argent! Tu ne comprends donc pas? C'est comme si je n'avais jamais eu de père, comme si j'étais une enfant trouvée...

— Voyons, Stéphanie, c'est absurde!

Il eut beau dire, elle refusa d'entendre raison. Elle se considérait abandonnée et ne le supportait pas. Puis, aussi soudainement qu'elle était venue, sa dépression s'évanouit et Stéphanie redevint gaie et insouciante.

La fêlure suivante se manifesta un mois plus tard.

Stéphanie avait elle-même suggéré de donner un dîner. Elle se réjouissait de faire la cuisine, où elle excellait. Heureux de montrer les embellissements de sa maison et de rendre des politesses, Danny avait invité Art Gunn et quelques relations professionnelles importantes.

Le matin, rien n'était prêt ni même prévu. Déjà à moitié ivre, Stéphanie était dans un état second.

Furieux, Danny la secoua sans ménagements:

— Ressaisis-toi, bon dieu!

— Je ne peux pas, répondit-elle en sanglotant.

— Ce n'est quand même pas sorcier de préparer un dîner! Tu le fais si bien, d'habitude...

— Non, j'en suis incapable.

Là-dessus, elle monta en courant s'enfermer dans la chambre. Danny partit en claquant la porte. Au comble de l'embarras, il dut faire décommander les invités par sa secrétaire en invoquant une soudaine indisposition de sa femme.

Quand il rentra chez lui ce soir-là, décidé à avoir une explication avec Stéphanie, elle avait disparu sans même laisser un mot. Fou d'inquiétude, Danny attendit deux jours durant.

Elle reparut le troisième jour.

— Stéphanie, au nom du Ciel, où étais-tu?

— A Long Island.

— Tu es allée voir ton père?

— Non, dit-elle en fondant en larmes. Il n'a même pas voulu me laisser entrer. Je ne savais plus où aller...

— Voyons, ma chérie, dit Danny en la prenant dans ses bras, tu sais où aller. Ta place est ici, chez toi. J'étais si inquiet pendant ces deux jours, j'ai cru devenir fou.

Son sourire apparut aussi subitement que ses larmes se tarirent et elle se blottit dans ses bras.

— C'est bien vrai ?

Ce soir-là, ils firent l'amour mieux que jamais.

Danny décida de se montrer plus patient et de faire des efforts. Il joua au tennis avec elle, sortit plus souvent dans des réceptions. Ses bonnes résolutions semblaient porter leurs fruits jusqu'au jour où Stéphanie reçut une lettre de J.L. l'invitant à Long Island — sans son mari. Transportée de joie que son père, en fin de compte, ne l'ait pas désavouée, elle partit sur-le-champ. Afin de ne pas assombrir le bonheur de Stéphanie, Danny dissimula son chagrin dans l'espoir qu'elle retrouverait son équilibre en se réconciliant avec son père. Mais quand elle revint de voyage, Stéphanie était plus abattue que jamais — et couverte de bijoux. Danny sentit son cœur se serrer en pensant au prix qu'elle avait dû payer.

Elle se remit à boire plus qu'avant. Un soir, au retour du studio, il la trouva à demi dévêtue, décoiffée, barbouillée de maquillage et ressassant les malheurs de son enfance.

Danny découvrit ainsi toute l'histoire — un véritable cauchemar. Stéphanie ne lui avait encore jamais dit que sa mère s'était suicidée. Après le drame, son père avait entièrement dominé sa vie en exigeant d'elle une obéissance aveugle. Si d'aventure elle cédait à une faiblesse, il l'humiliait, l'accusait d'être une chiffe et une bonne à rien comme sa mère. Il la menait avec une impitoyable sévérité et se servait d'argent en guise de carotte ou de bâton.

Danny s'agenouilla près d'elle.

— Je voudrais pouvoir t'aider, ma chérie, mais je ne suis pas qualifié. Il te faudrait un bon psychanalyste.

Elle le repoussa maladroitement, se dirigea en titubant vers le bar et vida le fond d'une bouteille dans un verre.

— J'en ai déjà trop vu, bafouilla-t-elle. Ils veulent tous m'enfermer.

— Tu es malheureuse, tu as besoin d'y voir clair...

— Non !

Elle avala le scotch d'un trait.

— Si, Stéphanie, tu as besoin d'aide. Fais-le, je t'en prie. Fais-le pour moi.

Il voulut lui prendre la main. Elle se dégagea d'un geste rageur et lui décocha un regard méchant.

— C'est toi qui as besoin d'un psychiatre !

— Ecoute-moi, Stéphanie...

— Non, laisse-moi parler! C'est toi qui es malheureux, c'est toi qui as besoin d'y voir clair dans ta tête! Tu passes ton temps à pleurnicher que tu veux faire un grand film et tu finis toujours par sortir un navet comme les autres!

Pétrifié, Danny la regarda quitter la pièce en zigzaguant. Ce qu'elle avait dit était trop vrai pour ne pas l'avoir profondément blessé.

Ils ne s'adressèrent pas la parole plusieurs jours de suite. Danny coucha dans la chambre d'amis. Il avait fait tout ce qu'il pouvait. Ce n'était ni sa faute ni celle de Stéphanie. Quoi qu'ils fassent, rien ne marcherait plus entre eux. Leurs rapports étaient condamnés, mieux valait y mettre fin. Un soir, en revenant du studio, Danny décida de le lui dire. Il lui laisserait la maison et irait s'installer ailleurs. Il prendrait les torts sur lui dans la procédure de divorce... Quand il entra, Stéphanie se penchait sur l'aquarium et donnait à manger aux poissons. En l'entendant, elle se tourna vers lui, impeccablement coiffée et maquillée. Stupéfait, Danny ne savait plus que dire. Il n'en eut pas besoin:

— Je suis enceinte, annonça-t-elle avec un sourire radieux.

⁂

La paix revint. Stéphanie cessa de boire et consacra son temps à transformer la chambre d'amis en chambre d'enfant.

Un jour, en rentrant, Danny trouva l'entrée bloquée par un camion. Deux livreurs se débattaient avec une gigantesque horloge. Danny dut attendre qu'ils aient franchi le seuil pour pénétrer dans la maison.

— Par ici, dans le coin, leur disait Stéphanie.

Effaré, Danny les regarda installer le meuble monumental qui tenait à peine sous le plafond.

— Peux-tu m'expliquer ce que fait ici cet engin monstrueux? demanda-t-il à Stéphanie après le départ des déménageurs.

— C'est pour le bébé.

— Quoi?

— J'ai lu dans un magazine de puériculture que le tic-tac

d'une horloge sécurise les bébés parce qu'il leur rappelle les battements de cœur de leur mère.

— Un simple réveil n'aurait pas suffi ?

— Oh, non ! *Notre* enfant doit toujours avoir ce qu'il y a de mieux !

Elle était radieuse. La grossesse l'embellit, se dit Danny en souriant. Pour Stéphanie, le mieux signifiait le plus gros et le plus cher. Mais après tout, pourquoi pas ?...

⁂

L'horloge, dont la sonnerie le faisait sursauter toutes les heures, devint l'ennemi intime de Danny. Il essayait de se concentrer sur son scénario pendant que Stéphanie regardait la télévision dans la chambre, quand il l'entendit soudain hurler son nom. Terrifié, il accourut. Elle souriait.

— Que se passe-t-il ?

— Donne-moi ta main.

Interloqué, il s'approcha. Stéphanie lui prit la main, la posa sur son ventre où le bébé remuait et donnait des coups de pied. Danny pâlit, se sentit couvert de sueurs froides. Le sourire de Stéphanie s'évanouit.

— Qu'as-tu ?

Danny se précipita dans la salle de bain pour vomir. Il revint quelques instants plus tard en s'essuyant le visage.

— Ce n'est rien, rassure-toi.

— Qu'est-ce qui t'a rendu malade ?

— Rien, rien du tout... L'émotion de sentir le bébé bouger, sans doute.

— Non, c'est moi qui te dégoûte !

— Allons, ne dis pas de bêtises.

— Je suis grosse et laide, je te donne envie de vomir...

— Bien sûr que non, ma chérie. La cantine du studio ne s'améliore pas, voilà tout, voulut-il la rassurer en la prenant dans ses bras — tout en luttant contre le retour de la nausée.

Il n'était évidemment pas question de lui dire que les mouvements du bébé dans son ventre avaient réveillé ses plus affreux souvenirs de San Sabba. Pourrait-il jamais évoquer ce cauchemar ? Pourtant, s'il l'aimait, pourquoi ne pas lui confier son secret ? L'amour n'était-il pas fait de confiance mutuelle ? Mais peut-être se taisait-il parce qu'il ne l'aimait pas...

La naissance du bébé, une fille, lui fit oublier ses angoisses. Danny avait désormais une raison de vivre : il était responsable de cette nouvelle vie, pure et innocente, il devait la protéger, l'aider à s'épanouir. Il fit le serment d'écarter de son chemin les malheurs et les drames, de lui donner tout ce qu'elle était en droit d'attendre de l'existence.

Danny et Stéphanie furent d'accord pour ne pas la confier à une nurse ; ils préféraient se relayer la nuit pour changer ses couches et lui donner son biberon. Le jour de leur retour, la petite Patricia, nommée d'après la mère de Stéphanie, parut très satisfaite de son nouveau berceau et se rendormit aussitôt.

— Va te reposer, dit-il à Stéphanie en l'embrassant avec sollicitude, tu as eu une matinée fatigante.

— Je ne suis pas fatiguée, je t'assure.

— Si, étends-toi. Pour me faire plaisir.

— Bon, si tu veux — mais à condition que tu restes près de moi. Ne crains rien, ajouta-t-elle avec un clin d'œil complice, le docteur m'a recommandé de rester sage pendant au moins huit jours.

Ils pouffèrent de rire et se couchèrent côte à côte.

— Je n'ai jamais été aussi heureuse, murmura Stéphanie en se blottissant dans les bras de Danny.

— Moi non plus, ma chérie.

Elle se redressa un instant plus tard en s'écriant :

— Oh ! Au fait, qui allons-nous prendre comme parrain et marraine de Patricia ?

— Ma foi, je n'y ai pas pensé.

— J'aimerais demander à mon amie Béatrice. Je ne l'ai pas vue depuis longtemps mais nous étions intimes, au collège. Je te laisse choisir le parrain.

— Rien de plus facile, ce sera Milt.

— Non, mon chéri, impossible.

— Pourquoi ? Milt est mon meilleur ami.

— Il est Juif.

Danny serra les dents.

— As-tu quelque chose contre les Juifs ?

— Rien. Mais nous sommes épiscopaliens et le parrain doit être de la même religion, tu le sais bien.

— Oui, c'est vrai, dit-il en fermant les yeux.

Quand Stéphanie cita le nom d'un certain Ted Rosemont, membre du Westside Club, Danny approuva avec lassitude.

***

Il ne garda du baptême que le souvenir d'un gros pasteur en aube blanche versant de l'eau sur la tête de Patricia qui hurlait et de l'effort qu'il avait dû faire pour ne pas empoigner sa fille et partir en courant.

A la réception qui suivit la cérémonie, Ted Rosement l'entraîna à l'écart :

— Nous comptons sur vous, la semaine prochaine, à l'assemblée générale du club. Une poignée de radicaux cherche à modifier les statuts et ouvrir la porte aux métèques...

Danny se détourna pour échapper tant bien que mal aux postillons dont Rosemont lui aspergeait l'oreille. Une idée lui vint soudain, il ne put résister à l'envie de la vérifier :

— Dites-moi, Ted, seriez-vous par hasard un camarade de la fraternité Sigma Alpha Epsilon ?

Dans un redoublement de postillons, Rosemont hennit de plaisir et lui serra la main en faisant le signe secret de reconnaissance.

La réception n'était pas terminée que Danny souffrait d'une effroyable migraine.

***

Les jours passèrent, jalonnés par les moindres progrès de Patricia — son premier sourire, son premier gazouillis qui sonnait à peu près comme « Papa », la manière dont elle lui serrait un doigt dans sa menotte. A peine rentré du studio, Danny se précipitait avant tout dans la chambre de sa fille.

Un soir, dans le vestibule, il trébucha sur un tricycle. Un tricycle pour un nouveau-né ? Stéphanie perdait la tête !... En entrant dans la chambre, il vit une montagne de jouets aussi peu adaptés à l'âge du bébé et découvrit avec stupeur une nurse assise à côté du berceau. Que faisait cette femme ici, alors que Stéphanie prenait tant de plaisir à s'occuper elle-même de son enfant ?

— Où est madame ? demanda-t-il.

La réponse lui fit l'effet d'un coup de poing:

— A la piscine, avec M. Stoneham.

Le cœur battant, l'esprit agité de sombres pressentiments, Danny monta au jardin. Stéphanie lui tournait le dos et se penchait vers un homme aux cheveux gris.

Voici donc le fameux J.L., se dit-il en s'arrêtant sur le pas de la porte. Ils n'avaient ni l'un ni l'autre remarqué son arrivée.

— Voyons, papa, disait Stéphanie, pourquoi confier la gestion du capital de Patricia à Ted Rosemont, qui n'est que son parrain, plutôt qu'à son propre père?

— Parce que Ted est président d'une banque. C'est un homme d'affaires sérieux, tandis que je me pose beaucoup trop de questions sur ton mari et que tu n'as guère de réponses satisfaisantes à me fournir.

Danny se râcla la gorge et s'avança.

— Ah! Monsieur Dennison, sans doute? dit Stoneham en se tournant vers lui. Venez, asseyez-vous donc.

Danny se sentit chez lui comme un intrus. Il embrassa Stéphanie, qui se détourna sans rien dire.

— J'expliquais à ma fille, poursuivit Stoneham, les dispositions que j'ai prises en faveur de ma petite-fille.

— Je suis parfaitement capable, monsieur, de procurer à *ma* fille tout ce dont elle aura besoin.

— Sans doute, monsieur Dennison, et je vous en félicite. Vous comprendrez cependant — Stéphanie l'admet elle-même — que l'héritière de la fortune Stoneham doit jouir de tous les privilèges que nous sommes en mesure de lui assurer.

Danny en resta pantois.

— Mais enfin...

— J'ai donc constitué un fonds de placement destiné à couvrir les frais de son éducation, de ses soins médicaux et d'autres impondérables qui pourraient surgir à l'avenir.

— C'est très généreux de votre part, mais je préfère...

— Inutile de me remercier, l'interrompit encore une fois Stoneham.

Danny avait de plus en plus l'impression qu'un bulldozer lui passait sur le corps.

— Bien entendu, poursuivit Stoneham, vous ne vous opposerez pas à ce que je voie ma petite-fille.

— Non, cela va de soi.

— J'ai engagé une nurse spécialement formée à cet effet, qui l'accompagnera dans ses déplacements à Long Island. Je vous attends donc la semaine prochaine, conclut-il en se tournant vers Stéphanie. J'enverrai l'avion.

— Oui, papa, répondit-elle humblement.

Là-dessus, il consulta sa montre et s'en fut sans que Danny ait eu le temps de placer un mot.

Stéphanie resta assise, immobile, et s'efforçait d'éviter le regard de Danny.

— C'est vraiment *ça* ce que tu voulais? lui demanda-t-il au bout d'un long silence.

Les yeux pleins de larmes, elle hocha la tête.

Danny était furieux contre lui-même. Pourquoi n'avait-il pas élevé la voix? Pourquoi s'était-il laissé manœuvrer comme un gamin par son beau-père? Il n'était cependant pas trop tard pour réagir et stipuler ses propres règles: J.L. pourrait venir voir Patricia quand il voudrait, mais les voyages à Long Island seraient strictement limités à l'anniversaire de J.L. et à une ou deux fêtes dans l'année, *Thanksgiving* par exemple.

Il en vint à redouter ces absences. Sa femme et sa fille lui manquaient terriblement et il ne se tenait pas de joie à leur retour. Stéphanie et lui n'étaient jamais plus heureux que seuls avec Patricia. De tous les jours de la semaine, leur préféré était le mercredi, jour de congé de la nurse.

Un mercredi, il rapporta un gros ours en peluche.

— Patricia, où es-tu? appela-t-il de la porte.

Patricia, qui avait alors quatre ans, dévala l'escalier:

— Je suis là, papa!

Danny fit semblant de ne pas la voir et parcourut tout l'étage en continuant de l'appeler, jusqu'à ce que la petite fille, qui pleurait de rire, lui agrippe la jambe en criant:

— Mais si, papa, je suis là!

— Ah! Te voilà! dit Danny comme s'il s'avisait tout à coup de sa présence. Je croyais que tu m'avais abandonné.

— Oh, non, papa! Jamais, jamais! dit-elle en s'accrochant à son cou et en le couvrant de baisers.

Il la fit sauter en l'air, la serra contre sa poitrine et l'emmena dans le jardin. Le ciel bleu de Californie était ponctué de petits nuages blancs. Patricia serrait son ours dans ses bras. Danny était au septième ciel.

— Je t'aime, papa, lui glissa-t-elle à l'oreille.

— Moi aussi, je t'aime, dit-il en l'embrassant. Promets-moi de rester toujours ma petite fille chérie.

— Promis, juré, papa !

— Toujours, toujours ?

— Toujours, toujours.

***

Les joies de sa vie de famille compensaient pour Danny les frustrations de sa vie professionnelle. Son foyer était devenu son refuge contre les remous du monde extérieur et les déceptions — la guerre du Viêt-nam, le Watergate, l'attribution d'un Oscar à l'homme qu'il estimait le moins dans le métier.

Loin de péricliter, sa carrière atteignait au contraire de nouveaux sommets. En pensant à Patricia, il avait décidé de faire un film pouvant plaire aux enfants et conçu une comédie inspirée du conte *Le Prince et le Mendiant*. Il avait transposé les deux héros en adolescentes, l'une riche, l'autre dans la misère, qui changent de place pour une semaine. L'énorme succès du film lança la mode des films spécifiquement destinés à un public de jeunes. Danny était devenu le réalisateur vedette d'Ace Films, ses films rapportaient des pactoles. Il avait depuis longtemps abandonné l'espoir d'adapter *Everyman* pour l'écran, mais il s'en consolait puisqu'il avait Patricia.

Il adorait la conduire le matin à l'école en allant au studio. J.L. avait réussi à persuader Stéphanie de la mettre dans un établissement privé, alors que Danny aurait voulu qu'elle aille dans une des écoles publiques de Beverly Hills, où elle se serait mêlée aux enfants du quartier. La première fois qu'il l'y déposa, elle pleurait à chaudes larmes ; ce jour-là, Danny eut du mal à se concentrer sur son travail et dut se retenir d'appeler le directeur. Il fut toutefois soulagé de constater qu'elle s'y adapta rapidement. Tous les matins, ils chantaient en chœur pendant que Stéphanie préparait Patricia pour aller en classe. En voiture, elle se blottissait contre lui et frottait sa joue contre celle de son père, en ronronnant de plaisir s'il était bien rasé ou, dans le cas contraire, en poussant des cris de douleur :

— Oh, papa, tu piques comme un cactus!

Pour Danny, ces moments d'intimité complice étaient plus précieux que tout au monde.

***

Un après-midi, au studio, Danny fut prévenu par téléphone que Patricia avait été victime d'un accident. Affolé, il se précipita et arriva chez lui à temps pour voir le médecin. Patricia était tombée de voiture pendant que Stéphanie la ramenait de l'école, mais elle ne souffrait que de quelques contusions et d'écorchures sans gravité.

Il trouva Patricia paisiblement endormie, un bandage sur le front, serrant dans ses bras son ours en peluche qui avait, lui aussi, la tête bandée.

Stéphanie était au salon, vautrée sur le canapé, une bouteille de scotch à moitié vide à ses pieds et un verre plein à la main. Danny ne put maîtriser sa fureur.

— Crois-tu vraiment qu'il y ait de quoi se réjouir?

— Je suis énervée. Papa m'a appelée et...

— Je me fous de ton *papa*! Comment Patricia a-t-elle pu tomber de la voiture?

— Elle s'appuyait contre la portière. Mais je ne roulais pas vite, je ralentissais pour m'arrêter au stop...

— On ne tombe pas d'une portière correctement fermée!

— Eh bien, c'est qu'elle ne l'était pas!

— Si tu ne te saoulais pas à chaque fois que ton cher *papa* te téléphone, tu n'oublierais peut-être pas d'appuyer sur le petit bouton qui bloque la serrure.

— Ne me parle pas comme si j'étais une abrutie!

— Mais tu es une abrutie! Si tu es incapable de...

Un bruit de sanglots dans la chambre de Patricia l'interrompit. Danny courut s'agenouiller à son chevet et essuya ses larmes avec son mouchoir.

— Ne pleure pas, ma chérie. Ton papa t'aime.

— Tu aimes aussi maman?

— Bien sûr.

— Alors pourquoi criez-vous, tous les deux?

— Nous sommes juste un peu énervés à cause de ce qui t'est arrivé.

— Il ne faut pas lui en vouloir, papa.

⁂

L'accident de Patricia creusa entre ses parents un fossé qui ne cessa plus de s'élargir. Lorsque Danny s'absentait pour tourner en extérieurs, Stéphanie emmenait Patricia à Long Island chez son père. Danny ne l'accompagnait jamais, de sorte qu'ils finirent par s'accoutumer à ces séparations. Danny consacrait de plus en plus de temps à son travail, car la mode du tournage en décors réels plutôt qu'en studio devenait la règle dans la profession. Parallèlement, les séjours de Stéphanie et Patricia à Long Island se faisaient plus fréquents et plus longs. J.L. avait même engagé un précepteur pour Patricia.

Danny n'allait jamais oublier la tristesse qu'il éprouva au retour d'un tournage, le jour de *Thanksgiving* 1980, quand il retrouva la maison déserte. Il faillit pleurer en découvrant l'ours en peluche — maintenant bien mal en point, avec une oreille déchirée et un œil manquant — que Patricia, pour la première fois, n'avait pas emporté avec elle.

Danny, cependant, ne comprit réellement à quel point sa fille lui avait échappé que le jour de son douzième anniversaire. Ce matin-là, elle fit irruption dans son cabinet de travail en tenue d'équitation, avec des jodhpurs et des bottes, en s'écriant :

— Je vais avoir un cheval, papa ! Un cheval à moi !

Danny délaissa son scénario et la prit sur ses genoux.

— Un cheval ? Comment cela, ma chérie ?

— J.L. me fait cadeau d'un cheval pour mon anniversaire, une belle jument gris pommelé !

— C'est merveilleux, ma chérie. Mais où vas-tu la mettre ?

— A Long Island.

— Alors, tu n'auras pas souvent l'occasion de la monter.

— Si, tous les week-ends ! J.L. va m'inscrire dans une école, là-bas, à la prochaine rentrée.

La gorge nouée, Danny ne répondit pas. Que dire, d'ailleurs ? Les yeux de Patricia étincelaient d'une telle joie...

— Et ce n'est pas tout, papa ! Regarde ! N'est-ce pas que c'est beau ? dit-elle en levant la main.

Danny vit à son poignet un bracelet d'or massif ayant manifestement coûté plusieurs milliers de dollars. A côté de ce fastueux bijou, son propre cadeau — une montre enfantine, avec un ours en peluche dessiné sur le cadran — paraissait ridicule...

— Maman ne l'a pas encore vu, je vais lui montrer.

Quand elle sauta de ses genoux, Danny eut la douloureuse impression que sa fille s'éloignait de lui pour toujours.

***

Triste mais inévitable conclusion, Danny et Stéphanie finirent par convenir de se séparer légalement. La grande horloge resta muette, maintenant que personne ne la remontait plus. Danny s'affligeait moins de l'absence de Stéphanie que de celle de Patricia, dont il souffrait parfois de façon insoutenable.

Sans sa fille, il ne lui restait que son travail. Là encore, il prenait plus que jamais conscience de ses insuffisances. Il savait qu'il ne possédait pas de véritable talent de créateur, comme son père. Sa réussite lui paraissait imméritée. Il était mal dans sa peau, il ne s'estimait pas, il ne s'aimait pas. En fait, Danny ne se souvenait pas d'avoir été satisfait de lui-même à aucun moment de sa vie.

***

Il attendit avec une impatience fébrile la fin de l'année scolaire, le 24 juin, date à laquelle Patricia viendrait enfin passer trois semaines seule avec lui.

Peu après son arrivée, elle lui causa une surprise et une joie profondes en lui demandant :

— Puis-je t'accompagner au studio, papa ? J'ai envie de voir comment tu travailles.

La réalisation d'un film la passionna. Elle lut tous ses scénarios, même ceux datant d'avant sa naissance. Elle lui posa d'innombrables questions, lui fit des suggestions tout à fait pertinentes. Danny était fier d'elle.

Tandis qu'ils revenaient ensemble du studio, la veille de son départ, elle lui parut pensive.

— A quoi penses-tu, ma chérie ? demanda Danny.

— Je veux devenir comme toi, papa. Je veux faire du cinéma, réaliser des films.

Danny en resta d'abord muet d'émotion.

— Tu es vraiment ma fille, parvint-il à dire enfin.

— Oui, papa. Je le serai toujours.

Cette ravissante adolescente de quatorze ans ne disait pas, comme tant d'autres, « Je veux être actrice » mais « Je veux être réalisatrice ». Elle était intelligente, sensible, douée d'un réel talent pour l'écriture. Mais il décelait aussi en elle une fragilité qui l'inquiétait parfois.

— Papa !

Son appel le tira de sa rêverie.

— Oui, ma chérie ?

— Puis-je t'accompagner sur un tournage, cet été ?

— Bien sûr, ma chérie. Avec joie !

La béatitude de Danny ne dura guère. A peine rentrée à Long Island, Patricia lui téléphona.

— Oh, papa, je suis désolée...

— Qu'y a-t-il, ma chérie ?

— Eh bien... j'étais si contente d'aller avec toi...

— Et alors ? Qu'est-il arrivé ?

— Ce n'est pas la faute de J.L., je t'assure...

Patricia avait des larmes dans la voix. Le cœur serré, Danny attendit la suite. Il aurait dû s'en douter.

— Voilà... Il a organisé un safari en Afrique...

— En Afrique ?

— Oui. En classe, nous étudions les gorilles...

— Donc, tu ne peux pas venir avec moi.

— Tu comprends, il s'est donné beaucoup de mal pour me faire la surprise... il a invité toute ma classe...

— Bien sûr, ma chérie, je comprends.

Il comprenait trop bien. Jamais J.L. n'aurait accepté de laisser « contaminer » Patricia par la « maffia juive ».

— Mais nous le ferons l'été prochain, papa. Sans faute !

— Sans faute, ma chérie.

Il n'en fut plus jamais question.

Chapitre 8

1987 : BRIGHTON, GRANDE-BRETAGNE

Magda se redressa en se massant les reins pour tenter de calmer la douleur. Son soulagement ne dura guère ; elle n'eut qu'à baisser les yeux vers les caisses de savon empilées devant la porte de la cuisine pour avoir aussi mal. Elle en avait déjà charrié six jusqu'au grenier, une à la fois, par l'escalier de service étroit et incommode, car le colonel Johnson lui interdisait de traverser le hall.

Ce travail de portefaix avait été celui de Luba. Magda s'étira de nouveau en regardant la mer. Où était Luba, que devenait-elle ? Depuis son départ, six mois auparavant, Magda n'avait reçu de sa fille qu'une seule lettre, qui lui avait fait un plaisir extrême.

Le facteur était en retard, ce jour-là, et le colonel Johnson faisait la sieste. Magda s'apprêtait à déposer la pile de courrier sur le bureau quand elle reconnut l'écriture de Luba sur une des enveloppes. Elle la décacheta d'une main tremblante et lut avec avidité :

Chère maman,

Tu me manques énormément. Tu te plairais beaucoup à Londres. Lois est adorable, je partage son appartement, c'est très agréable. J'ai une grande nouvelle à t'annoncer : j'ai été engagée comme figurante dans un film et, si tout va bien, je pourrais même devenir actrice...

Elle en était là de sa lecture quand la lettre lui fut arrachée des mains.

— Ne t'avais-je pas interdit tout contact avec elle? hurla le colonel Johnson en chiffonnant la lettre. Luba est partie, elle n'existe plus. Est-ce clair?

Magda tremblait. Il la poussa brutalement sur le canapé qui avait servi de lit à Luba, prit une feuille de papier et un stylo et les posa devant elle sur la table basse.

— Ecris ce que je vais te dire — en anglais, je te prie!

Magda dut s'agenouiller pour prendre la dictée:

Ma chère fille,

Tout va bien. Je suis très occupée, je n'ai pas de temps pour la correspondance. Je préfère que tu ne m'écrives plus...

Quand elle eut terminé, il lui prit la lettre des mains.

— Je la posterai moi-même, dit-il en quittant la pièce.

Magda s'était péniblement relevée. Elle avait sorti la lettre froissée de la corbeille à papiers et l'avait cachée dans la poche de son tablier après l'avoir lissée de son mieux.

Des mois durant, son seul lien avec Luba avait été cette lettre, lue et relue plus de cent fois. La veille, surmontant sa terreur, elle s'était enfin résolue à écrire à Luba en lui décrivant ses tourments et ses humiliations, en implorant son aide et ses conseils: comment échapper à cet enfer? Devait-elle prendre la fuite, voir un avocat? Elle avait ensuite dérobé un timbre à la réception et prié un client de poster sa lettre. Elle était sûre que Luba la recevrait et trouverait le moyen d'y répondre d'une manière ou d'une autre.

En étouffant un gémissement de douleur, elle souleva la caisse suivante. Chacun de ses voyages au grenier lui semblait plus long et plus pénible. L'après-midi touchait à sa fin, elle allait bientôt devoir commencer à préparer le dîner pour les quelques clients venus profiter des tarifs réduits de la basse saison, il fallait se dépêcher. Le fardeau lui parut écrasant. Le colonel Johnson faisait peut-être encore la sieste. Pourquoi ne pas se risquer à prendre le chemin le plus court, par le grand escalier?... Quand elle le vit, il était trop tard pour rebrousser chemin. D'une élégance irréprochable, comme à son habitude, il s'entretenait avec des clients dans un coin du hall. Magda se figea.

Il s'approcha avec un sourire suave:

— Que faites-vous donc avec cette lourde caisse, ma chérie? Donnez-la-moi, voyons. Veuillez m'excuser un instant, ajouta-t-il à l'adresse des clients.

Magda le suivit en silence. A peine arrivé sur le palier du

deuxième étage, hors de la vue des clients, il lui jeta la caisse dans les bras, avec une force qui la fit trébucher, et la gifla de toutes ses forces.

— Salope! siffla-t-il entre ses dents serrées. Je t'ai dit de prendre l'escalier de service. Termine et retourne dans ta cuisine. Et ne sois pas en retard pour le dîner — *kurva*!

Magda se hâta de son mieux dans l'escalier métallique, étroit et glissant. Enfin arrivée au grenier, elle posa la caisse et s'assit dessus en pleurant. *Kurva* — putain! Aucun mot ne pouvait lui faire plus de mal. Echapperait-elle un jour à cette malédiction? Il l'avait forcée à lui traduire en polonais toutes les injures dont il l'abreuvait et qu'il se complaisait, depuis, à lui resservir. *Kurva* était devenue l'une de ses préférées. Dieu merci, il ignorait la vérité! se dit Magda, accablée. Oui, elle avait été pécheresse à Cracovie. Mais combien de temps encore allait-elle devoir expier ses fautes?

La voix de Johnson derrière elle la fit sursauter. Avec une grimace de dégoût, il tenait la lettre à Luba entre le pouce et l'index, comme du linge sale.

— Ceci t'appartient? Elle est revenue — insuffisamment affranchie, dit-il en ricanant. Tu me la traduiras ce soir.

Magda sentit son estomac se nouer de terreur à la pensée de ce qui l'attendait ce soir-là.

— Tu as décidément du mal à obéir aux ordres, reprit-il en glissant la lettre dans sa poche. Je t'ai déjà dit cent fois que ta fille n'existe plus. Luba est morte, comprends-tu?

Pliée en deux par la nausée, Magda leva les yeux vers cet étranger sadique — son mari. Debout sur la dernière marche, en haut de l'escalier, il levait un pied pour chasser de sa chaussure un invisible grain de poussière...

Quelque chose craqua en elle. Comme un animal blessé affolé de douleur, elle bondit, les griffes en avant, se jeta de toutes ses forces contre son tortionnaire qui tomba à la renverse en battant des bras pour tenter de retenir sa chute. Magda ferma les yeux quand elle entendit le bruit sourd de sa tête qui rebondissait sur les marches de fer. Quand elle les rouvrit, elle le vit étalé un étage plus bas, inerte.

Magda attendit. Il était immobile. Elle descendit à pas lents. Il saignait abondamment d'une profonde blessure à la tête et ne respirait plus. Sa peur se dissipa d'un seul coup. Comment avait-elle pu si longtemps se laisser terroriser par ce pantin désarticulé, inoffensif?

Son calme l'étonna. Elle ne souffrait plus. Les petites chambres du dernier étage étaient inoccupées à cette époque de l'année. Magda regarda autour d'elle, tendit l'oreille. Rassurée, elle récupéra la lettre tachée de sang dans la poche de la veste, déboutonna le gousset, y prit la clef du bureau à cylindre et redescendit en hâte. Elle fouilla le meuble et trouva bientôt ce qu'elle cherchait, un épais rouleau de billets de banque tenu par un élastique. Elle découvrit aussi une pile d'enveloppes non décachetées, de l'écriture de Luba, et fourra le tout dans la poche de son tablier avant de retourner sans bruit à la cuisine. Elle prit une caisse, traversa le hall en saluant les clients d'un sourire, s'engagea dans l'escalier...

Quand elle arriva devant le cadavre du colonel Johnson, elle posa sa caisse, remit la clef dans la poche du gilet, la reboutonna soigneusement. Ceci fait, elle poussa les hurlements les plus perçants dont elle fut capable.

***

LONDRES

Pelotonné au pied du vieux pupitre à musique dont Luba se servait en guise de chevalet, le chat persan gris ronronnait de plaisir. Luba lui sourit avec affection. Quand Lois avait quitté l'appartement, Luba avait supplié son amie de lui laisser le chat, devenu son inséparable compagnon malgré sa résolution de ne jamais plus s'attacher à un animal.

En prenant soin de ne pas renverser le tabouret de bar sur lequel elle posait ses couleurs, Luba se recula, cligna des yeux pour observer son tableau. La ressemblance ne la satisfaisait pas, peut-être parce qu'elle peignait rarement à l'huile et se sentait plus à l'aise à l'aquarelle. Elle espéra que leur prochaine rencontre lui permettrait de mieux étudier son visage — mais Danny était un personnage si déconcertant...

Quand il lui avait donné rendez-vous après l'avoir choisie parmi les autres postulantes, elle avait supposé qu'il s'agissait de la procédure normale — une actrice ne doit-elle pas coucher avec le metteur en scène pour obtenir un rôle? Pourtant, dès les premiers instants, elle s'était rendu compte que Danny n'était pas comme les autres. Elle avait décelé quelque chose en lui, fragilité, blessure secrète, qui l'avait touchée malgré elle. Il avait souffert en faisant l'amour avec elle. Elle ignorait pourquoi et malgré ou, peut-être, à cause de ce mystère, elle avait envie de le revoir.

Elle retoucha légèrement les yeux afin de mieux rendre la mélancolie qui voilait le regard de Danny. Le résultat ne la contenta toujours pas. La forme, les traits du visage étaient fidèles ; c'était dans le rendu des boucles brunes qu'elle ne réussissait pas à parachever l'impression recherchée. Elle avait reproduit de mémoire le visage de son modèle, en l'adaptant au corps d'un cheval de bois courant dans de hautes herbes — elle avait vu, une fois, un tableau représentant un cheval à tête humaine, dont on lui avait dit que c'était un personnage de la mythologie grecque. Une idée lui vint tout à coup, qu'elle s'empressa de réaliser en peignant sur la tête de Danny une longue crinière flottante à la place des cheveux. Cette fois, le résultat lui plut.

Luba attendait le lundi avec impatience. Non seulement elle reverrait Danny ce jour-là mais, surtout, elle jouerait son premier vrai rôle parlant, dont elle espérait qu'il lui amènerait d'autres engagements. Faire du cinéma était beaucoup plus amusant et plus lucratif que de coucher avec des hommes d'affaires, étrangers ou provinciaux, son unique gagne-pain depuis son arrivée à Londres six mois auparavant.

Elle n'oublierait jamais le jour où, livrée pour la première fois à elle-même, elle avait débarqué du train de Brighton pour se trouver jetée sans transition dans l'agitation de la capitale. Elle avait d'abord téléphoné à Lois d'une cabine publique. Lois était absente et Luba avait laissé un message sur son répondeur : « J'espère que vous vous souvenez de moi, nous nous sommes rencontrées à Weymouth. Je suis à Londres et je cherche du travail. Je rappellerai plus tard. »

Elle avait ensuite fait ses comptes. Le billet de train avait englouti un quart de ses maigres économies, il lui restait à peine de quoi vivre deux jours. Puisqu'elle savait comment se procurer de l'argent, inutile de perdre du temps, se dit-elle. Mêlée à la foule, sa petite valise à la main, elle se dirigea à l'estime vers le fleuve.

D'un coin de rue, elle découvrit la masse imposante d'un cargo amarré à quai. Deux matelots s'approchaient. Un sentiment de plaisir familier l'envahit, elle leur sourit... et sursauta en recevant un coup dans les côtes. Elle se retourna. Deux femmes en minijupes et bottes cuissardes l'encadraient.

— Tire-toi, gamine, lui dit la plus grande tandis que l'autre interceptait déjà les marins.

Luba s'apprêtait à traverser la rue quand elle repéra deux autres professionnelles qui lui lançaient des regards menaçants. La concurrence promettait d'être rude... A quelques pas de là, elle avisa une cabine téléphonique et essaya de nouveau le numéro de Lois. Cette fois, elle l'obtint.

— Luba ? Bien sûr que je me souviens de toi ! Où es-tu ?

— Sur les quais, à Battersea je crois.

— Qu'est-ce que tu fabriques dans ce quartier ?

— J'avais besoin d'argent et je me disais...

— Tu es complètement cinglée ! As-tu mon adresse ?

— Oui, bien sûr.

— Saute dans un taxi et arrive tout de suite.

Lois l'accueillit avec une affection débordante. Moins de cinq minutes plus tard, une tasse de thé dans les mains, Luba se calait confortablement entre de moelleux coussins sur un tapis d'Orient.

— Cadeau d'un Turc reconnaissant, précisa Lois en riant. Si tu ne sais pas où loger, j'ai une autre chambre. Je ne suis pour ainsi dire jamais chez moi et tu me rendrais service en t'occupant du chat.

Le persan avait déjà élu domicile sur les genoux de Luba. Lois lui remplit sa tasse et aborda les choses sérieuses.

— Maintenant, écoute-moi bien. Plus question de mettre les pieds sur les quais, c'est trop dangereux.

— Je m'en suis rendu compte. Je suis tombée sur deux filles qui n'avaient pas l'air commodes et...

— Ce n'est pas d'elles qu'il faut avoir peur.

— De qui, alors ?

— Du sida.

— Mais... il n'y a que les homosexuels qui l'attrapent.

Lois leva les yeux au ciel :

— Ma parole, d'où sors-tu ?

Elle entreprit de lui expliquer patiemment la réalité de la situation. Luba écoutait, effarée.

— Tu as bien compris, Luba ? conclut Lois. Sélectionne tes clients, ne couche jamais avec le premier venu. Pour moi, plus ils sont riches, moins il y a de risques. C'est pour cela que je travaille avec une agence qui ne traite qu'avec une clientèle d'hommes d'affaires pleins aux as.

Pénétrée de reconnaissance, Luba s'était installée chez Lois et avait commencé à travailler pour l'agence. Un de ses clients, cadre aux studios de Pinewood, lui avait procuré son premier petit rôle de figurante. Luba avait été fascinée par l'atmosphère d'un plateau de cinéma. On ne pouvait cependant pas espérer gagner correctement sa vie en ne faisant que de la figuration. Pour cela, il fallait de vrais rôles.

Bientôt, d'ailleurs, Luba avait eu plus que jamais besoin d'argent. Lois était partie vivre avec un riche industriel japonais et Luba assumait désormais seule le loyer. Elle appréciait néanmoins d'avoir tout l'appartement pour elle et de pouvoir utiliser la deuxième pièce en atelier de peinture.

La sonnerie du téléphone la tira de sa rêverie. Serait-ce Danny? Elle lui avait laissé deux messages à son hotel...

Ce n'était que Dorothy, de l'agence:

— Ce soir, M. Brauner, industriel de Munich. Au Savoy, chambre 25, vingt et une heures. Dîne d'abord.

Luba raccrocha en faisant la grimace. Ces « rendez-vous » ne l'amusaient plus. On ne pouvait pas choisir ses clients, il fallait constamment voir un médecin. Le cinéma serait infiniment plus distrayant et lui permettrait enfin de changer de vie.

Elle consulta sa montre: cinq heures, déjà? Elle s'était si bien absorbée dans sa peinture qu'elle avait oublié de déjeuner. Il était temps de ranger son attirail et de manger quelque chose. Elle referma soigneusement ses tubes — les huiles coûtaient cher — et les remit dans leur boîte, qu'elle rangea sur une étagère du placard de l'entrée où elle gardait ses tableaux: paysages, manèges, animaux — chevaux sauvages, chats et chiens. Elle avait fait aussi quelques portraits: Magda assise à une table, souriante; Josef en équilibre sur un fil de fer; Valentin adossé à un montant de son manège.

A la cuisine, elle fit réchauffer des restes dans le four, prépara du thé et s'assit sur le rebord de la fenêtre. Dehors, les réverbères se reflétaient sur les trottoirs détrempés par une bruine persistante, les passants se hâtaient sous leurs parapluies en évitant de se faire éclabousser par les roues des voitures. Avec son chat, à l'abri des intempéries, elle se sentait bien. Quel luxe de vivre seule dans l'appartement! Si Magda la voyait...

Elles étaient séparées pour la première fois et, pourtant, Luba ne pouvait pas dire sincèrement que Magda lui manquait. Son indépendance lui était devenue trop précieuse. Malgré tout, elle éprouvait parfois des remords. Comment Magda s'en sortait-elle à Brighton, sans elle ? Luba lui avait écrit plusieurs fois et n'avait reçu qu'une seule réponse, une courte lettre en anglais manifestement dictée par le colonel Johnson. Un jour, elle devrait aller voir ce qui se passait. Luba avait téléphoné une fois, pour raccrocher aussitôt en entendant la voix du colonel. Et si elle essayait encore ? Elle décrocha, composa le numéro ; cette fois, elle exigerait de parler à Magda.

Elle entendit un enregistrement : « Le numéro que vous avez demandé n'est plus en service. »

⁂

SALZBOURG, AUTRICHE

Danny se redressa d'un bond, se secoua la tête pour chasser son cauchemar. Il se cogna les pieds contre le montant du lit — trouverait-il jamais un lit assez long pour dormir à l'aise ? Il cligna des yeux, regarda autour de lui. Des rais de lumière se glissaient entre les rideaux clos. Dans la pénombre, il distingua un dépliant sur la table de chevet : *Château-Hôtel Fuschel, ancienne résidence de Von Ribbentrop*. Quelle idée avait bien pu lui passer par la tête de quitter Londres la veille au soir pour échouer dans l'ancien château de l'acolyte d'Hitler ? Il referma les yeux. Comme un film muet, sa nuit de l'avant-veille se déroula sur l'écran de sa mémoire.

Après que l'image de Rachel se fut dissoute dans le néant, il s'était affalé à côté de Luba, couvert d'une sueur froide. Il tremblait, la tête lui tournait.

— Tu as aimé ? avait demandé Luba en posant la tête sur son épaule.

— Oui, tu es merveilleuse, mais je ne me sens pas bien. J'ai trop bu, sans doute...

En se relevant avec précaution, de peur que le vertige ne le reprenne, il était allé s'asperger d'eau froide dans la salle de bain. Il revenait à tâtons le long du couloir obscur quand il faillit faire tomber un cadre accroché au mur. Il le redressa — et se sentit de nouveau englouti par son cauchemar :

c'était un dessin, d'une exactitude quasi photographique, qui reproduisait la crucifixion sculptée jadis par son père.

Un tintement assourdissant retentit dans ses oreilles.

— Où as-tu trouvé cela ? demanda-t-il d'une voix rauque.

— Quoi donc ? répondit Luba depuis la chambre.

— Le tableau dans le couloir.

— C'est juste un dessin que j'ai fait quand j'étais à San Sabba.

Le tintement se fit plus douloureux, le sang lui martela les tempes. En proie au vertige, il dut s'appuyer au mur.

— Tu étais dans le camp de concentration ?

Elle enfila un peignoir et vint le rejoindre en riant.

— Mais non ! Je n'ai que vingt ans, voyons ! Quand j'y étais, reprit-elle, c'était un camp de réfugiés où nous sommes passées après notre évasion de Pologne.

— Pourquoi as-tu fait ce dessin ?

— Ce crucifix m'intéressait. Il avait été fait, paraît-il, par un déporté juif qui est mort là-bas.

Appuyé au dossier d'une chaise, le cœur soulevé par la nausée, Danny la regardait se coiffer. Le visage qu'il voyait reflété dans le miroir était celui de Rachel...

— Je suis vraiment fatigué, parvint-il à dire. Je ferais mieux de rentrer à l'hôtel.

— Veux-tu me revoir demain soir ?

— Je ne sais pas, je serai peut-être obligé de m'absenter quelques jours... Je t'appellerai.

— N'oublie pas, surtout. Tu me ferais tant plaisir.

De retour au Dorchester, Danny ne put trouver le sommeil. De quel droit cette inconnue envahissait-elle la partie la plus secrète de son existence ? San Sabba !... Pour lui, ce nom symbolisait la fin — la mort. Mais pouvait-il lui en vouloir ? Pour elle, bien sûr, c'était un début. Une vie nouvelle. Cette fille étrange le troublait trop, mieux valait prendre ses distances.

Au matin, Danny avait décroché le téléphone et demandé au concierge de lui retenir un billet d'avion pour Salzbourg. La veille, il avait vu une affiche annonçant la représentation du *Jedermann* de Hugo von Hofmannstahl, avec Karl Maria Brandauer.

Et voilà pourquoi il se réveillait en Autriche.

Il sursauta en entendant frapper à la porte. Un serveur âgé entra, chargé du plateau du petit déjeuner.

— *Guten Morgen, Herr* Dennison.

Avec une efficacité toute germanique, le serveur disposa le plateau sur la table, avança une chaise et, d'un même mouvement, tira les rideaux. Le soleil du matin, réfléchi par le lac Fuschel déjà parsemé de voiles blanches, illumina la chambre.

Ayant rempli son office, le serveur regagna la porte et s'inclina. Danny crut l'entendre claquer des talons.

— *Ist alles in Ordnung, mein Herr*?

Pourquoi cet homme lui parlait-il allemand, comme s'il avait dû le comprendre ? Agacé, Danny ne répondit pas. Que faisiez-vous pendant la guerre? fut-il sur le point de lui demander. Poussiez-vous les Juifs dans les chambres à gaz ou étiez-vous de corvée aux fours crématoires?

La porte refermée, Danny se leva, s'étira. Le paisible spectacle qu'il découvrit de la fenêtre aggrava sa mauvaise humeur. Ribbentrop devait sûrement se plaire, ici...

Il se versa du café, un moka parfumé qui lui fit venir l'eau à la bouche. Il portait la tasse à ses lèvres quand il la reposa brusquement. Que diable était-il venu faire ici ? Certes, il était curieux d'assister à une représentation d'*Everyman*. Il avait maintes fois relu la pièce depuis que Mme Dennison lui avait donné le livre et il n'avait pas abandonné son rêve de l'adapter à l'écran. Mais quitter Londres en un tel moment était le comble de l'absurdité ! Tous les préparatifs de *London Rock*, son quinzième film, étaient terminés. Le début du tournage était imminent. Et malgré tout, il était parti sans réfléchir, sur un coup de tête. Simplement parce que Luba lui avait mis les idées à l'envers...

La représentation de *Jedermann*, sur le parvis de la cathédrale de Salzbourg, devait débuter à dix-sept heures. L'hôtel n'était qu'à une quinzaine de kilomètres de la ville, Danny avait prévu de déjeuner tard dans un restaurant dont on lui avait dit grand bien. Il pouvait donc prendre son temps.

Il passa d'abord un coup de téléphone à Milt et laissa un message sur son répondeur: « N'essaie pas de m'appeler à Londres pendant le week-end, je suis allé à Salzbourg voir... devine quoi ? *Everyman*, oui, mon vieux ! Tu te souviens ? » Puis, comme il était encore tôt, il décida d'aller se promener.

En cherchant une chemise dans son sac de voyage, il retrouva les deux lettres que le concierge lui avait données le soir de son rendez-vous avec Luba et qu'il n'avait pas encore ouvertes. Il les glissa dans sa poche et sortit faire le tour du lac en les tripotant nerveusement — il ne pouvait pas encore se résoudre à les lire.

Il marcha à pas lents, regarda les voiles glisser sur l'eau, écouta les rires et les cris joyeux assourdis par la distance. Sur la rive, des enfants jouaient, se poursuivaient, faisaient des ricochets. Danny s'allongea sur l'herbe. Les lettres lui brûlaient les doigts et il les sortit enfin de sa poche. Il savait d'avance que Stéphanie lui annonçait son arrivée à Reno pour les six semaines de résidence requises par la procédure de divorce, mais il avait encore peur de décacheter celle de Patricia. Au bout d'un moment, il se décida.

Patricia parlait d'abord du prix qu'elle avait gagné dans un concours hippique et Danny passa rapidement pour arriver au dernier paragraphe — le véritable objet de la lettre. Le ton changeait brusquement, les mots semblaient sortir des lèvres mêmes de J.L. Stoneham et le firent frissonner :

Après le divorce, nous nous installerons à Long Island chez J.L. Il a la bonté de vouloir m'adopter. Ceci simplifiera nos rapports mutuels, sans pour autant diminuer l'affection que je te porte.

Danny lut et relut ces lignes jusqu'à ce que sa vision s'obscurcisse. Il en était entièrement responsable et il le savait. Il avait cru compenser son sentiment de médiocrité en se consacrant à son travail, il n'avait réussi qu'à se couper de sa famille. En délaissant sa femme, en négligeant sa fille, il avait ouvert la porte à J.L. et capitulé devant lui.

Mais pourquoi J.L. voulait-il adopter Patricia ? Faire de sa petite-fille sa fille était absurde ! Elle était déjà son unique héritière, elle vivait chez lui, entièrement sous sa coupe. Cette adoption n'avait donc qu'un seul objectif : briser le dernier lien subsistant entre Danny et Patricia.

Et pourtant, comme elle l'aimait, naguère, cette belle jeune fille de dix-sept ans, quand elle l'embrassait en lui jurant de rester pour toujours « sa petite fille à lui ». Comme elle était heureuse, avant que le monde ne fasse irruption dans sa vie innocente sous forme de règlements, de discipline scolaire, de l'influence corruptrice d'un grand-père trop riche et dénué de cœur. Allongé sur l'herbe sous un ciel bleu sans nuages, Danny se remémora les précieux instants de l'enfance de Patricia. Ces souvenirs lui faisaient mal. Elle était alors si pleine de vie, de gaieté, de confiance.

Avait-il lui-même connu de pareils moments dans sa propre enfance? Oui, à la ferme, quand il allait traire les vaches avec Rachel, quand il regardait Mameh s'affairer à la cuisine, quand il admirait Tateh en train de sculpter. Quand il avait l'âge des enfants qu'il voyait jouer au bord de ce lac et que Tateh lui apprenait à faire des ricochets...

Danny ramassa un caillou, le lança. Le caillou coula à pic. Il en choisit un autre, plus plat, s'appliqua à retrouver le geste qu'il fallait. Cette fois, le caillou rebondit à la surface de l'eau. Cinq ricochets! Un bon présage.

Il consulta sa montre et s'aperçut avec stupeur qu'il était déjà plus de trois heures de l'après-midi — trop tard pour aller déjeuner. Il regagna sa chambre, prit une douche, se changea et commanda une limousine.

Tandis que la voiture roulait vers Salzbourg, Danny fixait la nuque épaisse du chauffeur, rouge et hérissée de poils blancs.

— Où étiez-vous, pendant la guerre? se surprit-il à demander, incapable de maîtriser la rage qui bouillonnait en lui depuis la lecture de la lettre.

— Pas parler anglais, dit le chauffeur.

— Fumier de nazi, grommela Danny.

L'homme se raidit mais ne répondit pas. La fureur de Danny n'était pas apaisée en arrivant en ville.

Le chauffeur freina brutalement, ouvrit la portière avec une évidente mauvaise volonté et la fit bruyamment claquer derrière Danny. Il haussa les épaules, indifférent aux susceptibilités de cet homme, et s'avança sur la place.

Le crépuscule tombait. C'était l'heure magique où Dieu retient Son souffle. Le soleil couchant baignait d'une lumière dorée les monuments, dont les pignons se détachaient en ombres chinoises sur le ciel. Autour de lui, Danny entendit une variété de langues, où l'allemand dominait cependant, et il s'en irrita. Mais son agacement prit fin quand la représentation commença. L'allemand, tout à coup, lui parut beau, presque harmonieux, et il s'étonna de comprendre si facilement cette langue qu'il s'efforçait pourtant d'oublier depuis de longues années.

Dieu parlait à la Mort, sa messagère: « Je suis peiné de

voir l'Homme s'attacher autant aux biens de ce monde et ne vivre que pour ses plaisirs. Va lui ordonner en mon nom de faire le bilan de son existence... »

L'obscurité croissante donnait à la scène une qualité magique. Quand le héros prit conscience avec angoisse à quel point sa vie avait été inutile et frivole, Danny fut profondément ému : « O, Mort ! Tu viens et je ne suis pas prêt... » Puis, lorsque des silhouettes apparurent sur les toits en criant son nom d'un ton accusateur, Danny eut l'impression que c'était lui qu'appelaient ces voix, dont l'écho résonnait sur toute la place.

S'il devait mourir demain, qu'avait-il accompli dont il pût se faire un mérite ? Il n'était pas l'artiste créateur que son père avait été. Son père était fort, Danny se savait faible. Il était resté Moishe, l'enfant craintif. A la fin de la pièce, il savait que s'il l'adaptait un jour pour en faire un film, il s'inspirerait de son propre exemple.

Le lendemain matin, il prit le premier vol pour Londres. Alors que l'appareil amorçait sa descente sur Heathrow, Danny regarda par le hublot. Luba était là, quelque part dans cette ville immense. Elle lui faisait peur. Un orgasme avait suffi pour ressusciter des souvenirs qu'il croyait morts...

Il lui avait donné le rôle, soit. Il ne reviendrait pas sur sa parole. Mais elle n'avait qu'une journée de tournage et, après cela, elle sortirait de sa vie à jamais.

Chapitre 9

1987 : LONDRES

Le lundi matin, Danny refoula prudemment les émotions de son week-end agité avant d'arriver sur le plateau. Il n'éprouva aucune réaction en voyant Luba, costumée en minijupe et débardeur pour son rôle de minette cockney. Il la salua comme n'importe qui. Elle se contenta de sourire.

Après avoir expliqué la scène, qui se déroulait dans un décor de pub, il lui fit prendre sa place au comptoir, à côté de l'actrice jouant le rôle de sa jeune cousine timide, et les munit toutes deux du cornet de « *fish & chips* » de rigueur. A l'entrée de Bruce Ryan, la vedette, Luba devait chuchoter à haute voix: « Vise un peu ce mec! » La cousine, âgée de dix ans, répondait innocemment: « C'est quoi, un mec? », ce qui attirait la réplique de Luba: « Tu le sauras un de ces jours. »

La scène était simple et, pourtant, Danny ne parvint pas à obtenir de Luba qu'elle entre dans la peau de son personnage. Elle prononçait ses deux répliques comme une femme, pas comme une gamine délurée. Loin d'avoir le trac, elle semblait trop sûre d'elle et observait tout ce qui se passait.

— On ne va quand même pas y passer la journée, grommela Bruce Ryan à la cinquième prise.

— Quand tu entres, roule bien des mécaniques comme si tu étais le patron, lui dit Danny d'un ton conciliant.

— Pas difficile, je le suis.

Sa boutade provoqua la bruyante hilarité de ses deux gardes du corps, assis de chaque côté du fauteuil de leur star comme s'il s'agissait d'un trône.

Danny se rapprocha de Slim, dont le crâne avait désormais l'aspect d'une boule de billard en vieil ivoire. Au bout de trente ans d'une étroite collaboration, forgée au fil de séries télévisées, de neuf westerns et de cinq « films de jeunes », Slim lisait les pensées de Danny comme dans un livre ouvert.

— Elle n'y arrivera jamais, murmura-t-il.

Danny poussa un soupir résigné :

— Prépare la mise en place du plan général et dis à Luba de venir me voir dans ma caravane.

Luba s'assit calmement en face de lui.

— Cela ne t'a pas plu, déclara-t-elle.

Aucune trace de la nervosité d'une débutante inquiète de rater son premier rôle, pas un tremblement, pas une goutte de sueur sous le maquillage. Rien ne semblait la désarçonner.

— Non, ce n'était pas mauvais mais tu devrais pouvoir faire mieux. Réfléchis un peu à la scène. Tu t'adresses à une fillette de dix ans qui ne sait rien des hommes...

— Pourquoi ? l'interrompit-elle.

— Pourquoi quoi ?

— Pourquoi ne saurait-elle rien des hommes ? Je savais déjà tout, moi.

— A dix ans ? dit Danny, incrédule.

— Je n'en avais même pas neuf.

Alors, le plus naturellement du monde, elle lui raconta ses rapports avec son « oncle » Félix.

— Incroyable... Combien de temps cela a-t-il duré ?

— Un peu plus d'un an.

Danny ne put retenir un sifflement de stupeur.

— Une fois par semaine ?

— Quelquefois davantage. La police interrogeait souvent ma mère, cette année-là. Félix était notre meilleur ami. Cela ne l'ennuyait pas de rester avec moi.

— Je m'en serais douté...

La franchise avec laquelle elle décrivait son initiation sexuelle le déconcertait et l'intriguait à la fois.

— Pour moi, c'était un nouveau jeu — bien plus amusant que de jouer à la poupée.

— Tu préférais jouer avec des « pouces » ?

Elle sourit d'un air entendu en guise de réponse.

— Et il ne t'a jamais recommandé de ne rien dire?

— C'était inutile.

Danny l'observa. Son allure très jeune, encore enfantine, était démentie par son regard, qui le fascinait autant que la première fois et lui rappelait celui de Rachel. On y lisait une indulgence et une sagesse acquises au spectacle de choses que des yeux d'enfant n'auraient pas dû voir.

— Tu sais, Danny, reprit-elle, j'entends parfois dire que les enfants exposés de bonne heure à la sexualité éprouvent d'abord de la curiosité, puis qu'ils ont peur d'être punis et qu'ils se sentent coupables. Ce n'était pas du tout mon cas.

— Tu n'as jamais eu de remords?

— Il n'y avait vraiment aucune raison! Les gens n'ont pas conscience de la sensualité chez les enfants, mais ils ont des appétits sexuels, eux aussi. Les adultes oublient que les enfants peuvent éprouver du plaisir.

— En ressentais-tu quand tu... jouais avec Félix?

— Oui, non... En fait, je ne savais pas très bien ce que j'éprouvais, sauf que c'était excitant et que cela me plaisait.

— A-t-il essayé d'aller plus loin?

— Non, j'étais trop petite. Il se contentait de frotter son « pouce » entre mes cuisses.

Danny était effaré — mais émoustillé malgré lui. Luba décrivait ses expériences sexuelles comme elle aurait parlé des œufs au bacon de son petit déjeuner.

— Quand Félix ne pouvait pas me garder, poursuivit-elle, j'allais chez ma tante. C'est son mari qui m'a appris à embrasser.

— J'aurais cru que tu avais déjà dépassé ce stade! Tu n'embrassais donc pas Félix?

— Non — du moins, pas sur la bouche.

— Grand dieu! Tu veux dire que tu savais faire un pompier avant de savoir embrasser?

Elle pouffa de rire. Sa gaieté était contagieuse. Avec elle, Danny se sentait parfaitement à son aise. Personne ne lui avait encore parlé de ces sujets-là avec autant de franchise.

— Luba... C'est un joli nom.

— Oui, il veut dire *amour* en polonais.

— Comment as-tu quitté la Pologne?

— C'est une longue histoire...

Un coup à la porte et la voix de Slim les interrompit:

— Quand vous voudrez, patron ! Nous sommes prêts.
— Merci, Slim, répondit-il à regret. J'arrive.
Il aurait volontiers écouté Luba plus longtemps.

***

Danny fit une nouvelle prise de la scène du pub.
— C'est bon ! dit-il à la fin. On garde celle-ci.
Slim comprit sans peine que la scène sauterait au montage. Au moment de quitter le plateau, Danny vit que Luba l'attendait près de la porte et s'approcha.
— Bon travail, Luba.
Elle fit mine de n'avoir pas entendu le faux compliment.
— Veux-tu me voir ce soir ?
— Il faut que je visionne les rushes.
— Si tu ne t'en sors pas trop tard, je serai chez moi. J'ai encore beaucoup d'histoires à raconter, ajouta-t-elle.
Son sourire provocant le tenta d'oublier les rushes.

***

Seul dans la salle de projection, Danny était incapable de se concentrer. A peine parvenait-il à chasser Luba de son esprit que l'image de Patricia venait aggraver son désarroi. Il était plus de vingt-deux heures quand la projection des rushes se termina enfin et que Danny regagna le Dorchester. Il commanda un en-cas de saumon fumé, dont il ne put avaler une bouchée.
Depuis son retour de Salzbourg, la veille, il n'avait pas encore osé appeler sa fille. Comment lui faire comprendre ce qu'il ressentait ? Avec quels mots la convaincre qu'elle était pour lui l'être le plus précieux au monde ? Après qu'ils aient été si longtemps séparés, le croirait-elle ? Comprendrait-elle à quel point il souffrirait de la perdre ?
Il consulta sa montre : environ dix-sept heures sur la côte Est... Il demanda au standard le numéro de la Stoneridge Academy, en Virginie. Ce pensionnat snob, plein d'adolescentes déboussolées par l'argent, de fillettes solitaires, vestiges des divorces du jet-set, lui faisait horreur. Il aurait dû s'y opposer. Il aurait dû faire tant de choses...
Le secrétariat de l'école l'informa que Patricia était en congé pour quelques jours.

— Où est-elle? demanda-t-il.

— Nous regrettons de ne pouvoir communiquer ce genre de renseignements, monsieur.

— Je suis son père! tonna Danny. J'exige de le savoir.

Il y eut un bruit de registre qu'on feuillette.

— Patricia est à Long Island, elle rentrera demain.

C'était loin, pour « quelques jours »! Mais bien sûr, avec un avion privé, on pouvait faire du chemin... Danny fit aussitôt composer le numéro de Long Island.

— Résidence de M. Stoneham, dit un majordome doté d'un accent britannique affecté.

— Passez-moi Patricia, je vous prie.

— De la part de qui?

— Son père.

— Un instant, monsieur.

L'instant s'éternisa au point que Danny se demanda si la communication n'avait pas été coupée.

— Elle joue au tennis avec M. Stoneham. Veuillez rappeler dans une heure.

— Et vous, veuillez aller dire à Patricia que c'est *son père* qui l'appelle *de Londres*! cria Danny, furieux.

— Mademoiselle est occupée, monsieur, répondit le majordome en détachant ses mots comme s'il parlait à un demeuré. Monsieur dit qu'elle ne peut être dérangée sous aucun prétexte.

Quand Danny rappela une heure plus tard, le majordome ne lui laissa pas placer un mot:

— Mademoiselle est en train de dîner avec M. Stoneham. J'ai l'ordre de ne jamais interrompre les repas de Monsieur.

Danny raccrocha lentement, s'étendit sur son lit. Il ne gagnerait jamais, il était trop tard. Il aurait dû se battre plus tôt, dès le début; mais à ce moment-là, il négligeait trop ce qui se passait autour de lui. Accablé, il resta allongé, vidé de ses forces et de son courage.

***

Les figurants étaient prêts. Pour gagner du temps, Danny leur montra les déplacements de Bruce Ryan dans le décor de discothèque, tout en s'efforçant de ne pas regarder sa montre toutes les dix secondes en attendant le retour de Slim.

Celui-ci émergea enfin de la caravane de Bruce.

— Il en a encore pour un bon moment au maquillage, dit-il à Danny, exaspéré.

— Qu'est-ce qui prend si longtemps?

— Tu devrais le voir, il a une tête de déterré.

— Encore la coco?

— Evidemment! La maquilleuse vient de passer une heure à camoufler les cernes autour de ses yeux. On aura de la veine si on tourne une prise avant le déjeuner.

Danny étouffa un juron. Slim bouillait.

— Comme acteur, il est nul, on le sait, grommela-t-il. Mais pour trois millions de dollars, il pourrait au moins être à l'heure, bon dieu! Tu devrais lui flanquer ton pied au cul.

— Les acteurs, c'est *mon* boulot, Slim, dit Danny sans élever la voix. Laisse-moi m'en occuper.

— Bien sûr, patron! Moi, en tout cas, j'ai fait le mien, répliqua Slim, furieux, en tournant les talons.

Danny soupira. Slim ne comprenait rien aux acteurs. Il ne voyait pas que, derrière le personnage odieux de Bruce, s'abritait un gamin terrifié d'être mis à nu par la caméra et de se rendre ridicule. Si Danny ne pouvait pas le souffrir, il le comprenait malgré tout. Fils d'un maçon du fin fond de la Pennsylvanie, Bruce avait un physique de macho tempéré par une fragilité presque féminine, qui lui donnaient à l'écran une présence inimitable. Pourtant, en dépit de sa popularité, de sa réussite et de son argent, Bruce était un anxieux; il souffrait de n'avoir jamais fait d'études et se croyait plus bête que tout le monde. Il s'imaginait qu'on se moquait de lui derrière son dos — ce qui était d'ailleurs souvent vrai.

Au bout de deux heures, Bruce apparut enfin.

— A vos places! cria Slim.

— Alors, tu as compris? expliqua patiemment Danny. Tu t'assieds là en regardant la piste de danse et, à mon signal, tu te lèves, tu marches vers la caméra et tu dis ta réplique.

— Je ne la dirai pas, grommela Bruce.

— Hein?

— Je ne dirai pas cette réplique, répéta l'autre en haussant le ton.

Cette fois, tout le monde l'entendit et se figea.

— Puis-je savoir pourquoi?

— Parce que c'est une réplique idiote! Non, mais, tu me vois en train de dire: « *Je suis le petit copain de ta mère* »? Je passerais pour un imbécile!

Au prix d'un effort surhumain, Danny parvint à sourire.

— Allons, Bruce! Tu sais bien que c'est tiré d'une des plus célèbres chansons des Rolling Stones.

— Jamais entendu parler de ça.

Excédé, Danny jeta le scénario par terre.

— Je sais que tu sors de ta cambrousse, mais être obtus à ce point, ce n'est pas croyable!

Les figurants éclatèrent de rire. Bruce rougit de colère.

— Tu changes cette réplique, dit-il en pointant vers Danny un index menaçant, ou je change de metteur en scène.

Et il quitta le plateau, suivi de ses acolytes.

Danny comprit qu'il était allé trop loin. D'habitude, il se contrôlait mais, pour une fois, il avait laissé ses problèmes personnels interférer dans son travail. Sachant combien Bruce était sensible aux allusions à ses origines, il l'avait pourtant humilié en public. Maintenant, il allait devoir rattraper son impair et avaler des couleuvres... Il fit signe à Slim qui se massait le crâne, perplexe.

— Pause-déjeuner, une heure!

Figurants et techniciens se précipitèrent. Danny se dirigea sans se presser vers la caravane de Bruce. L'acteur l'attendait de pied ferme.

— D'accord, Bruce, commença Danny avec lassitude, si tu ne sens pas la réplique, c'est qu'elle est mauvaise. Il faut que tu sois à l'aise dans ton rôle et...

— Arrête ton baratin. La nouvelle réplique.

— Qu'est-ce que tu aimerais dire, Bruce?

— On me paie pour jouer, pas pour écrire.

Danny se retint de justesse de lui demander s'il savait lire et d'ajouter qu'on le payait beaucoup trop cher pour jouer comme un pied. Il se borna à répondre:

— On cherchera une réplique qui te convienne. Bon appétit.

— Préviens-moi quand tu auras trouvé, ricana l'acteur.

Pauvre connard! pensa Danny en lui décochant son sourire le plus enjôleur. Le pouvoir exorbitant exercé par les stars lui était toujours resté sur l'estomac. Les deux derniers films de Bruce Ryan avaient rapporté beaucoup d'argent ; si on en venait à une épreuve de force, c'est Danny qui serait désavoué. Ryan était considéré comme une star, pour le moment du moins, et les succès passés de Danny ne pèseraient pas lourd.

A l'heure de la pause, l'allée principale du studio grouillait d'acteurs et de figurants se hâtant vers la cantine. Danseuses, soldats, marins, ils avaient tous l'air joyeux — même celui déguisé en monstre de science-fiction. Danny ne voulut plus entendre leurs rires et alla se réfugier dans le silence du « dépôt », terrain vague servant de cimetière des vieux décors. En passant devant un alignement d'escaliers, il se demanda combien d'illustres vedettes les avaient fait sonner sous leurs pas — ceux-ci et les autres, qui pourrissaient dans les studios du monde entier: Errol Flynn, le sabre à la main, bondissant de marche en marche ; Douglas Fairbanks sautant d'une balustrade pour s'accrocher à un lustre ; Clark Gable gravissant le grand escalier de Tara, Vivien Leigh dans les bras — précieux souvenirs de son enfance, quand Margaret Dennison l'emmenait au Rialto le samedi après-midi... A l'époque, il croyait que c'était magique et exaltant de faire des films. Aujourd'hui, la magie faisait place à la tension, à l'anxiété, au stress.

Peut-être devrait-il entendre raconter des histoires.

***

Luba enfila un vêtement et courut ouvrir la porte. Elle n'était encore ni coiffée, ni maquillée. Le chauffeur de Danny était beaucoup trop en avance!...

Pâle, émaciée, les joues poisseuses de larmes, une femme qu'elle reconnut à peine se tenait devant elle.

— Magda!

Luba la dévisagea, effarée. En six mois, Magda paraissait avoir vieilli de dix ans.

— Entre, dit-elle. Je suis si contente de te revoir! Quand j'ai essayé de te téléphoner, on a répondu que le numéro n'était plus en service...

Magda entra sans mot dire, d'une démarche pesante et lasse. Luba continua de bavarder pour meubler le silence.

— Tu ne m'as écrit qu'un petit mot très court. Tu me disais que tout allait bien, mais je me demandais...

— C'est la seule lettre qu'il m'ait permis d'écrire.

— Le salaud! Comment as-tu fait pour partir?

— Il est mort.

— Mort? Comment?

— En tombant de l'escalier du grenier.

— Tant mieux! Il n'a eu que ce qu'il méritait...

Devant l'expression de sa mère, Luba n'insista pas. Elle lui prit sa valise et la précéda dans la chambre.

— Tiens, c'est pour toi, dit Magda en lui tendant un rouleau de billets tenu par un élastique. C'est tout ce qu'il y avait, j'ai cherché partout.

— Et l'hôtel?

— La banque l'a saisi.

— En tout cas, c'est fini, bon débarras. Repose-toi, installe-toi. Demain, j'enlèverai mon attirail de peinture. Je vais te préparer quelque chose à manger.

Magda accepta d'un signe et se laissa tomber sur le lit.

A la cuisine, pendant que la soupe chauffait, Luba compta les billets — trois cents livres, à peine un mois de loyer. Et le reste, qu'en avait-il fait? Il devait y en avoir plusieurs milliers. Luba fouilla mentalement les recoins de l'hôtel. Où diable le colonel avait-il caché son magot?

Trop fatiguée pour manger, Magda avala deux cuillerées de soupe. A la fois soulagée de quitter l'appartement et inquiète de l'état dans lequel elle trouvait sa mère, Luba l'aida à se coucher et s'assura qu'elle était endormie avant de sortir. Mais le remords de la laisser seule fit bientôt place à l'impatience de rejoindre Danny — la limousine semblait se traîner, ce soir.

***

— As-tu jamais rencontré un homme avec qui tu n aies pas été tentée de coucher, Luba? demanda Danny après qu'ils eurent fait l'amour.

— Attends, il faut que je réfléchisse.

Il pouffa de rire.

— Prends ton temps, ce n'est pas un concours.

Etendu près d'elle sur le grand lit du Dorchester, une bouteille de vodka polonaise dans un seau à glace à portée de la main, Danny se plongea dans le passé de Luba.

— Oui, dit-elle enfin. Josef.

— Le père de la troupe d'équilibristes ?

— Oui. Je l'aimais, il m'encourageait, il était fier de moi. Je faisais partie de la famille. Je sentais les autres à l'affût, comme des animaux qui reniflent une proie. J'en étais consciente, bien qu'ils n'aient jamais fait un geste déplacé. Josef était le seul qui puisse m'embrasser, me prendre sur ses genoux, sans qu'il n'y ait rien d'équivoque entre nous.

— Tu ne crois pas que tu provoquais les autres ?

— Peut-être, sans m'en rendre compte. J'étais précoce. Mais je préfère ne pas en parler, dit-elle en fermant les yeux.

Avec elle, Danny se sentait bien. Milt ne se trompait peut-être pas, après tout, quand il lui reprochait en plaisantant d'être coincé avec les femmes. Luba lui révélait une liberté sensuelle au-delà de ce qu'il avait jamais connu. Elle constituait un antidote à tout ce qui avait empoisonné sa vie jusqu'alors. Auprès d'elle, il oubliait ses problèmes — jusqu'à l'existence même de Bruce Ryan. A son retour de Salzbourg, il s'était promis de ne plus la revoir. Maintenant, il se demandait s'il pourrait vivre sans elle...

Après son départ, Danny resta longtemps éveillé. Luba était de la race des survivants. Elle avait du courage, elle savait lutter, s'adapter. Tant qu'on n'est pas au pied du mur, comment savoir ce dont on est capable pour survivre ? Sa sœur Rachel s'était prostituée à San Sabba pour sauver sa vie. A la fin, elle avait choisi la mort. Pourquoi, alors qu'elle était sauvée ? Etait-ce la honte de s'être donnée à un nazi, de porter en elle un bâtard de nazi qui l'avait poussée à se détruire ? Etait-ce l'horreur d'avoir vu David brutalement assassiné sous ses yeux ? David l'aimait et voulait l'épouser. Mais Rachel l'aimait-elle ? Ne préférait-elle pas le commandant du camp, qui l'avait abandonnée ? Elle ne s'était pas précipitée vers le corps ensanglanté de David mais dans la chambre du commandant. Au moment de se pendre, à quoi pensait-elle devant le lit où elle avait passé ses nuits avec cet homme ? Autant de questions qui tournoyaient dans l'esprit de Danny sans éveiller d'écho.

Luba lui apporterait peut-être des éléments de réponse. Elle aurait su comprendre Rachel. Mais Luba ne se serait pas suicidée, même dans de telles circonstances. Danny la connaissait maintenant assez pour en être certain.

Elle l'avait quitté depuis à peine plus d'une heure que Danny avait déjà hâte de la revoir le lendemain. Sa soif de découvrir les moindres détails de son passé devenait insatiable.

***

La sonnerie du téléphone le réveilla en sursaut.

— Comment va, bonhomme ? claironna Milt à son oreille.

— Milt ! dit Danny en souriant malgré lui. A deux heures et demie du matin, j'aurais dû m'en douter.

— Je me trompe toujours dans le décalage horaire. C'est l'Europe qui est en avance et le Japon en retard, pas le contraire, répondit l'agent avec un de ses inimitables gloussements.

— Tu en mets du temps pour répondre à mon coup de téléphone de Salzbourg !

— J'avais peur que tu veuilles encore me casser les oreilles avec ton *Everyman*.

— Erreur, c'est avec Art Gunn que je veux en discuter. J'ai enfin trouvé le traitement qui convient : l'histoire d'un artiste qui sacrifie son talent pour l'appât du gain.

— Puisque c'est toi qui le dis...

— Tu m'organises un rendez-vous ?

— C'est comme si c'était fait. Dis donc, sans vouloir détourner la conversation, comment se passe *London Rock* ?

— Mal, mais c'est le cadet de mes soucis.

— Qu'est-ce qui te chiffonne ?

— Ça nous entraînerait trop loin...

— Allons, déballe ce que tu as sur le cœur, dit Milt en redevenant sérieux. Je t'écoute.

— Il s'agit de J.L. Stoneham.

— Qu'est-ce qu'il a encore fait, ce salaud ?

— Il veut adopter Patricia.

— Mais... ça ne tient pas debout ! Elle est ta fille.

— Apparemment, ce n'est pas l'avis de J.L.

— Peu importe son avis à lui. Qu'en pense Patricia ?

Danny garda le silence. Milt avait su poser la seule question pertinente, celle qu'il ne cessait lui-même d'éluder. Car il ne pouvait pas dire, même à son meilleur ami, à quel point il était terrifié à la pensée que Patricia ne voudrait plus de lui pour père.

*
**

Le lendemain, Bruce était aussi odieux que la veille. Un de ses acolytes ajoutait à la nervosité générale en jouant sans arrêt au yo-yo jusqu'à ce que Bruce, exaspéré, le lui arrache des mains et le jette à la poubelle. Danny retourna la scène de la discothèque avec la nouvelle réplique.

— Coupez! cria Slim à la fin de la prise.

Tourné vers Danny, il mima discrètement une envie de vomir. Danny ne put s'empêcher de sourire.

— Excuse-moi pour ma sortie d'hier, lui dit Slim.

— Au bout de trente ans de mariage, on a droit à une petite scène de ménage de temps en temps.

Bruce les interrompit:

— Pourquoi faut-il aller au Portugal?

— Tu as lu le scénario. Il reste à tourner le concert de rock dans l'arène et la fiesta sur la plage.

— J'ai horreur des pays où on ne parle pas anglais. A part « Si », je ne connais pas un mot d'espagnol.

— Au Portugal, Bruce, intervint Slim, on ne parle pas espagnol mais portugais.

— Le portugais?... Qu'est-ce que c'est, encore, que cette langue de sauvages? grommela l'acteur en s'éloignant.

Slim le suivit des yeux et se pencha vers Danny.

— Me permets-tu, au moins, de lui flanquer *mon* pied au cul? lui chuchota-t-il à l'oreille.

*
**

A la fin de sa journée de travail, Danny se hâtait de regagner son refuge, sa chambre du Dorchester où l'attendait Luba. Sa seule présence l'apaisait et le stimulait à la fois. Tous ses soucis s'évanouissaient.

— Comment cela s'est passé aujourd'hui, au studio? lui dit-elle en se blottissant sur sa poitrine.

— Pas trop mal. Mais j'ai hâte que ce soit fini.

— Quand repars-tu pour l'Amérique?

— A notre retour du Portugal, nous aurons encore quelques jours de travail ici et ce sera tout.

— Je ne suis jamais allée en Amérique.

— Dommage, il faudra faire le voyage un de ces jours.

— Tu ne connais pas ta chance d'être américain. On n'a jamais vu d'Américains fuir l'Amérique, n'est-ce pas? En Pologne, tout le monde en rêve. Je n'avais que treize ans quand nous sommes parties, mais je me souviens... non, cette histoire-là ne t'intéresserait pas.

— Au contraire. Tes histoires me passionnent et tu es plus ensorcelante que Schéhérazade.

Le compliment la fit rire de plaisir.

— Alors, je t'en raconterai d'autres.

— Dis-moi, par exemple, ce que tu faisais pendant la journée, à Cracovie.

— J'allais à l'école. J'apprenais vite mais je m'ennuyais. Il n'y avait que le soir où je ne m'ennuyais pas...

Luba s'interrompit en pouffant de rire.

— Qu'y a-t-il de si drôle?

— Je pensais à un Américain que ma mère avait ramené un soir. J'étais dans mon lit et elle me disait en polonais: « Ce type-là se prend pour Hercule! J'espère qu'il va bientôt finir, je n'en peux plus. » Mais elle parlait comme si elle était au comble de l'extase et lui susurrait des mots d'amour. Je mordais mon oreiller pour ne pas éclater de rire.

— Quand elle avait du plaisir, elle te le disait aussi?

— Bien sûr. Elle partageait tout avec moi pour se sentir moins seule — à qui d'autre pouvait-elle se fier? Elle n'avait pas oublié Adam, mon père, et elle ne faisait cela que pour pouvoir payer notre départ de Pologne.

— Ce devait être dur.

— Il y avait de bons et de mauvais moments, mais nous sommes toujours restées proches l'une de l'autre.

— Quel était votre secret?

— Quel secret?

— Celui de préserver vos liens malgré vos difficultés?

— J'ai toujours su que Magda me protégeait, comme elle savait que je la protégeais de mon côté.

— Et comment le saviez-vous?

— Nous le sentions d'instinct. Quoi qu'il arrive, nous ne nous sommes jamais laissées tomber...

Luba ferma les yeux et s'endormit presque aussitôt. En prenant soin de ne pas la déranger, Danny se leva et alla se poster devant la fenêtre. Il pleuvait à verse, le vent agitait les arbres de Hyde Park. Danny pria avec ferveur que

Patricia ressente, de l'autre côté de l'Atlantique, qu'il ne la laisserait jamais tomber lui non plus — quoi qu'il arrive.

Il se tourna vers Luba, la regarda dormir paisiblement. Une vague d'affection l'entraînait vers elle avec une puissance qui l'effraya. Il ne pouvait pas se permettre d'aggraver ses problèmes en tombant amoureux d'elle, il devait consacrer toutes ses forces à la reconquête de sa fille... Danny se détourna.

Mais lorsque son regard, quelques instants plus tard, se posa de nouveau sur Luba, il sentit renaître son attrait pour elle, aussi fort, aussi puissant qu'avant.

⁂

Luba s'était ménagé un peu de solitude pour peindre en persuadant Magda de sortir, mais elle n'arrivait pas à trouver la lumière qu'il fallait. Trois fois, déjà, elle avait étalé des vieux journaux à des endroits différents et déplacé son attirail, pour finir par planter son chevalet de fortune au bord du tapis et poser les tubes de peinture sur le téléviseur. Pendant ce temps, son modèle attendait patiemment sur l'appui de la fenêtre en ronronnant.

Malgré tout, Luba était incapable de s'y mettre. Elle ne pensait qu'à Danny. Depuis deux jours, il n'avait pas donné signe de vie alors qu'ils avaient passé toutes leurs soirées ensemble pendant des semaines. Ce silence l'inquiétait.

Danny avait transformé sa vie. Afin de garder ses soirées libres pour lui, elle ne répondait même plus aux appels de l'agence — Dieu sait, pourtant, si Magda et elle avaient besoin d'argent! Luba était consciente de son imprudence. Danny partait lundi pour le Portugal sans lui avoir proposé de l'emmener et le tournage du film prendrait fin dans une quinzaine de jours. Elle souffrirait cruellement de perdre Danny, il avait pris dans son cœur la place qui, jusqu'alors, avait été celle de Valentin. Danny était le seul à avoir voulu réellement la connaître et tout savoir d'elle. Oui, elle se conduisait comme une idiote, car elle l'aimait. Voilà pourquoi elle cherchait à ne plus y penser en peignant.

Elle était enfin parvenue à s'absorber dans son travail quand Magda rentra, chargée de deux sacs de provisions. Toute à son plaisir de peindre, Luba s'efforça de ne pas entendre les jacassements de sa mère qui s'affairait à la cuisine.

— Luba ! Tu ne peux pas t'arrêter une minute ? dit Magda en apparaissant sur le pas de la porte.

— Quoi, encore ?

— Je me suis trouvée à court d'argent à la caisse, j'ai dû rendre le beurre. Tu ne m'as pas donné assez.

— Je t'ai donné tout ce que j'avais. Je viens de payer le loyer ! Je n'aurai plus rien tant que Dorothy ne m'aura pas fait signe.

— Justement, il y a deux messages de l'agence à côté du téléphone. Tu ne les as pas vus ?

Luba se retourna brusquement en renversant le pot de térébenthine où elle mettait à tremper ses pinceaux.

— Luba, regarde ce que tu as fait ! s'écria Magda.

— Oui, je vois. Et alors ?

Magda empoigna un chiffon et s'agenouilla près de la tache qu'elle frotta vigoureusement.

— Ça ne partira jamais... Ce beau tapis est tout abîmé ! Tu ne devrais pas peindre ici, voyons !

— Où veux-tu que je peigne ? Tu couches dans mon atelier.

Magda s'interrompit, releva les yeux.

— C'est de ma faute, je suis désolée, dit-elle d'une voix tremblante.

Sa colère évanouie, Luba prit sa mère dans ses bras.

— Allons, Magda, n'en rajoute pas ! Je suis un peu énervée, voilà tout. Et puis, tu m'inquiètes. Tu ne veux rien faire, tu n'oses pas sortir dans la rue, il faut que je te force à aller faire les courses. Cherche un job à mi-temps, cela te ferait du bien.

— Je ne peux pas.

— Tous les restaurants embauchent...

— Non, je ne pourrais pas ! s'écria Magda, en larmes.

— Tu te défends pourtant bien, dans ce métier.

— Non, je t'en prie, je ne pourrais pas.

Luba n'insista pas. Elle était hors d'état de raisonner Magda depuis son retour de Brighton. Que s'était-il passé là-bas ? Magda ne lui disait rien et Luba sentait qu'il valait mieux ne pas aborder la question. Cette fois encore, elle serra Magda sur sa poitrine, la berça comme si c'était elle la mère. Puis, quand Magda se fut calmée, Luba la mit au lit.

⁂

La veille de son départ pour le Portugal, incapable de résister davantage, Danny invita Luba à dîner dans un restaurant chinois. Il estimait ne pouvoir faire moins ; d'ailleurs, il lui avait fait découvrir la cuisine chinoise dont elle était devenue extrêmement friande. Luba se servait de baguettes alors qu'il n'utilisait encore qu'une fourchette, elle essayait les plats les plus exotiques quand il se tenait prudemment aux préparations classiques.

Pendant le dîner, Danny se montra taciturne et préoccupé. Luba tenta en vain de le dérider.

– Qu'as-tu fait, aujourd'hui ?

– J'ai eu une journée pénible.

– Dis-moi ce qui s'est passé.

– Non, je n'ai pas envie de parler.

– Eh bien, je vais te raconter une histoire.

– Je n'ai pas non plus envie de l'entendre, en ce moment du moins. Il y a déjà beaucoup trop d'histoires dans ma vie.

Conscient de se rendre désagréable, il paya l'addition et se leva. En fait, il ne savait comment faire ses adieux à Luba. De son côté, elle était atterrée de le voir aussi distant et irritable. Que s'était-il produit ? Pourquoi la faisait-il taire, lui si avide des détails de son passé ? Elle ne voulait pas terminer la soirée sur une fausse note.

– Si nous nous promenions dans le parc ? dit-elle quand ils sortirent du restaurant.

Elle le prit par la main et lui fit traverser la rue, en évitant de justesse de se faire écraser par un autocar de tourisme. Luba pouffa de rire :

– Ce serait amusant si c'était Stash !

– Qui est Stash ?

– Un guide de touristes à Cracovie. Ma mère et moi nous le partagions.

– Quoi ?

– Je ne t'en avais pas parlé ?

– Non. Raconte.

Luba se réjouit d'avoir enfin réussi à l'intéresser. Tout en marchant, elle lui raconta l'histoire de Stash. Au bout d'un instant, ils s'assirent sur un banc.

– Tu ne m'as toujours pas dit ce qui s'était passé la première fois, voulut savoir Danny.

— J'ai sauté dans le lit pendant qu'ils faisaient l'amour.

— Tu as osé?

— Au début, ma mère n'était pas contente mais elle a fini par céder. Cela nous a paru tout à fait normal. Stash y pensait depuis longtemps sans oser le demander. Il trouvait cela très excitant. Pas toi? dit-elle en lui prenant la main. Imagine: Magda d'un côté, moi de l'autre et toi au milieu...

— Serais-tu une dépravée? dit-il en riant.

Il éprouva, malgré lui, une bouffée de désir. Luba le devina et rit de son embarras. Danny se leva, en espérant que la pénombre dissimulait son expression.

— Allons-nous-en.

Ils sortirent du parc et se retrouvèrent dans une rue commerçante, à peu près déserte à cette heure tardive. Luba s'arrêta soudain devant une boutique de toilettage qui vendait aussi des chiens et tomba en arrêt devant un caniche nain.

— Oh! Qu'il est mignon! s'écria-t-elle. Regarde, il est frisé comme un agneau.

— Veux-tu que je l'achète?

— Non. Ces chiens-là coûtent trop cher.

— J'ai de quoi le payer, tu sais.

— Non, je n'en veux pas.

— Pourtant, il te plaît.

— Oui, mais je n'en veux pas. J'ai eu un chien que j'ai dû abandonner et j'ai eu trop de chagrin.

— Tu ne voudrais vraiment pas de celui-ci en souvenir de moi? Pour ne pas m'oublier?

Luba préféra ne pas répondre.

Chapitre 10

1987 : LONDRES

Luba s'était accoutumée à la bruine londonienne, mais il tombait ce jour-là un véritable déluge, ponctué d'éclairs qui jetaient sur toutes choses d'irréelles lueurs blanches. Hors d'état d'affronter les éléments, elle prit un taxi pour rentrer chez elle. L'audition s'était soldée par un échec, le deuxième en deux jours. Découragée, elle se demandait s'il valait mieux rester peindre à la maison plutôt que de s'obstiner en vain à vouloir devenir actrice.

Elle avait à peine de quoi payer la course. Quand le taxi s'arrêta le long du trottoir, elle courut à sa porte afin d'éviter la fureur du chauffeur devant l'absence de pourboire. La porte était fermée à clef — qui avait eu cette idée idiote? Trempée jusqu'aux os et ses chaussures pleines d'eau le temps de fourrager dans son sac sans trouver sa clef, elle pressa rageusement le bouton de sonnette.

Une éternité parut s'écouler avant qu'elle n'entende la voix de Magda dans l'interphone.

— Qui est-ce?

— C'est moi! Ouvre!

Elle monta l'escalier en courant, se déchaussa dans le vestibule, jeta sa veste dégoulinante.

— Du thé brûlant! cria-t-elle. Vite!

— Vous arrivez à point, répondit une voix masculine.

Sur le seuil du living, Luba s'arrêta, stupéfaite.

Deux hommes prenaient le thé avec Magda. Le plus âgé, pourvu d'une superbe moustache en guidon de bicyclette, négligeait depuis longtemps de surveiller son tour de taille ; le plus jeune, grand et mince, avait une fine moustache assortie à sa silhouette. Il se leva à l'arrivée de Luba :

— Décidément, dit-il en souriant, il semble que nous sommes voués à nous rencontrer sous la pluie.

Luba mit un instant à reconnaître le jeune sergent à qui elle avait parlé au poste de police de Brighton, quand elle avait couru demander de l'aide.

— Luba, tu es trempée ! s'écria Magda.

— Le thé vous fera du bien, approuva le sergent.

Il lui tendit la main, l'autre se contenta d'un signe de tête. Malgré leurs tenues civiles, on devinait sans mal leur profession ; ils avaient la même allure que les policiers de Brodki — y compris la moustache.

Magda embrassa Luba et lui servit une tasse de thé.

— Ces messieurs pensent que quelqu'un a tué le colonel Johnson, dit-elle d'un ton volontairement inexpressif.

Luba réfléchit à toute vitesse : chute dans l'escalier, crâne fracassé... Qu'est-ce que Magda lui avait caché ?

— Mais non ! déclara le gros. Nous souhaitons seulement éclaircir certains points. Je me présente : capitaine Ferguson, de la police de Brighton. Mon collègue, le sergent Sweeny.

— J'ai déjà eu le plaisir de faire la connaissance de mademoiselle, dit ce dernier en s'inclinant galamment.

— De quoi s'agit-il ? demanda Luba.

— Nous terminons notre enquête sur le décès de monsieur votre père et...

— Il n'était que mon beau-père, précisa Luba.

— Où étiez-vous au moment de sa mort ?

— Ici, à Londres.

— Vous rappelez-vous être venue un soir à notre commissariat ? intervint le sergent Sweeny.

— Oui. Vous m'avez même offert une tasse de thé, répondit Luba qui s'efforça d'être aimable.

— Si mes souvenirs sont bons, dit le sergent en consultant son calepin, vous avez alors dit : « Il est en train de tuer ma mère » et vous avez précisé peu après qu'il s'agissait de votre beau-père.

— C'est exact.

Magda interrompit le dialogue avec un rire forcé :

— Luba est une bonne fille, toujours inquiète pour sa

maman ! Mon mari et moi nous disputions, comme cela arrive dans tous les ménages. Ce soir-là, peut-être, nous avons crié trop fort et ma fille a pris peur.

— Il n'était donc pas en train de vous tuer ? demanda le sergent à Magda.

— Bien sûr que non ! Mais mon mari était très nerveux, à l'époque, il se souciait de la réussite de l'hôtel — c'était une activité trop nouvelle pour lui.

— Je ne comprends toujours pas la raison de votre présence ici, dit Luba aux policiers en dissimulant de son mieux son anxiété croissante.

— Nous cherchons simplement à élucider certains points avant de clore notre enquête, répondit le gros capitaine. Car l'affaire comporte des... singularités. Comme je le disais à votre mère, le rapport d'autopsie indique que les blessures ayant entraîné la mort seraient trop graves pour résulter d'une simple chute. Par ailleurs, nous avons constaté à l'examen des lieux que la tête de la victime n'a heurté les marches qu'à partir du milieu de l'escalier.

Il fit une pause comme pour mieux souligner ce qu'il venait de dire.

— Qu'est-ce que cela signifie ? demanda Luba.

— La reconstitution de la trajectoire du corps semble indiquer qu'il aurait pu être poussé — assez violemment.

Luba avait du mal à contrôler sa respiration.

— C'est invraisemblable ! s'écria-t-elle.

Un long moment, le silence ne fut troublé que par le froissement des pages du calepin que feuilletait le sergent.

— Savez-vous comment il est tombé, madame ? demanda le capitaine en se tournant vers Magda.

— Comment voudriez-vous que je le sache ? Je n'étais pas là, je n'ai rien vu. Je vous ai déjà dit tout ce que je savais. J'ai découvert mon mari mort, j'étais bouleversée.

— Quand l'avez-vous vu en vie pour la dernière fois ?

— Cela aussi, je vous l'ai déjà dit : quand j'apportais une caisse au grenier. Il voulait les ranger lui-même, c'était un homme très méticuleux.

Luba sentit s'accélérer les battements de son cœur. Le capitaine fit signe au sergent de prendre le relais.

— Qu'avez-vous fait ensuite ? demanda ce dernier.

— Combien de fois faut-il vous le répéter ? Je suis allée

chercher une autre caisse et c'est en remontant que j'ai trouvé le colonel Johnson mort au pied de l'escalier.

— Comment saviez-vous qu'il était mort?

— J'ai voulu le relever, le soigner, mais il ne bougeait plus. Alors, j'ai eu peur et j'ai appelé au secours.

— Y avait-il du monde dans l'hôtel, à part vous?

— Quelques clients.

— L'un d'eux vous a-t-il vu monter l'escalier?

— Oui, Mme Henry. Elle m'a demandé si la caisse n'était pas trop lourde et je lui ai répondu que j'en avais l'habitude.

— C'est exact, dit le sergent en consultant ses notes. Nous avons la déposition de ce témoin.

— Vous avez quitté Brighton très vite après les obsèques, dit alors le capitaine. Pourquoi?

— Mon mari était mort, la banque avait saisi l'hôtel, je suis allée me réfugier chez ma fille. Qu'auriez-vous fait à ma place? répondit Magda avec indignation.

— Allons, madame Johnson! dit le capitaine en souriant. C'est à nous de poser les questions — auxquelles nous désirons des réponses franches et sincères.

— Mais je me tue à vous les répéter! Que voudriez-vous que je dise d'autre? s'écria Magda, hors d'elle.

— Nous savons combien tout ceci est pénible pour vous, madame Johnson, intervint le sergent, mais nous devons faire notre travail. Il nous reste quelques questions à vous poser et nous en aurons terminé.

Luba avala enfin son thé refroidi. Les policiers échangèrent un regard et le capitaine reprit l'interrogatoire.

— Votre ménage était-il heureux?

— Oui. Comme tout le monde, il nous arrivait de nous quereller, mais parce que nous étions inquiets — l'hôtellerie n'est pas un métier de tout repos. Mon mari voulait réussir pour assurer mon avenir et celui de ma fille.

— Justement, votre fille vous avait quittés.

Luba vint à la rescousse:

— Nous ne nous entendions pas bien, je me sentais à la charge de mes parents. Je suis partie parce que, sans moi, j'ai pensé que leurs rapports s'amélioreraient.

— Se sont-ils améliorés?

— Oui, dit Magda. Mon mari et ma fille ne sympathisaient pas. Il n'avait pas d'enfants, il ne comprenait pas la mentalité d'une jeune fille. Nous avons décidé qu'il valait mieux pour nous tous que Luba aille à Londres.

Luba remarqua avec soulagement que le sergent consultait la dernière page de son calepin. Il se tourna vers elle.

— J'aimerais vous poser une dernière question sur votre visite au commissariat, cette nuit-là. Pensiez-vous réellement qu'il était en train de tuer votre mère ?

— Oui. Je ne les avais jamais entendus se disputer aussi violemment et j'ai pris peur.

— Il ne s'agissait donc que d'une dispute ?

— Oui.

— Sans actes de violence physique ?

— Bien sûr que non ! riposta sèchement Luba.

Magda gardait le silence. La pluie tombait sans discontinuer, le tonnerre grondait encore de temps à autre. Le chat vint se frotter en miaulant contre la jambe de Luba — il avait faim, l'heure de son dîner était passée depuis longtemps.

— Vous a-t-il laissé beaucoup d'argent ? demanda le capitaine à Magda.

— Non, pas un sou. La banque a tout pris, dit-elle les larmes aux yeux. Pourquoi me tourmentez-vous ? Je ne suis pas depuis longtemps dans ce pays, mon mariage a été trop bref. J'aimais mon mari. Ce terrible accident qui lui a coûté la vie a ruiné la mienne et vous venez me demander si j'ai tué l'homme que j'aimais. C'est honteux ! conclut-elle en éclatant en sanglots.

Luba regardait sa mère avec admiration. C'est elle qui devrait se faire actrice ! se dit-elle. Elle a presque réussi à me convaincre de sa sincérité...

Le sergent referma son calepin, le capitaine s'extirpa avec peine du fauteuil et prit la main de Magda.

— Je vous remercie de votre patience, madame, et je vous prie de nous excuser de vous avoir ainsi importunée. Je pense que nous pouvons désormais classer l'affaire.

— Ravi de vous avoir revue, dit le sergent à Luba. Si vous avez l'occasion de revenir à Brighton, j'espère avoir le plaisir de vous offrir enfin une tasse de thé.

Luba ne répondit pas.

— Eh bien, je vous souhaite bonne chance à toutes les deux, reprit le sergent.

— Merci, se força à dire Luba.

Elle attendit que la porte se fût refermée derrière eux avant de chercher un chiffon à la cuisine afin d'éponger les mares laissées sur le tapis par les pieds des policiers. Elle alla ensuite nourrir le chat et revint s'asseoir en face de sa mère. Magda n'avait pas bougé et pleurait en silence.

— Que s'est-il réellement passé? lui demanda Luba en polonais. Dis-moi la vérité.

Le visage dans les mains, Magda parla à voix basse.

— Je n'en pouvais plus, Luba. J'en étais au point où je me serais tuée... Quand je l'ai vu debout sur un seul pied en haut de ces marches, comme un corbeau malfaisant . Passer une nuit de plus avec lui était au-dessus de mes forces...

Elle rouvrit les yeux, reprit haleine.

— J'ai eu l'impression qu'il s'envolait... Oh, Luba! C'est affreux. J'ai commis un crime, Dieu me punira...

Tremblante, prostrée, elle fondit de nouveau en larmes. Luba alla s'agenouiller près d'elle.

— Ne pleure pas, maman. C'est moi qui aurais dû le tuer, ce monstre. Tu as bien fait. A part nous deux, personne ne le saura jamais. Tu pourras toujours compter sur moi. Nous sommes ensemble, c'est l'essentiel.

Le timbre de l'interphone les fit sursauter.

— Ils reviennent, murmura Magda, livide de frayeur.

— Ne t'inquiète pas, je m'occupe de ces salauds.

A la porte de l'immeuble, elle ne vit qu'un coursier dégoulinant de pluie qui lui tendit un panier d'osier.

— Mademoiselle Johnson? Voici pour vous.

Luba entendit des jappements sortir du panier. Elle décacheta l'enveloppe attachée à l'anse: *Luba, pour que tu ne m'oublies pas. Danny*. En soulevant le couvercle, elle reconnut aussitôt la petite boule de laine blanche.

Elle cacha la carte dans sa poche et remonta vivement.

— Tiens, Magda, un cadeau pour toi.

A peine Magda eut-elle ouvert le panier que le caniche lui sauta sur les genoux et lui lécha affectueusement le visage.

⁂

LISBONNE

Slim avait expédié le matériel à l'avance afin que les techniciens l'installent sur les lieux de tournage dès l'atterrissage à Lisbonne du charter de *London Rock*. Tout se déroulait sans anicroches, à la vive satisfaction de Danny. Les tournages en extérieur le mettaient toujours de bonne humeur et celui-ci ne faisait pas exception. Son chagrin lancinant au sujet de Patricia s'atténuait déjà. Stéphanie, J.L. Stoneham, Luba elle-même semblaient se fondre dans la brume londonienne. Danny se félicitait de sa décision de passer ces huit jours au Portugal sans Luba. Elle prenait trop de place dans sa vie, il avait besoin d'échapper à cette obsession.

Danny s'amusa de voir Bruce Ryan, qui le précédait dans la file d'attente au contrôle de sécurité, franchir le portique comme un cow-boy faisant irruption dans un saloon, ses deux acolytes sur les talons. Mais à peine ceux-ci s'y étaient-ils engagés que la sonnerie d'alarme retentit. Deux policiers se ruèrent sur eux et les entraînèrent en gesticulant au bureau de la douane. Bruce resta sur place, paralysé d'horreur.

Slim se précipita à leur suite. Il revint peu après, en massant son crâne chauve, rendre compte à Danny :

— Ces deux andouilles avaient leurs slips bourrés de cocaïne emballée dans des feuilles d'aluminium !

— Ils auraient pu se douter que cela déclencherait le détecteur de métal, dit Danny en levant les yeux au ciel.

— En attendant, ils sont arrêtés. Qu'est-ce qu'on fait ?

— Je vais voir avec notre ambassade comment les tirer de là. Toi, occupe-toi de Bruce, répondit Danny en montrant sa prétentieuse vedette, solitaire et penaude comme un gamin en pénitence. Emmène-le vite à son hôtel avant que les Portugais n'aient l'idée de regarder dans son slip. Si nous le perdons lui aussi, le film est fichu.

***

Sur intervention de l'ambassadeur des Etats-Unis, Danny obtint des autorités portugaises que les guignols de Bruce Ryan soient relâchés et réexpédiés à Londres, contre le paiement par Ace Films d'une amende de 30 000 dollars. Ecumant de rage au téléphone, Art Gunn accepta de câbler la somme sans délai.

Quand il eut enfin dénoué l'imbroglio, Danny était épuisé. Sa limousine l'emmena le long de larges boulevards plantés d'arbres et bordés de luxueuses villas. Le chauffeur lui montra au passage celle du célèbre peintre Nuño Adolpho, au sommet d'une des collines de la ville. Malgré sa fatigue, Danny ne put s'empêcher d'en admirer l'exubérante architecture de style mauresque qui lui donnait l'allure d'un palais des *Mille et Une Nuits*. La voiture s'engagea enfin dans une étroite rue pavée aboutissant au Terreiro do Paço, où Slim lui avait loué une charmante petite maison dotée d'un escalier menant directement au bord du Tage. Danny mit pied à terre, enchanté de l'allure paisible de l'endroit. Il se réjouissait déjà de profiter d'une bonne nuit de sommeil quand il vit Bruce Ryan qui l'attendait, assis sur une marche du perron.

— Je veux ma camelote ! exigea-t-il de but en blanc.

— Quelle camelote ?

— Ma coco, quoi ! Je ne peux pas travailler sans elle.

Effaré, Danny regarda autour de lui si un passant l'avait entendu.

— Tu es complètement cinglé, Bruce ! Comment veux-tu que je la récupère ?

— Démerde-toi.

— On a déjà de la veine que...

— De la veine, mon cul ! Si je n'en ai pas demain matin au plus tard, je me tire d'ici.

— OK. Je vais dire aux douaniers et à la police que la marchandise t'appartient et que tu veux qu'on te la rende.

— Fais pas l'idiot, Danny ! s'écria Bruce, affolé. Ce n'est pas le moment de plaisanter.

— Alors, que veux-tu que je fasse ?

— Je ne sais pas mais il faut que tu m'aides, Danny, gémit la star internationale, sa superbe définitivement abattue. J'en ai besoin, tu comprends ? J'en ai besoin...

Ecrasé par l'adversité, Bruce remonta dans sa voiture. Ce n'est qu'un pauvre gosse apeuré, se dit Danny en le suivant des yeux. Mais il avait beau avoir pitié de lui, comment allait-il se débrouiller pour lui procurer de la cocaïne ? C'est alors qu'il pensa à Nuño Adolpho. Tout le monde savait que le peintre faisait largement usage de drogues hallucinogènes. Aurait-il le culot d'aller lui demander un tel service ? Il pouvait au moins essayer, il n'avait pas le choix.

Derrière un haut mur de clôture, la villa de l'artiste s'étageait à flanc de coteau. Le majordome fit attendre Danny dans un patio entouré de balcons drapés de fleurs exotiques. Quelques instants plus tard, le Maître apparut sur les marches. Les larges manches de son caftan battant comme des ailes, il accueillit Danny à bras ouverts.

— Ah! mon cher voisin, comme c'est aimable à vous de venir rendre visite au pauvre ermite que je suis!

Adolpho était un petit homme tout rond, au visage de chérubin rouge et lisse comme une pomme encadré de cheveux d'un blanc neigeux cascadant sur ses épaules.

— Je ne voudrais surtout pas vous interrompre dans votre travail, Maître.

— Vous ne me dérangez pas le moins du monde. Vous êtes ici chez vous.

— Merci mille fois. J'espère que vous trouverez le temps de venir nous voir pendant notre tournage.

— Avec joie, cher monsieur, mais pas avant que vous ne m'ayez permis de recevoir votre troupe.

Les aménités se poursuivirent sur le même ton mais, malgré la cordialité de son hôte, Danny avait du mal à aborder le sujet réel de sa visite. Quand il s'y décida enfin, Adolpho se montra compréhensif au-delà de toute espérance.

— Entre voisins, conclut le peintre en le raccompagnant avec un large sourire, quoi de plus naturel que de s'entraider?

***

Encore une situation de sauvée, pensa Danny en s'étirant voluptueusement dans le grand lit à baldaquin où il s'éveillait. Il cligna des yeux sous le soleil qui inondait la pièce par la fenêtre ouverte. Pour une fois, la première depuis des années, il se sentait alerte, vigoureux, satisfait de lui-même et du monde entier.

Une délicieuse odeur de café le fit sauter du lit et dévaler l'escalier d'un pas allègre. Toute en hauteur, la maison comportait à chaque étage une grande chambre blanchie à la chaux, pourvue d'une cheminée carrelée d'*azulejos*. Celle du rez-de-chaussée, servant de salon et de salle à manger, était accolée à une vaste cuisine. C'est là qu'il découvrit Slim, attablé devant un bol de café fumant.

— Tu as fait un sacré bon travail hier, lui dit Slim en lui tendant la cafetière. Je ne voulais pas te réveiller.

— Tout est prêt pour cet après-midi?

— Oui. Attends de voir l'arène! Une splendeur.

— Aurons-nous assez de figurants pour la remplir?

— Tu plaisantes? Au moins la moitié de Lisbonne! Ils n'ont pas souvent l'occasion de voir tourner un film.

— Et Bruce? Comment est-il, ce matin?

— Bourré jusqu'aux yeux. Je ne veux pas savoir d'où vient la came, mais si tu peux trouver de quoi l'alimenter pendant huit jours, on est sauvés.

— Pas de problème.

Danny se versa une autre tasse en souriant. Jamais café ne lui avait paru aussi savoureux. Slim se leva.

— Bon, rendez-vous à l'arène dans une heure. Ah! au fait, j'allais oublier de te remettre ce télégramme. Il est arrivé ce matin.

Danny le décacheta distraitement.

Merci pour le caniche il est adorable. Tu me manques, appelle-moi. J'ai encore beaucoup d'histoires à te raconter. Magda se joint à moi pour t'embrasser. Luba.

Son immédiat sentiment de plaisir le fit rire de lui-même : où étaient ses bonnes résolutions, sa force de caractère? Eh bien, soit, il allait l'inviter à Lisbonne. Dans quinze jours, il serait rentré en Californie et définitivement séparé d'elle. Que risquait-il en la faisant venir? « Tu me manques », disait-elle. Elle aussi lui manquait. A bien des égards, Luba était unique. Avec elle, faire l'amour lui procurait des sensations extraordinaires. Elle le pratiquait comme un art dont elle maîtrisait les moindres nuances, elle le guidait vers des sommets sans cesse renouvelés et lui faisait découvrir en lui-même des capacités dont il n'avait pas soupçonné l'existence jusqu'alors. Oui, il avait envie de la revoir. Et Magda, à quoi ressemblait-elle? Il croyait déjà la connaître, après tout ce que Luba lui en avait dit. Alors, sourd à la petite voix qui le rappelait à l'ordre, il leur fit câbler deux billets d'avion.

Le lendemain, lorsqu'il revint du tournage qui, pour une fois, s'était déroulé sans problèmes avec un Bruce nettement moins faraud, il sentit émaner de la cuisine d'appétissantes odeurs et s'arrêta sur le seuil. Affairée devant le fourneau, une femme versait des ingrédients dans une marmite en tournant à grand bruit une cuiller de bois. Elle avait à peu près la taille de Luba, mais avec une silhouette plus épanouie qui laissait présager de celle de Luba dans l'avenir, et portait ses cheveux bruns noués en une longue tresse dans le dos.

Soudain consciente d'une présence derrière elle, elle regarda par-dessus son épaule et sourit.

— Vous êtes Danny, déclara-t-elle.

Il s'approcha, la main tendue.

— Oui. Soyez la bienvenue, Magda.

Elle fit passer l'ustensile dans sa main gauche, s'essuya la droite sur son tablier et serra celle de Danny.

— Luba m'a beaucoup parlé de vous.

— En bien, j'espère ?

— Oh ! Le plus grand bien.

Danny l'observa de plus près. Quel âge pouvait-elle avoir, quarante, quarante-cinq ans ? Séduisante, en tout cas. Luba apparut alors et tendit à Danny un verre de vodka.

— Je vois que vous avez fait connaissance.

— Oui, enfin. Vous vous ressemblez comme deux sœurs, dit-il en l'embrassant sur le front.

Magda rougit de plaisir.

— Ce soir, j'ai préparé un bon chou farci à la polonaise. Vous m'en direz des nouvelles !

Le chou farci était exquis et Magda, ravie, ne cessa de bavarder comme une pie : quelle joie de découvrir le Portugal, quel bonheur de voir enfin le soleil après la pluie et le brouillard de Londres, etc.

— Je suis quand même bien triste sans mon petit chien, conclut-elle.

— Hmm ? fit Danny, la bouche pleine.

— Magda adore le caniche dont tu lui as fait cadeau, intervint Luba en lui lançant un coup de pied sous la table.

Danny comprit aussitôt et joua le jeu.

— Tant mieux, je suis enchanté qu'il vous plaise.

— Merci infiniment, Danny, dit Magda. Mais j'avoue qu'il me manque beaucoup.

— Quoi, à peine arrivée, vous voudriez déjà repartir ?

— Non, bien sûr. Mais il est encore tout petit. Il doit être triste de rester seul.

— Ne t'inquiète pas, lui dit Luba. Mme McKeever a promis de le prendre chez elle et de s'en occuper jusqu'à notre retour.

— Comment l'avez-vous appelé ? demanda Danny.

Magda piqua un fard et lança un regard implorant à Luba.

— Elle l'a appelé Danny, répondit Luba.

Ils pouffèrent de rire tous les trois.

Après le dîner, Magda monta se coucher de bonne heure ; Danny et Luba s'attardèrent à prendre le café.

— Je suis contente que tu l'aies invitée elle aussi, dit Luba. Elle ne se remettait pas de la mort de son mari. C'est pour cela que je lui ai donné le caniche que tu m'avais envoyé. Elle avait besoin d'une consolation.

— Crois-tu qu'elle soit bien installée, là-haut ?

— Bien sûr. Va t'en assurer toi-même, si tu veux.

Danny se demanda si elle y avait mis un sous-entendu, mais Luba sirotait son café d'un air innocent. Il monta, hésita un instant, frappa à la porte. Magda était en chemise de nuit ; elle parut embarrassée quand il entra.

— Avez-vous tout ce qu'il vous faut ?

— Tout va bien. Merci encore de me recevoir avec Luba.

— Je suis très content que vous soyez venue. Ainsi, vous aimez votre petit chien ? ajouta-t-il, ne sachant trop que dire.

— Oh, oui ! Il est adorable.

Danny ne pouvait s'empêcher de contempler sa silhouette, clairement visible sous la fine chemise. Il voyait la femme que Luba lui avait décrite, celle qui avait fait les trottoirs de Cracovie en provoquant le désir des hommes... Consciente de son regard, Magda passa sa robe de chambre.

— Dormez bien, dit-il, gêné, en refermant la porte.

Plus tard, couché près de Luba en écoutant distraitement les échos du *fado* qui montaient d'un café de la place, Danny se surprit à s'imaginer dans un lit entre elles deux, la mère et la fille — idée qui l'attirait et lui faisait peur à la fois. Il la refoula de son mieux et se tourna vers Luba.

— Raconte-moi une histoire.

Luba pouffa de rire.

— Qu'y a-t-il de si drôle ?

— Tu me dis, comme un petit garçon : « Raconte-moi une

histoire avant de m'endormir. » Mais au lieu du *Petit Chaperon rouge*, tu veux entendre une histoire de cul !

— C'est en général celles que préfèrent les petits garçons quand ils ont grandi.

— Il y en a qui les préfèrent *avant* de grandir. Je pense à mon jeune livreur de journaux, par exemple. Il vient se faire payer tous les dimanches matin.

— Et alors ?

— Il a dans les quatorze ans, il est mignon tout plein. Habituellement, je porte une robe de chambre sans rien en dessous, je la laisse un peu bâiller...

— Et il regarde ?

— Evidemment ! Il devient rouge d'excitation et sa braguette est toute gonflée.

— As-tu jamais ?...

— Peut-être, dit-elle pour le taquiner. Mais tu es trop curieux. Pour une fois, laisse-moi te poser une question.

— D'accord.

— As-tu jamais fait un pompier ?

— Bien sûr que non ! Ne sois pas idiote ! s'exclama Danny avec indignation.

— Mais si tu l'avais fait, aurais-tu honte de toi ?

— Tu ne parles pas sérieusement, j'espère ?

— Dès qu'il est question de leur sexe, les hommes ont tellement de préjugés ! Pourquoi s'accrochent-ils à leur image de machos ? Etaient-ils moins virils quand ils portaient des perruques, des mouches et des jabots de dentelle ? Les Grecs ne se servaient des femmes que pour faire des enfants. Ils admettaient parfaitement que les hommes puissent s'aimer entre eux.

Sa démonstration ne convainquit Danny qu'à moitié.

— Danny ?

— Quoi, encore ?

— Un de ces jours, tu devrais essayer de sucer une belle petite bite.

— Tais-toi et dors !

***

Dans la journée, pendant que Danny travaillait, Magda et Luba flânaient en ville ou faisaient trempette dans le Tage, au bas du jardin. Le climat de Lisbonne réussissait à Magda, hâlée par le soleil et notablement moins pessimiste qu'à son arrivée. Luba était rassurée sur son compte, mais Magda commençait à s'inquiéter sur celui de Luba.

Un jour qu'elles étaient assises sur la rive, les pieds dans l'eau, Magda lui demanda à brûle-pourpoint :

— Serais-tu en train de tomber amoureuse de Danny ?

— Il me donne du bon temps et j'en profite, voilà tout.

— Je te connais, Luba. Tu n'étais plus comme cela depuis Valentin. Tu ne t'intéresses qu'à ton Danny.

— Il ne te plaît pas ?

— Si, mais dans une semaine ou deux il sera reparti en Amérique. Tu vas te retrouver seule et t'effondrer comme à la disparition de Valentin.

— Peut-être m'emmènera-t-il avec lui.

— Luba, Luba ! Ne rêve pas, je t'en prie !

Luba regarda les ronds qu'elle faisait dans l'eau avec ses pieds et dont les ondes allaient jusqu'au milieu du fleuve.

— Souviens-toi de ce proverbe polonais : « Une vie sans rêve est comme un étang sans poissons, ce n'est qu'une flaque d'eau stagnante. »

— J'essaie de te donner de bons conseils et tu me parles de poésie ! Sois prudente, ma chérie. Evite les occasions de souffrir, je ne t'en demande pas plus.

***

Le dimanche, jour de repos de la troupe, Adolpho invita acteurs et techniciens. Danny voulut emmener Magda, qui refusa en disant que les réceptions l'intimidaient et qu'elle préférait rester à la maison.

Le peintre fut un hôte généreux et plein de charme. Le buffet, dressé sur une des terrasses, croulait sous les spécialités portugaises auxquelles les invités firent honneur comme s'ils n'avaient pas mangé depuis trois jours. Adolpho embrassa Danny sur les deux joues et chuchota en pouffant de rire :

— Mon cher voisin a-t-il encore besoin d'une tasse de sucre en poudre ?

Danny lança un coup d'œil en direction de Bruce, seul et maussade dans un coin. Désorienté sans ses inséparables séides, il cherchait visiblement quelqu'un pour les remplacer le temps des festivités. Danny allait le rejoindre quand il le vit s'approcher de Luba et lui mettre la main au derrière en disant, avec un ricanement qui se voulait désinvolte :

— Vous, vous avez un beau petit cul.

Décidément, on ne fait pas plus raffiné. Quel rustre! se dit Danny, qui préféra visiter la partie de la maison aménagée par Adolpho en galerie. Les murs blancs étaient couverts des œuvres du Maître, tableaux déconcertants, vivement colorés, représentant des personnages chimériques, des paysages irréels dans lesquels l'imagination s'égarait. Il ne savait depuis combien de temps il s'était ainsi isolé des autres quand la voix de Luba retentit derrière lui.

— Cet homme est un génie! Viens voir...

Elle l'entraîna par la main devant chacun des tableaux et les commenta avec un enthousiasme qui ne la quitta plus jusqu'à la fin de la soirée.

Ils rentrèrent à pied. Au loin, un chien hurlait à la lune. Luba s'arrêta soudain et tendit l'oreille.

— Qu'y a-t-il? s'étonna Danny.

— J'avais cru reconnaître Zieubleus, mon chien.

— Qu'est-il devenu?

— J'ai dû l'abandonner en quittant Milan. J'aurais voulu le garder, mais c'était impossible. Je le vois encore sauter le long de l'autocar, en aboyant comme un fou, en tirant sur sa laisse... Avec lui, j'avais commis une erreur qui m'a servi de leçon. Une séparation est toujours un arrachement douloureux. Il ne faut pas s'attacher à un être au point d'en souffrir.

— Est-ce pour cela que tu as donné le caniche à Magda?

Elle acquiesça d'un signe. Danny la prit par la taille.

— Tu n'as gardé de Milan que le souvenir d'un chien. N'as-tu jamais dû te séparer d'humains auxquels tu tenais?

— Si, mais eux, ils avaient une chance de retrouver quelqu'un d'autre. Un chien, non.

— Tu aimes les chiens?

— Oui. Magda aussi. Elle était furieuse quand j'avais recueilli Zieubleus mais maintenant, elle comprend. Ton cadeau lui a fait beaucoup de bien... As-tu un chien, en Californie?

— Non.

— Tu devrais, Danny. Les chiens sont merveilleux. Ils passent leur vie à attendre la personne qu'ils aiment. Ils comptent sur elle pour les faire sortir, les faire rentrer, les nourrir, les soigner. Ils dépendent de son affection et ils la lui rendent – oh ! plus qu'au centuple ! Les chiens ne vivent que pour aimer. Ils vous aiment même quand on les bat.

Magda était déjà endormie quand ils arrivèrent à la maison. Après s'être couchés, ils restèrent un long moment sans rien dire. Le premier, Danny rompit le silence.

– Luba, tu dors ?

– Non.

– Tu sais, Luba, tes réflexions m'émeuvent.

– C'est vrai ? dit-elle en se blottissant contre lui.

– Oui. Tu exprimes de si belles pensées sur la vie, les chiens, l'amour... Ne ris pas bêtement ! Tu m'as beaucoup appris sur l'amour. Avec toi, j'ai toujours l'impression que c'est la première fois.

– Te souviens-tu de ta toute première fois ?

Danny ne répondit pas.

– Allons, raconte ! Comment était-ce ?

– Il est tard. Dormons.

– Moi, je t'ai parlé de ma première fois ! A ton tour.

– Non. Si je te le disais, tu serais choquée.

– Choquée, moi ? Tu plaisantes !

– Eh bien... J'ai fait l'amour pour la première fois... avec ma mère.

Luba ne put s'empêcher de sursauter.

– Pas possible ?

– Si. Je t'avais prévenue que tu serais choquée. Mais ce n'était pas ma vraie mère. Elle m'avait adopté après la mort de mes parents. Pour une initiation, à vrai dire, je n'aurais pas pu rêver mieux... Je n'en avais encore jamais parlé à personne, ajouta-t-il en se détournant.

Luba se blottit tout contre lui.

– Ce que tu viens de dire me touche profondément, Danny, parce que cela montre que tu as confiance en moi. Je te crois quand tu dis n'en avoir parlé à personne. Moi aussi, tu sais, je t'ai dit des choses que personne d'autre n'a jamais su.

*
**

TROIA, PORTUGAL

Lorsque la troupe se rendit à Troia pour les deux derniers jours de tournage, Magda préféra rentrer à Londres. Ces courtes vacances lui avaient fait grand plaisir, dit-elle, mais elle s'inquiétait de son petit chien. Luba, en revanche, resta

Le premier soir, pendant qu'ils dînaient sur la terrasse de leur suite à l'hôtel Magnoliamar, Luba raconta comment elle avait séduit Chaim au bord du fleuve.

— Ressemblait-il à celui-ci ? demanda Danny en montrant devant eux l'estuaire du Sado.

— Dans le feu de la passion, tous les fleuves se ressemblent, répondit-elle en riant. Si nous allions vérifier ?

Elle se déchaussa et descendit en courant les marches donnant accès à la plage. Danny la suivit. Tout en marchant sur le sable, elle lui raconta la suite de l'épisode.

— Qu'a dit Magda quand elle vous a surpris en flagrant délit ? demanda Danny.

— Rien. Nous ne nous sommes pas adressé la parole pendant deux jours. Magda ne voulait même pas écouter les explications de Chaim.

— Le pauvre ! Que pouvait-il dire pour sa défense ?

— En fait, c'est à moi que Magda en voulait — et elle avait raison : je lui avais fait mal exprès. Mais je m'en suis repentie aussitôt après.

— S'est-elle réconciliée avec Chaim, ensuite ?

— Non. Nous devions bientôt partir.

Ils continuèrent à arpenter la plage en bavardant.

— Nous n'avons pas « vérifié » si tous les fleuves se ressemblent dans le feu de la passion, comme tu le prétendais, dit Danny un moment plus tard.

Luba pouffa de rire.

— Alors, imagine que tu es Chaim et laisse-toi faire. Tu verras bientôt une pluie d'étoiles filantes...

***

Longtemps plus tard, de retour dans leur chambre, ils restèrent étendus côte à côte sur le lit, épuisés mais heureux. Danny attira Luba contre lui et la serra dans ses bras.

— J'aime cela, murmura-t-elle. Je me sens en sûreté, comme dans les bras de Josef quand je tombais du fil et qu'il me rattrapait.

— Quand j'étais petit, je suis tombé du toit de la grange, mais il n'y avait personne pour me rattraper. C'est ma sœur qui m'a ramassé par terre et m'a remmené à la maison pour me soigner et me coucher.

— C'est fatigant d'être une grande personne, tu ne crois pas? dit Luba d'une voix ensommeillée.

— Tu as raison, c'est très fatigant.

Il l'embrassa dans les cheveux. Elle se pelotonna contre lui et sombra bientôt dans le sommeil.

Danny ne s'endormit pas. Il aurait voulu lui en dire davantage; lui faire comprendre qu'il se sentait, lui aussi, en sûreté auprès d'elle au point d'évoquer des souvenirs enfouis depuis quarante ans au tréfonds de sa mémoire. Il y en avait de douloureux, certes, mais tant d'autres, si beaux et si joyeux. Pourquoi s'en était-il volontairement privé? Luba lui donnait envie de les raviver — peut-être parce qu'elle lui rappelait sa sœur Rachel...

Quelle fille étrange et déroutante! Un moment, elle lui faisait presque peur par son impudeur et sa témérité; celui d'après, elle l'attendrissait par son ingénuité, sa fragilité. En toutes circonstances, elle faisait preuve d'une franchise désarmante; elle disait exactement ce qu'elle pensait, ce qu'elle ressentait. Les mots « honte » ou « scrupules » semblaient absents de son vocabulaire. Etait-il plus heureux, lui, de s'en imposer chaque jour les épuisantes contraintes?

Chapitre 11

1987 : LONDRES

L'atmosphère magique de Lisbonne se dissipa au décollage de l'avion qui les remmenait à Londres. Il ne restait à tourner que quelques scènes aux studios de Pinewood, tout serait fini dans une semaine. Danny n'était pas d'humeur à parler. Il posa sur ses genoux le scénario qu'il était en train d'annoter et fit semblant de dormir.

Il éprouvait pour Luba des sentiments plus profonds qu'il ne l'avait d'abord cru et devant lesquels il se sentait désarmé. Elle lui faisait peur. Il ne s'expliquait pas comment, dans le mur qu'il s'était donné tant de mal à dresser autour de lui, elle avait découvert la brèche par laquelle se glisser dans son intimité. Elle lui inspirait un tel sentiment de confiance et de sécurité qu'il baissait sa garde. Elle l'avait si facilement amené à parler de Mme Dennison et de sa chute du toit de la grange qu'il avait failli lui en dire davantage — lui en dire trop. Normalement c'était elle qui parlait, lui qui écoutait. Maintenant, leurs rôles étaient intervertis. Elle savait sur lui des choses qu'il n'avait jamais dites à quiconque. Quels autres secrets parviendrait-elle à lui arracher ?

En rouvrant les yeux, il vit Bruce Ryan, assis de l'autre côté de l'allée, qui détaillait Luba du regard et lui faisait des clins d'œil que Luba lui rendait. Quand elle se tourna vers lui, Danny affecta de se replonger dans son scénario.

— Ne faites pas attention, dit Bruce. Ce gars-là travaille tout le temps, il ne sait pas s'amuser.

Furieux contre Luba, Danny ne répliqua pas.

— Mais vous, je parie que vous savez vous amuser, reprit Bruce d'un ton plein de sous-entendus.

— Je crois savoir, en effet.

— Ouais, ça ne m'étonnerait pas...

Danny se rappela ses avances à Luba à la réception d'Adolpho et le surveilla du coin de l'œil. L'arrivée d'une hôtesse qui lui servit à boire détourna cependant l'attention de Bruce et Danny se remit au travail.

— Tu en as encore pour longtemps ? lui demanda Luba.

— Non, j'ai bientôt fini.

Il paraissait calme, mais une veine qui battait à sa tempe trahissait sa nervosité. Luba ne comprenait pas ce qui le troublait de la sorte. Elle ne reconnaissait plus celui qu'elle avait vu si détendu la veille au soir. Elle lui avait tant révélé d'elle-même, depuis le début de leur liaison ! Au début, elle essayait encore de se retenir, mais il se montrait tellement avide d'en savoir toujours plus qu'elle lui en dévoilait chaque fois davantage. Plus elle parlait, plus elle prenait plaisir à lui confier des secrets qu'elle était seule à partager avec Magda. Et maintenant qu'elle avait besoin de s'épancher, Danny commençait lui aussi à s'ouvrir à elle. Qu'y avait-il de changé ?

***

A l'arrivée à Heathrow, Danny raccompagna Luba dans sa limousine. Pendant que le chauffeur déchargeait les valises du coffre, Danny embrassa Luba sur la joue.

— N'oublie pas d'embrasser Magda de ma part.

— Je n'y manquerai pas.

Adossée à la voiture, bronzée par le soleil du Portugal, décoiffée par la brise qui faisait voleter une mèche devant ses yeux, Danny la trouva belle à damner un saint.

Il prit une enveloppe dans sa poche et la lui tendit. Le sourire de Luba s'effaça.

— Qu'est-ce que c'est ?

— Rien qu'un peu d'argent. Je sais que tu en as besoin.

— Non, Danny ! Je ne veux pas qu'il y ait de l'argent entre nous. Je t'aime.

Danny se mordit les lèvres. Il avait failli répondre « Je t'aime aussi » et ne s'était retenu qu'au prix d'un effort.

— Tu ne comprends donc pas ? reprit-elle en cherchant en vain à retenir son regard. Je t'aime.

Il lui effleura la bouche de ses lèvres.

— Eh bien, considère cela comme un prêt...

— Je te préviendrai si j'en ai besoin.

Et elle le planta là, son enveloppe à la main.

***

Le concierge du Dorchester lui remit son courrier et ses messages téléphoniques : Stéphanie avait appelé quatre fois de Reno ces trois derniers jours. Il froissa les feuillets et les jeta au panier. Il y avait aussi une grande enveloppe, postée à Long Island, à l'en-tête d'un cabinet juridique. Il la fourra dans sa poche en frissonnant et prit l'ascenseur, sans même entendre le salut du liftier. Quand il arriva dans sa chambre, il suait à grosses gouttes.

L'enveloppe contenait un épais document, rédigé dans le galimatias grâce auquel les avocats justifient leurs honoraires : l'acte d'adoption de Patricia. Les endroits où il devait apposer son paraphe ou sa signature étaient soigneusement indiqués par des croix au crayon sur les pages marquées d'un trombone. L'impérieuse signature de J.L. Stoneham s'y étalait déjà comme pour le défier. La cursive distinguée de Stéphanie figurait çà et là, en signe de soumission.

Danny s'affala sur le canapé. Le salaud ! Pour un tel homme, capable de manipuler les actions d'une société, de la vider de sa substance, d'en empocher l'actif et de rejeter le reste, comme la carapace d'un insecte qu'on écrase d'un pied négligent, l'absorption d'une jeune fille posait moins de problèmes qu'une OPA hostile ! Danny prévoyait trop bien qui, dans l'opération, finirait aplati comme un cancrelat.

S'il signait ces papiers, il rompait ses derniers liens légaux avec sa fille. Etait-ce vraiment ce que voulait Stéphanie ? Patricia le souhaitait-elle du fond du cœur ? Par quels moyens retors, à l'aide de quel chantage, J.L. était-il parvenu à les y amener ? La tête en feu, il reprit le document dont s'échappa une enveloppe déjà timbrée pour la réponse. Le vieux forban ne laissait rien au hasard, ses hommes de main avaient tout prévu ! Il ne manquait que la signature de Danny pour conclure la transaction, finaliser l'acquisition...

Eh bien, non! s'écria Danny. Que le vieux salaud aille se faire foutre! Il ne traitera pas cette affaire comme un vulgaire raid boursier! Jamais je ne me prêterai à cette manœuvre!

Danny déchira le document en menus morceaux qu'il jeta dans la corbeille à papiers. Oppressé, il ouvrit la fenêtre et respira largement. De l'autre côté de la rue, dans Hyde Park, des écolières se mesuraient à la course. Leurs parents les encourageaient de la voix et du geste — d'heureuses familles partageant un instant heureux. Hors d'état de les regarder, Danny referma la fenêtre et se jeta sur le canapé, le visage enfoui dans un coussin.

Que faisait Patricia, en ce moment? Dans un mauvais rêve, il la vit courir avec ses camarades et s'imagina sur la ligne d'arrivée, l'encourageant de ses cris. Patricia était en tête quand un virage les lui cacha. Lorsqu'elles reparurent, Patricia n'y était plus. La grosse limousine noire de J.L. Stoneham s'éloignait. Une main de jeune fille s'agitait par la portière. Lui faisait-elle un signe d'adieu, l'incitait-elle à la poursuivre? Les autres approchaient de la ligne d'arrivée. A leur tête, souriante, Luba lui tendait les bras... La sonnerie du téléphone retentit, insistante.

— Monsieur Dennison? fit la voix de la standardiste. Votre femme vous appelle de Reno.

Il consulta sa montre: treize heures, cinq heures du matin là-bas. Dans quel état était Stéphanie pour l'appeler à une heure pareille? Danny ne refusa pas la communication.

— Danny, c'est toi?

— Oui, Stéphanie.

— Cela fait des jours que j'essaie de t'avoir!

A sa voix, il comprit qu'elle était ivre.

— J'étais au Portugal, je travaillais.

— Ils n'ont pas le téléphone, là-bas? Je n'en peux plus d'être enfermée pour six semaines dans cet endroit immonde! poursuivit-elle sans transition.

— Eh bien, n'y reste pas. Je n'ai pas envie de divorcer, moi. Notre arrangement actuel me convient parfaitement.

— Si je ne divorce pas, papa me coupera les vivres.

— A toi de choisir.

— Pourquoi me persécute-t-il sans arrêt?

— Demande-le-lui.

– Il refuse de me parler.
— Pourquoi ne l'appelles-tu pas quand tu es sobre?
— Je n'ai pas trop bu! cria-t-elle dans le combiné.
Danny perdit tout espoir de la raisonner.
— Patricia ne veut pas me parler, elle non plus, reprit Stéphanie en fondant en larmes. Il l'a montée contre moi, il l'achète avec de l'argent, des cadeaux. Il la pourrit...
— Assez, Stéphanie! cria-t-il, hors de lui. Si tu n'étais pas si saoule, tu te rappellerais peut-être que c'est *toi* qui as signé cette infamie d'acte d'adoption!
— Il menaçait de me faire enfermer dans une maison de fous, gémit-elle. Il disait que j'étais une mère indigne... Je n'en peux plus, je suis déboussolée... Viens, Danny, viens me sortir d'ici, je t'en prie...
Regrettant sa brusquerie, Danny tenta de la calmer.
— Tu te sentiras mieux quand tu auras dormi...
— Je ne veux pas dormir! Et j'en ai assez de cette espèce de marâtre de la Gestapo qu'il m'impose...
— Essaie de te reposer, Stéphanie.
— En plus, je suis sûre qu'elle est gouine!
— Appelle ton médecin, Stéphanie.
— Je ne veux pas de médecin!
Elle continuait de proférer des paroles incohérentes quand Danny raccrocha.

***

SYRACUSE, ETAT DE NEW YORK

A l'Orphelinat Saint-Jean, un gros homme en complet à carreaux s'arrêta devant le bureau de la mère supérieure et ôta son chapeau avant de frapper à la porte. Une jeune religieuse ouvrit et lui demanda ce qu'il voulait.
— J'ai rendez-vous avec la mère supérieure.
— Qui dois-je annoncer?
L'homme sortit de sa poche une grande enveloppe.
— M. McCracken. Je représente la Fondation Stoneham.

***

Le lundi matin, au studio, tout le monde se comporta d'une manière exemplaire, comme si bonne humeur et bonne conduite devaient hâter le retour au soleil californien. Bruce Ryan lui-même avait le sourire. Il montra à Danny un article du *Hollywood Reporter* parlant du dernier best-seller de Sidney Sheldon.

— Je viens d'acheter les droits du bouquin. Tu l'as lu?

— Oui, c'est excellent.

— Voilà un truc qui te conviendrait.

Le roman pouvait, en effet, donner un bon film, mais Danny n'avait aucune envie de subir Bruce le temps d'un autre tournage. Il chercha à éluder sans le vexer:

— Le rôle est taillé sur mesure pour toi. Reparlons-en quand nous serons de retour à Los Angeles, d'accord?

Ils se dirigèrent ensemble vers le plateau.

— Dis donc, dit Bruce d'un ton égrillard, sais-tu ce qu'est devenue la fille qui me baratinait dans l'avion?

Il a raison, se dit Danny, c'est elle qui le provoquait. Normal, après tout, puisque ce n'est qu'une putain... Sa décision fut prise sur-le-champ.

— Elle te plaît? demanda-t-il calmement.

— Ben, ouais, fit Bruce avec un sourire.

— Tu veux te l'envoyer?

Bruce stoppa net:

— Tu parles sérieusement?

— Tout à fait. Ce soir, dix heures. Ne ferme pas ta porte à clef et mets-toi au lit. Elle y sera.

— Quoi?... Tu es sûr que?...

— Tu n'as quand même pas peur de laisser ta porte ouverte?

Ils rirent comme une paire d'amis.

Ce jour-là, tout marcha comme sur des roulettes. Danny téléphona à Luba dans l'après-midi.

— J'étais inquiète, Danny. J'ai essayé de t'appeler hier toute la soirée! Tu n'es pas fâché, au moins?

— Bien sûr que non. J'avais quelques problèmes à régler, rien de plus. Es-tu libre, ce soir?

— Pour toi, je le suis toujours.

— Alors, viens me rejoindre au Dorchester. La voiture

passera te prendre à neuf heures. Il faut que je te quitte, on m'attend sur le plateau. A ce soir.

Et il raccrocha.

*
**

Quand le serveur se fut retiré, Danny versa à Luba du café, qu'elle dédaigna pour se servir un verre de vodka en l'écoutant calmement expliquer ce qu'il lui demandait de faire.

— La porte ne sera pas fermée. Tu entreras, tu iras au pied du lit et tu le regarderas sans dire un mot...

— Pas même bonsoir?

— Ce n'est pas drôle.

— Il te donne vraiment tant de fil à retordre?

— Oui. Il t'a expressément demandée.

Sans répondre, Luba avala une nouvelle rasade de vodka.

— Donc, reprit Danny, tu te tiendras au pied du lit...

— Tu ne fais pas assez de mise en scène toute la journée?

— Ecoute, bon sang, c'est important!

— J'écoute.

— Tu te déshabilleras sans le quitter des yeux, puis tu tireras lentement la couverture et tu le chevaucheras.

— Tu tiens à ce que je le fasse?

— Oui.

— Je ne comprends vraiment pas pourquoi.

— A toi de décider.

Cette fois, elle but une lampée de vodka au goulot.

— Chambre 835, c'est bien ça?

— C'est bien ça.

Elle jeta un coup d'œil à sa montre.

— Bon. Je ferais mieux d'y aller tout de suite.

Elle lui lança un étrange demi-sourire par-dessus l'épaule et quitta la chambre sans rien ajouter.

La porte à peine refermée, Danny faillit la rappeler. Pourquoi cette mise en scène? Pour plastronner devant Bruce, ce rustre imbécile qu'il méprisait? Pour lui prouver qu'il pouvait faire ce qu'il voulait de cette superbe fille? Sa main se posa sur le téléphone. Il était encore temps d'appeler la chambre, de mettre fin à cette mauvaise farce. Pourtant, il ne le fit pas. Il fallait qu'il aille jusqu'au bout. Il avait besoin de commettre cette mauvaise action pour se sauver. Il ne pouvait pas se permettre de tomber amoureux d'une putain...

Il enleva son peignoir, se coucha, ferma les yeux et se força à chercher dans le passé une pensée agréable qui lui permette de s'évader du présent.

Pourtant, une seule image lui vint, qui ne cessait de le hanter ces derniers temps, celle d'un rêve encore inassouvi : Luba, Magda et lui faisant tous les trois l'amour ensemble.

***

Combien de temps s'était-il assoupi ? Depuis quand Luba était-elle revenue ? Il ne l'avait pas entendue rentrer. Elle alluma la salle de bain et alla se remplir un verre à la bouteille posée sur la commode.

— J'espère que tu es content, maintenant. J'ai fait exactement ce que tu m'as demandé. J'ai tiré la couverture...

— Il était nu ?

— Non, en chemise de nuit.

— En pyjama, tu veux dire.

— Non, c'était un déshabillé de dentelle noire.

— Un... quoi ? Un déshabillé de femme ?

— Je ne savais pas qu'on en faisait pour hommes, dit-elle sèchement.

Danny en resta muet de stupeur. Bruce Ryan, le prototype du macho, un travesti ? Il hésita :

— Alors, à ton avis, il serait homosexuel ?

— Je n'en sais rien, mais il est sûrement bizarre.

— Cela lui a plu, au moins ?

— Difficile à dire, il parlait sans arrêt.

— Et que disait-il ?

— A moi, rien. Il parlait au téléphone.

— Au téléphone ?

— Oui. Il s'est tu trois secondes au moment d'éjaculer et il a recommencé tout de suite après.

— A qui parlait-il ?

Luba avala une longue gorgée de vodka.

— A un type.

— Mais non, c'était sûrement une fille !

— Moi, je veux bien. En tout cas, il l'appelait Jim.

— Tu te moques de moi !

— Je te dis la stricte vérité.

— Par exemple !... Je n'aurais jamais cru cela de lui.

— Pourquoi ? Je te l'avais dit que beaucoup de brutes viriles sont pédés comme des phoques. Ce que je ne m'explique toujours pas, c'est pourquoi tu m'as envoyée là-haut.

Danny ne répondit pas aussitôt.
— Pour voir si tu le ferais.
— Je ferai toujours tout ce que tu voudras.
— Non. Tu l'as fait parce que tu es une putain.
— Ah bon? Tu viens de t'en apercevoir?
— Tu ferais n'importe quoi, n'est-ce pas?
— Oui, si c'est toi qui me le demandes, répondit-elle calmement en le regardant dans les yeux.
— Tu n'es qu'une pute, une *kurva* — c'est bien comme cela qu'on t'appelait à Cracovie? Voilà pourquoi tu ferais n'importe quoi! Et le petit marchand de journaux, hein?
Luba ne répondit pas.
— Je t'ai vue à Lisbonne, avec Ryan. Tu n'as pas protesté quand il te tripotait le derrière, non?
— Tu me reproches d'avoir fait ce que tu m'as demandé?
— Oui, parce que tu n'avais pas besoin d'accepter si vite, sans même discuter!
— Tu dis des âneries, Danny.
Il en avait conscience, ce qui n'arrangeait rien.
— Va-t'en, dit-il en s'efforçant de retrouver un peu de dignité — exercice difficile quand on est au lit avec une veste de pyjama pour seul vêtement.
Déconcertée, Luba s'approcha.
— Je n'ai aucune envie de partir. Qu'est-ce qui te chiffonne, Danny? Parle-moi.
— Fiche le camp, t'ai-je dit!
Elle s'arrêta, stupéfaite.
— Mais enfin, qu'y a-t-il?
— Il y a que tu n'avais pas besoin de faire cela!
— Tout ceci est absurde...
— Tu n'es qu'une vulgaire pute, voilà tout!
— Et toi, Danny, qu'est-ce que tu es pour me reprocher d'avoir fait ce que tu m'as demandé? Je vais te le dire: tu n'es qu'un frimeur. Ton personnage, c'est du bidon. Du vent.
Il se leva d'un bond, prit deux billets de cent livres posés sur la table de nuit et les fourra dans son corsage.
— Fous le camp! cria-t-il.
Elle le toisa d'un tel regard qu'il se sentit grotesque devant elle, en veste de pyjama avec ses parties à l'air, et se remit précipitamment à l'abri du drap. Luba leva son verre:
— Bonne nuit, colonel Johnson.
Et elle se retira d'une démarche pleine de fierté.

Colonel Johnson ? Qu'avait-elle voulu dire ? Il se souvint vaguement du mari de sa mère, dont elle lui avait parlé, sans pour autant comprendre l'allusion.

— Garce ! grommela-t-il en se revelant.

Il ramassait son pantalon de pyjama tombé à terre quand il suspendit son geste en voyant, dans le rayon de lumière venu de la salle de bain, les deux billets de cent livres froissés sur la moquette.

Chapitre 12

1987 : BEVERLY HILLS

Danny quitta Londres sans avoir appelé Luba. Il ne la reverrait jamais, ce chapitre de sa vie était clos. Soulagé d'être à bord de l'avion qui l'emportait loin d'elle, il commanda son troisième cocktail depuis le décollage.

Immobile, somnolent, ses longues jambes coincées entre les sièges, il regardait distraitement le ciel bleu parsemé de petits nuages cotonneux. Au bout d'un moment, sur le point de s'assoupir, il obtint d'une hôtesse qu'elle relève les accoudoirs d'une rangée de quatre sièges de milieu en classe économique et le laisse s'y étendre.

Il se rendit d'un pas mal assuré jusqu'à son lit de fortune et s'étira en soupirant d'aise. Le bras relevé devant ses yeux clos, pour s'abriter de la réalité autant que de la lumière, il chercha à plonger dans un sommeil sans rêves. Mais dans son cerveau embrumé par l'alcool, les pensées tournoyaient plus vite que le 747 qui fendait la stratosphère. Luba avait perturbé tout ce qu'il s'était efforcé d'enfouir depuis des années au plus profond de lui-même.

Ma vie entière n'a été qu'un mensonge, pensait-il avec désespoir. A quel moment avait-il dépassé le point de non-retour ? Pourquoi se raccrochait-il obstinément au mensonge d'un enfant terrifié, au mensonge de Moishe, aggravé jour après jour par de nouveaux mensonges censés l'empêcher de se noyer dans le flot sanglant de ses souvenirs ? Il se débattait dans un tourbillon rouge qui l'emportait. Soudain, tout devint noir. Une lueur argentée apparut au loin, grandit, prit l'aspect du crucifix de son père, qu'il dépassa trop vite pour distinguer le visage de l'homme cloué sur la croix avant d'être absorbé par d'épais cumulus, blancs et doux au toucher. Il s'y sentait en sécurité quand le tonnerre éclata ; les nuages devinrent noirs, menaçants, se muèrent en une fumée poisseuse échappée de hautes cheminées à Salzbourg. Dans l'obscurité, des clameurs retentirent : « *Jedermann ! Jedermann !* » Tremblant, il tentait d'échapper aux voix en sautant de toit en toit quand Luba, entièrement nue, surgit devant lui : « Menteur ! Frimeur ! » criait-elle. Il voulut la gifler, mais elle l'esquiva et partit en courant le long du toit. Il la poursuivit en criant : « *Kurva* ! Putain ! » et il était sur le point de la rattraper quand elle disparut derrière une cheminée. Emporté par son élan, il tomba dans le vide.

Pendant sa chute, il vit au-dessous de lui un immense miroir se briser en milliards de morceaux. Les éclats devinrent les étincelles du chalumeau de son père, puis se transformèrent en longues flammes rouges à la lueur desquelles il vit sa sœur Rachel, couchée nue sur un monceau de squelettes. Le commandant du camp, qui se tenait près de là en uniforme, fit éclater un crâne d'un coup de botte que Danny sentit résonner dans sa tête. La douleur le fit sursauter au moment où les roues de l'appareil heurtaient la piste de l'aéroport de Los Angeles et il émergea enfin de son cauchemar, couvert de sueur et en proie à une forte migraine.

L'hôtesse lui tendit une serviette chaude. Il se rafraîchit le visage, se leva, s'étira, se pencha vers un hublot. On ne distinguait rien à travers l'épaisse couche de smog. Danny se demanda ce qui l'attendait derrière ce rideau sale.

⁂

Le chauffeur mit ses bagages dans le coffre de la limousine du studio, Danny se rencogna sur la banquette arrière et ils prirent le chemin de Beverly Hills.

— Pardon, monsieur, Tower Road donne dans Coldwater Canyon ? demanda poliment le chauffeur.

— Non, Benedict Canyon, à côté du Beverly Hills Hotel.

— Merci, monsieur.

C'était un jeune et beau garçon, sans doute un acteur au chômage comme des centaines d'autres. Il parut deviner les pensées de Danny, car il reprit la parole :

— Je suis acteur, monsieur. J'ai vu tous vos films et je les ai beaucoup admirés.

— Merci. Depuis combien de temps êtes-vous chauffeur ?

— Trois mois, pour me dépanner. Mais j'ai un bon rôle en vue à la Paramount.

— Eh bien, je vous souhaite de l'obtenir.

Il coupa court au dialogue en refermant la séparation vitrée. Les jeunes acteurs, naïfs, débordants d'enthousiasme et de confiance, le déprimaient. On voyait peu à peu leur enthousiasme se flétrir pour faire place au désespoir. Chez les filles, c'était encore pire. Combien en avait-il vu entrer dans son bureau d'une démarche conquérante, la taille serrée, la blouse à demi déboutonnée pour exhiber leurs seins ? Celles qui réussissaient étaient bourrées de complexes, telle la ravissante Sylvia Koch, vedette de son film *Buffalo Land*. Avant chaque prise, elle se tournait vers la caméra et l'implorait comme un dieu : « Fais-moi belle ! » Si elle y croyait, après tout, cela marchait peut-être. Il n'y a que la foi qui sauve...

Celles qui échouaient, la vaste majorité, devenaient la proie d'agents et de producteurs sans scrupules qui leur faisaient miroiter des promesses de rôles à seule fin de coucher avec. Le sort des moins jeunes — celles qui devaient se maquiller pour cacher rides et pattes d'oie ou replâtrer les cicatrices d'un tirage de peau bâclé — était encore plus pitoyable. Au début, elles acceptaient des petits cadeaux, parfums, robes, foulards, puis de l'argent, de sorte qu'elles devenaient des prostituées sans même s'en rendre compte.

Luba, elle, savait qu'elle l'était et ne s'en cachait pas. Elle était honnête avec elle-même, avec les autres, et cette franchise constituait sa force — une force que Danny déplorait de ne pas posséder. Mais pourquoi se glissait-elle encore dans ses réflexions ? N'y pense plus ! se dit-il avec colère. Oublie-la une bonne fois ! D'ailleurs, nous nous prostituons tous ! Nous avons tous quelque chose à vendre, le plus souvent nous-même. Eh bien, il refuserait désormais de brader sa dignité, de servir de nounou à un Bruce Ryan ! Pour une fois, la première, il allait consacrer ses forces et son talent à faire un film dont il pourrait enfin être fier.

Il était 17 heures 30 quand la voiture passa devant le Beverly Hills Hotel. En ce moment même, le bar du Polo Lounge grouillait de toute une faune d'agents et de producteurs, qui s'évertuaient à précéder ou à deviner les goûts du public dans l'espoir de tomber sur une mine d'or et qui, faute de mieux, finissaient par se rabattre sur les formules éprouvées, sexe, horreur, violence. Dans ce milieu, *Everyman* et son message idéaliste auraient-ils une seule chance de survivre?...

Quand la limousine s'arrêta devant chez lui, il vit près du garage une Ferrari argent métallisé qu'il ne reconnut pas, stationnée à côté d'une vieille Ford Mustang cabossée. Danny aperçut des raquettes et des boîtes de balles sur la banquette arrière de la Mustang. Elle devait donc appartenir à Bob, son professeur de tennis, qu'il avait autorisé à se servir du court pendant son absence. Il est temps de reprendre l'entraînement, pensa Danny en se tâtant l'estomac.

Il mit pied à terre et dit au chauffeur:

— Laissez simplement les valises devant la porte.

— Tout de suite, monsieur.

— Et je vous souhaite de décrocher votre rôle, ajouta-t-il en lui glissant un billet de vingt dollars.

— Merci beaucoup, monsieur.

Il contourna la maison et monta sur la terrasse. Bob n'était pas sur le court. Danny ne vit que quelques balles gisant à côté du lanceur automatique. Quand il redescendit, la limousine était partie; ses deux valises et son sac de voyage étaient posés près de la porte. Il entra, tira les bagages dans le vestibule. Dans le living, il remarqua que deux des poissons tropicaux flottaient à la surface de l'aquarium, le ventre en l'air. Ce spectacle l'attrista; il avait eu tant de plaisir à observer les gracieuses évolutions et les brillantes couleurs de ces petits animaux. Il avait pourtant chargé quelqu'un de venir régulièrement les nourrir et entretenir l'aquarium. On ne pouvait décidément plus faire confiance à personne...

Dans l'escalier, une âcre odeur de marijuana le prit à la gorge. La chambre était obscure, les rideaux clos. Il s'empressa de les tirer et d'ouvrir la fenêtre en grand. C'est alors qu'il vit Stéphanie et Bob profondément endormis. Le drap ne recouvrait même pas les seins nus de Stéphanie. Danny les dévisagea un moment. Pour être fatigués à ce point, la partie de tennis avait dû être disputée avec acharnement...

Il envoya un coup de pied dans le lit. Bob se réveilla en sursaut. Stéphanie bredouilla quelque chose et se rendormit aussitôt. En reconnaissant Danny, Bob sauta du lit, murmura des excuses, ramassa ses vêtements épars sur la moquette et partit en courant. Danny ne quittait pas Stéphanie des yeux. Elle se retourna en exposant son derrière à l'air. Danny entendit Bob trébucher sur ses bagages et s'étaler dans le vestibule. Stéphanie ne bougeant toujours pas, il lui assena une claque sur les fesses. Elle s'ébroua enfin et ouvrit les yeux.

— Qu'est-ce que tu fais là? demanda-t-elle d'une voix pâteuse.

— Je suis ici chez moi — tu te rappelles?

— Je suis chez moi aussi!

— Non, ma chérie. Aurais-tu oublié que nous sommes divorcés?

Stéphanie se frotta les yeux sans répondre.

— Sers-toi du court quand tu voudras, reprit Danny, mais j'apprécierais que tu restes chez toi pour t'envoyer en l'air.

— Avec Patricia dans la chambre à côté?

Danny se raidit.

— Je croyais qu'elle était à l'école.

— Nous sommes en ce moment au Beverly Wilshire.

— Rhabille-toi, dit-il sèchement.

Danny avait tapissé un coin du living avec des photos de Patricia qui retraçaient les étapes de son enfance: on la voyait en barboteuse dans son parc, faisant ses premiers pas sur la pelouse, pataugeant dans la piscine soutenue par les mains de son père, à cheval sur son premier poney. Il contempla longuement la photo qui les représentait tous les trois sur la plage de Malibu, où ils avaient fêté son dixième anniversaire. Nous avions l'air heureux, se dit-il. L'étions-nous vraiment?...

La photo la plus récente datait de deux ans. Patricia avait quinze ans. Son short révélait ses longues jambes fines, comme celles de sa mère. Elle avait les traits de Stéphanie, son teint clair, ses cheveux blonds. Elle était belle. Danny ne l'avait pas revue depuis plus de quatre mois. Il mourait d'envie de la tenir dans ses bras, de lui parler. Désirait-elle toujours faire des films ? Sortait-elle déjà avec des garçons ? Il ne savait plus rien d'elle...

Hésitant devant le téléphone, son regard tomba sur la bibliothèque aménagée sous l'aquarium. Sur une étagère, quatorze volumes reliés de cuir noir étaient sagement alignés — les scénarios de ses films. Demain, il entamerait le montage du quinzième — sans qu'il y eût aucun dont il pût s'enorgueillir.

Il s'assit près du téléphone, griffonna distraitement sur son agenda. Le montage de *London Rock* lui prendrait à peu près un mois. Aujourd'hui, on était le 3 octobre... Il s'arrêta soudain : c'était le jour du Yom Kippour, le plus sacré des jours saints. Le jour où, dans le Livre de la Vie, s'inscrit le nom de qui doit vivre et de qui doit mourir, de qui périra par l'eau et de qui par le feu.

Ce jour-là, à la ferme, toute la famille jeûnait. Moishe avait très faim, si faim qu'il s'était glissé dans le poulailler et avait subtilisé un œuf. Il venait de percer un trou dans la coquille et commençait à le gober quand il avait vu Tateh, sur le seuil, qui l'observait. Tateh ne l'avait pas grondé ; il l'avait pris par la main et l'avait emmené se promener dans les champs en lui expliquant pourquoi on devait jeûner et consacrer chaque minute de la journée du Yom Kippour à faire son examen de conscience en implorant de Dieu le pardon de ses péchés. Penser que Dieu l'avait surpris en train de gober un œuf au lieu de prier avait effrayé Moishe au point de lui couper l'appétit... Danny éprouva la même terreur sacrée — et il avait commis des fautes autrement plus graves ! Saisi du besoin de prier, il ne sut comment faire — il n'avait pas prié depuis si longtemps. Mon Dieu, pardonnez-moi, parvint-il à formuler. Aidez-moi à sauver ma fille.

Il décrocha, composa le numéro du Beverly Wilshire. Quand on lui répondit que le nom de Patricia Dennison était inconnu, il se rendit compte de son erreur et demanda la suite de M. Stoneham. On décrocha au bout de deux sonneries.

— Oh, c'est toi, papa ! Tu es de retour ?

— Je viens tout juste d'arriver, dit-il en s'efforçant de parler d'un ton joyeux.

— Le tournage s'est bien passé?
— Ç'aurait été encore mieux avec toi.
— J'aurais tant voulu t'accompagner, papa...
Sa voix tremblait comme si elle se retenait de pleurer.
— Je sais, ma chérie. Je suis désolé que les choses ne se soient pas mieux arrangées.
— Tu comprends, c'est parce que J.L....
— Je sais, inutile d'expliquer.
On entendit une sonnette. Patricia s'excusa un instant pour aller ouvrir.
— M. McCracken vient me chercher. J.L. m'attend dans la voiture, il n'est pas content quand je suis en retard.
— Je comprends. Si nous déjeunions ensemble demain?
— J'aurais tant voulu, mais je pars tout de suite avec J.L. pour San Francisco. Je serai revenue la semaine prochaine.
Danny dissimula de son mieux sa déception:
— Bon, j'aurai le temps de démarrer le montage. Disons mercredi prochain. Cela te convient?
— Oui, papa.
– Nous déjeunerons dans l'hôtel, à El Padrino. J'ai hâte de te revoir, ma chérie!
— Moi aussi, papa. Tu ne peux pas savoir à quel point tu m'as manqué.
Elle raccrocha avant qu'il n'ait pu dire au revoir. Bien sûr, elle devait se dépêcher, J.L. attendait... Pourtant, elle avait l'air sincèrement contente de lui parler, se répéta-t-il en allant chercher ses bagages dans le vestibule.
Il remonta dans sa chambre, posa les valises sur le lit défait. Assise devant la coiffeuse, Stéphanie finissait de se maquiller. Danny observa cette femme qui avait été la sienne pendant dix-neuf ans. Sa poitrine était toujours ferme, son ventre plat, ses jambes fines et musclées. Comment faisait-elle pour abuser de son corps avec autant d'alcool et rester belle?
— Charmant retour de voyage, dit-il enfin.
— Que voulais-tu que je fasse?
— Ce n'est pas le fait que je critique mais le choix de l'endroit.
Elle se tourna vers lui:
— Tu n'es même pas jaloux, n'est-ce pas?
— Non.

— Pourquoi diable m'as-tu épousée? M'as-tu jamais aimée?

— Je t'en prie, Stéphanie! Nous parlerons quand tu seras redevenue lucide.

— Je le suis!

Danny ouvrit ses valises tout en réfléchissant à la question qu'elle lui avait posée. L'avait-il réellement épousée par amour, ou s'était-il servi d'elle comme d'un accessoire, pour parfaire le fallacieux décor de sa vie?

Stéphanie se leva et s'appuya à la coiffeuse.

— Je voudrais te l'entendre dire au moins une fois.

— Quoi donc?

— Dis-moi « Je t'aime ». Rien qu'une fois, même si ce n'est pas vrai.

Il releva les yeux. Elle avait l'air triste. Incapable de la regarder en face, il feignit de s'affairer à vider une des valises.

— Peut-être nous sommes-nous tous deux mariés pour de mauvaises raisons, grommela-t-il.

Un long silence suivit.

— J'ai peur, dit-elle enfin.

— De quoi?

— De mon père.

— A ton âge? C'est un peu sot, non?

— Non, et tu le sais très bien! Il ne m'a jamais traitée en adulte. Tu ne m'as pas beaucoup aidée non plus.

— Ah bon? C'est ma faute, maintenant?

— C'est la nôtre, à tous les deux, dit-elle tristement.

Danny ne savait comment lui parler quand elle était si calme. Dans leurs querelles passées, elle devenait hystérique ou piquait une crise de rage, ce qui le dispensait de fournir des réponses sensées. Il était plus commode de mettre fin à la discussion en disant: « Tu as trop bu. »

— Je te suis pourtant reconnaissante, Danny, reprit-elle. Je te dois les seuls moments de bonheur que j'aie jamais vécus. Peut-être attendais-je trop de la vie — et de toi. J'avais espéré que tu serais assez fort pour me libérer de mon père... Sais-tu à quels moments je t'aimais le plus? ajouta-t-elle avec un regard rêveur.

Il s'assit sur le coin du lit.

— Quand tu étais le plus faible, reprit-elle en souriant pour la première fois. Quand tu étais incertain de toi-même et déçu par ton travail, quand tu cherchais en vain comment faire ce film dont tu avais envie — comment s'appelle-t-il, déjà ?

— *Everyman*.

— Le réaliseras-tu un jour ?

— Je l'espère. Maintenant, je sais comment le traiter.

— Raconte. Je suis bon public, tu sais.

— Je suis trop fatigué pour parler.

Stéphanie vint s'asseoir près de lui.

— Je voudrais t'aider, Danny.

— M'aider, moi ? dit-il, stupéfait.

— Oui, je sais, c'est moi qui semble en avoir le plus besoin. Mais si je pouvais faire quelque chose pour toi, je me mépriserais moins — et cela me ferait un bien immense.

Danny se leva, lui tourna le dos. Par la fenêtre, il regarda le crépuscule envahir le jardin.

— Essaie d'abord de t'en sortir, Stéphanie.

Elle l'observa longuement, en silence.

— J'essaierai.

Elle se leva à son tour, prit son sac, quitta la pièce. Danny écouta ses talons claquer sur les marches, dans le living au-dessous de lui. Elle s'arrêta soudain et il entendit comme un cliquetis : Stéphanie remontait l'horloge...

— Merci pour le prêt de l'appart ! cria-t-elle d'un ton trop désinvolte avant de claquer la porte d'entrée.

Le bruit résonna dans son corps et son esprit. La porte s'était refermée sur sa vie avec Stéphanie. Un compartiment de sa vie verrouillé, inaccessible. Un de plus. De combien de portes ouvertes disposait-il encore ?

Le moteur de la Ferrari rugit, les vitesses grincèrent, le gravier crissa sous les roues. Puis le bruit s'atténua, s'évanouit tout à fait. Le silence retomba, oppressant. Dehors, l'obscurité luttait victorieusement contre un somptueux coucher de soleil. Le contour d'une colline se découpait en ocre brûlé sur l'orange du ciel — un tableau de Turner. Les derniers rayons du soleil posaient des reflets d'or sur les feuilles doucement agitées par la brise.

Danny se sentit soudain seul, très seul. Le lendemain, dans les journaux professionnels, *Variety, Hollywood Reporter*, il lirait les notices nécrologiques pour voir si quelqu'un de plus jeune que lui était mort pendant son absence. La disparition de gens plus âgés le rassurait en lui donnant l'espoir de vivre encore assez longtemps pour accomplir quelque chose de valable. A cinquante-cinq ans, il ne se considérait pas comme un vieillard, loin de là. Il retrouverait la forme, il se mettrait au régime, il jouerait de nouveau au tennis... Diable ! Il allait être obligé de chercher un nouveau professeur.

Il alluma les lampes autour du miroir grossissant de la coiffeuse et s'examina d'un œil critique. De profonds sillons lui marquaient le visage, ses tempes étaient grises, des pattes d'oie lui griffaient le tour des yeux. Avec Luba, pourtant, il ne se sentait pas vieux. Sa jeunesse filtrait en lui par osmose. Près d'elle, il pourrait redevenir jeune.

Bing-bong ! La sonnerie caverneuse de l'horloge aggrava son sentiment de solitude. Incapable de le supporter plus longtemps, il décida d'appeler son meilleur ami à la rescousse.

***

Milt arriva quelques minutes plus tard et fit irruption dans la pièce, les mains levées comme s'il capitulait.

— Je plaide coupable ! *Everyman* aura sa chance. Rendez-vous avec Art Gunn mardi à quatorze heures. Et maintenant, je ne veux plus en entendre parler.

Là-dessus, il se rua vers la cuisine. Danny l'intercepta et lui donna l'accolade.

— Merci, Milt...

— De quoi ? Je suis ton agent, je ne fais que mon boulot.

Milt claqua avec dépit la porte du réfrigérateur vide et se rabattit sur une boîte de haricots dénichée dans un placard.

— Je te disais merci d'être venu si vite.

— C'est *toi*, bonhomme, que je devrais remercier de m'avoir sauvé du Yom Kippour ! dit Milt en se démenant avec l'ouvre-boîtes. Que Sarah jeûne si ça lui chante ! Quand tu as appelé, nous partions pour la synagogue...

Il s'interrompit, plongea une cuiller dans la boîte.

— Et alors ?

— Je lui ai dit que c'était pour une urgence. Et je ne mentais pas : j'étais littéralement en train de crever de faim !

Milt s'empiffrait. Danny sourit malgré lui.

— Le malheur, c'est que tu n'as rien à bouffer! Ça ne m'étonne pas. Vous autres, les goyim, vous êtes tous pareils.

— Désolé, je viens tout juste de rentrer.

— Pas grave, déclara Milt, la bouche pleine. J'ai horreur des fayots mais, au moins, c'est bourratif.

Cette fois, Danny rit de bon cœur.

— Tu rigoles, ce n'est pas trop tôt! Au téléphone, tu avais l'air subclaquant. Qu'est-ce qui t'arrive?

— Tout et rien.

— Bon. Me voilà renseigné.

Ils regagnèrent le living. Danny s'accouda à la cheminée tandis que Milt s'étalait sur le canapé. Danny le regarda avec affection. Milt venait toujours quand il l'appelait à l'aide, sans jamais demander pourquoi. Dans tout Hollywood, il était la seule personne sur qui il sache pouvoir toujours compter. Par quel caprice du destin son meilleur ami était-il Juif?...

Danny aborda le sujet favori de son ami.

— Où en sont tes amours avec — comment s'appelle-t-elle, déjà? Yvette?

— N'en parlons plus, tout est fini entre nous.

— Pourquoi donc?

Avant de répondre, Milt repêcha laborieusement des haricots coincés dans les poils de sa barbe.

— Elle est devenue une star — du porno.

— Une... quoi?

— Oui, oui, tu as bien compris: elle fait du porno.

— Pas possible! Je croyais que tu lui obtenais des petits rôles dans de bons films.

— Des *petits* rôles, justement. Elle s'impatientait, elle voulait à toute force devenir une star — et elle a réussi.

— Tu es sûr?

— Evidemment, j'ai vu la cassette: *Le Tour du monde en un quart d'heure*... Elle y fait des trucs qu'elle ne m'avait jamais faits à moi. De quoi pleurer...

Danny eut du mal à ne pas rire.

— N'y pense plus, va! Au moins, tu t'es bien amusé tant que ça durait.

— Oui, c'est vrai. Enfin, ce n'est pas si grave que ça parce que j'en ai rencontré une — je ne te dis que ça!

— Pauvre Milt! Il te faut toujours si longtemps pour te remettre de tes peines de cœur!...

— Non, je ne plaisante pas. Cette fois, c'est différent. C'est du sérieux.

— Vas-y, je t'écoute.

— Marylin est la femme de ma vie! Je lui ai fait avoir la vedette dans un film que j'ai négocié moi-même. En ce moment, elle tourne en extérieur à Tucson... Je commence à ne plus savoir quoi dire à Sarah pour aller là-bas, ajouta-t-il en lançant à Danny un regard implorant.

— Alors, là, Milt, mettons tout de suite les choses au point: je n'ai strictement aucune raison d'aller à Tucson.

— Ne t'inquiète pas, bonhomme, on t'en trouvera.

— C'est bien ce que je craignais, soupira Danny en se laissant tomber dans un fauteuil.

— Ecoute-moi, Danny: elle a une classe folle, elle est splendide et sa famille est bourrée de fric — son père est le patron d'une grosse agence boursière.

— Aurait-il J.L. Stoneham dans sa clientèle?

— Hein?

— Non, rien. Continue.

— Elle est tombée amoureuse de moi — si, je te le jure! J'ai tout fait pour l'éviter, bien entendu. Mais elle avait des difficultés avec un rôle et elle m'a demandé de lui donner un coup de main le soir, après les heures de bureau...

— J'imagine le genre de coup de main!

— Bref, c'est elle qui m'a sauté dessus. Elle a un de ces tempéraments! J'en suis encore soufflé, pour une fille avec une telle classe... Tu t'imagines, elle, amoureuse d'un petit Juif du Bronx? En fait, elle en avait par-dessus la tête des bals de débutantes et des jeunes imbéciles snobs.

— Elle n'habiterait pas Long Island, par hasard?

— Non, dit Milt, déconcerté par l'interruption. Comme je te disais, il lui fallait un type comme moi, sensé et avec les pieds sur terre, pour la sauver de sa vie superficielle.

Danny était stupéfait de voir Milt aussi sérieux.

— Je lui ai dit que j'étais trop vieux pour elle, mais cela ne lui fait ni chaud ni froid. Si tu la voyais — une splendeur! Dina Merrill jeune, en mieux. Je suis mordu, je l'avoue. Entre nous, c'est le grand amour, le vrai. Avec elle, je me sens presque devenir gentil...

— C'est formidable, dit Danny sans conviction.

— Et elle est jalouse comme une tigresse! reprit Milt en se

rengorgeant. Une fois, elle m'a fait une scène parce que Sarah m'avait appelé au bureau. Elle ne veut pas me partager avec une autre, tu te rends compte? Je t'envie, tu sais, poursuivit Milt avec un soupir. Toi, au moins, tu es divorcé. Moi, j'ai toujours Sarah pendue à mon cou comme un carcan.

— Nous avons tous un carcan au cou, mon vieux Milt, répondit Danny d'un ton si sérieux que Milt sursauta.

— Qu'est-ce qui t'arrive? Des problèmes?

— Ouais, plutôt.

— Tu ne m'as donc pas demandé de venir uniquement pour te donner des nouvelles de mes amours?

— A vrai dire, non.

— Vas-y, je t'écoute. De quoi s'agit-il?

— De Luba.

— La fille de Londres dont tu m'as parlé?

— Oui.

— Mais... Je croyais que c'était fini?

— Crois-moi, Milt, j'ai tout essayé. J'aurais honte de te dire ce que j'ai fait pour la dégoûter de moi. Je n'arrête pas de penser à elle — je crois bien que j'en suis amoureux.

— Amoureux? Tu plaisantes, bonhomme! Je te l'ai déjà dit au téléphone, une fille comme elle ne te causera que des ennuis. Enfin, voyons, ce n'est qu'une pute...

— N'en rajoute pas, Milt! déclara Danny sèchement.

— Soyons sérieux, Danny! dit Milt d'un ton conciliant. Tu me l'as dit toi-même qu'elle faisait ce métier-là. Elle est peut-être même en train de baiser Dieu sait qui pendant que nous parlons.

Chapitre 13

1987 : LONDRES

Sa peau noire luisante de sueur, Bobby Thomas poussa un grognement, se tourna sur le côté et sombra dans l'inconscience. Alice, sa femme, remonta le drap sur lui, fit signe à Luba de la suivre à la salle de bain et ramassa les capsules vides des *poppers*, qu'elle jeta dans les toilettes.

— Ma parole, il est increvable ! soupira Luba.

— Pour le moment, il serait plutôt crevé, répondit Alice en s'asseyant sur le bidet.

Bobby Thomas avait débuté la soirée par sa représentation au Palladium devant un public enthousiaste. Après le spectacle, ils étaient allés tous les trois boire un verre au Tramp's pour finir dans la suite du Savoy, où ils se trouvaient maintenant. La nuit avait été encore plus agitée que d'habitude. Insatiable, Bobby passait sans arrêt d'Alice à Luba avant de les prendre toutes les deux à la fois.

Luba se rhabilla et attendit avec impatience qu'Alice finisse de se recoiffer. Finalement, elle n'y tint plus :

— Je crois que je n'ai plus de monnaie pour le taxi.

— La voiture est en bas.

Avec un sourire méprisant, Alice continuait à se brosser les cheveux en fredonnant. Luba serra les dents. Alice attendait qu'elle la supplie, elle le savait.

— Si tu avais quelque chose, ça me rendrait service.

Alice cessa de fredonner mais pas de sourire, tendit la main vers son sac posé à côté du lavabo, y prit deux billets de cent livres et les donna à Luba.

— Ne te fatigue pas à dire bonsoir à Bobby, dit-elle en disparaissant dans la chambre.

Seule dans la luxueuse salle de bain en marbre, Luba regarda la coiffeuse, jonchée de coûteuses babioles de chez Cartier ou Tiffany. Difficile de résister à la tentation... Avec un soupir, elle sortit dans le couloir désert.

Elle connaissait l'hôtel par cœur. Le liftier la salua avec une politesse exagérée, le portier souleva sa casquette en ouvrant la portière de la limousine de Bobby. Elle jeta un coup d'œil à sa montre : 4 heures 15, déjà. Le chauffeur démarra sans mot dire, visiblement furieux d'avoir dû attendre jusqu'à cette heure indue. Luba n'y prêta pas attention. Elle commençait à en avoir assez de Bobby et d'Alice. Leurs séances auraient pu être amusantes s'ils n'étaient pas aussi radins. Comme trop de célébrités, ils avaient tendance à croire qu'il fallait les payer pour avoir le privilège de coucher avec. Danny était généreux mais elle n'avait jamais voulu accepter de lui un sou. Elle eut une bouffée de tristesse en pensant qu'elle ne le reverrait sans doute jamais.

La voiture freina brutalement devant sa porte.

— Bonsoir, Joe, dit-elle au chauffeur.

Il grommela quelque chose d'incompréhensible et démarra pendant que Luba refermait la portière. Elle pêcha ses clefs dans son sac et monta l'escalier en se traînant. Elle n'avait pas arrêté de la journée ni de la nuit, le jour se levait, elle était morte de fatigue. En allumant dans le vestibule, elle déclencha les jappements apeurés du caniche.

Magda apparut, à demi endormie.

— Bon sang, Magda, tu ne peux pas garder ce chien dans ta chambre ? Il aboie pour un rien !

— Il est encore tout petit, il se calmera.

Magda le prit dans ses bras, lui embrassa la truffe. Elle ne voulait plus d'autre compagnie que son « Petit Danny » et vivait pratiquement en recluse dans l'appartement. Luba n'avait plus un instant de solitude quand elle en avait le plus besoin, c'est-à-dire quand elle peignait.

Elle se déshabilla dans la salle de bain, se regarda dans la glace. Elle avait des mèches de cheveux collées sur le front et les joues par de la sueur et du sperme. Trop fatiguée pour prendre un bain, elle s'essuya avec une serviette et sortit.

Magda était toujours au même endroit. Luba la dépassa sans s'arrêter, entra dans sa chambre — Dieu merci, elles avaient chacune la leur. Magda la rappela :

— Luba ! Mme McKeever est encore venue demander le loyer.

— Dans mon sac, répondit-elle sans se retourner.

La porte refermée, elle se laissa tomber sur son lit. A son arrivée à Londres, elle avait eu des remords d'abandonner sa mère, mais elle s'était vite accoutumée à vivre seule et à disposer d'une pièce pour en faire son atelier. Elle souffrait d'autant plus de cette nouvelle cohabitation que le fardeau de leur entretien reposait désormais sur elle seule. Après avoir trimé pendant deux ans pour ce salaud, Magda n'avait retrouvé que trois cents livres ! Où était le reste ? Il en avait sûrement mis de côté bien davantage, l'hôtel n'avait pas désempli de la saison et elles travaillaient sans salaire.

La porte s'ouvrit. Luba fit semblant de dormir.

— Luba !... Luba !...

Exaspérée, elle se redressa.

— Je suis crevée ! Qu'y a-t-il, encore ?

Magda s'avança prudemment

— Deux cents, ce n'est pas assez pour le loyer.

— Et alors ? Que veux-tu que j'y fasse ?

— Nous avions promis... nous avons un mois de retard...

— C'est tout ce que j'ai.

Luba se recoucha en lui tournant le dos. Magda n'osait pas insister — Luba se fâchait pour un rien depuis le départ de Danny — mais il fallait faire quelque chose.

— Nous devons pourtant trouver de l'argent...

— Tu as une idée ?

— Tu pourrais vendre un tableau, hasarda timidement Magda. Mme McKeever veut depuis longtemps t'en acheter un. Cela suffirait à payer le loyer un moment.

— Non.

— Tu en as tellement, dans le placard...

— J'ai dit non ! Je ne veux pas les vendre.

— Alors, comment allons-nous faire ?

— Et si tu te décidais à en gagner, *toi* ? cria Luba en sautant du lit. Va donc faire la pute à ton tour, on verra si tu te défends mieux que moi ! C'est toi qui me l'as appris, non ?

Elle ouvrait et refermait bruyamment des tiroirs à la recherche d'un paquet de cigarettes.

— Je me débrouille mal, peut-être? En tout cas, je n'ai pas pu en avoir plus ce soir. Va vendre ton cul, pour changer!

Magda était pétrifiée. Luba trouva enfin ses cigarettes et en alluma une sans réussir à se calmer.

— Pourquoi es-tu revenue m'empoisonner la vie? reprit-elle sur le même ton sans regarder sa mère. A chaque fois que tu as un problème, il faut que ce soit moi qui paie. Ça suffit! J'en ai marre, tu entends? Plus que marre!

Quand elle se retourna, Magda avait quitté la pièce sans qu'elle l'ait entendue. Luba écrasa rageusement sa cigarette, se jeta de nouveau sur le lit et essaya de s'endormir.

En vain. Il est trop facile de faire mal à quelqu'un qu'on aime. Magda avait été une bonne mère. Elle avait quitté Brodki pour Cracovie dans l'espoir d'améliorer leurs vies. Elle avait su prendre ses responsabilités. Après leur évasion, elle avait espéré les sauver toutes deux par son mariage avec le sinistre colonel Johnson, qui l'avait avilie et brisée. Luba l'imagina dans l'escalier, penchée sur le cadavre pour prendre la clef du bureau. Elle l'a fait pour moi aussi, se dit Luba avec une bouffée de remords. Elle tremblait de peur mais elle l'a quand même fait. Comment ne pas l'admirer? Personne ne saurait jamais ce qu'elles avaient partagé — pas même Danny.

Pleine de remords, Luba retint sa respiration, tendit l'oreille. N'entendant rien, elle se leva, entra sans bruit dans la chambre de Magda, se glissa dans son lit et la serra dans ses bras.

— Pardonne-moi, maman, j'étais énervée, je n'ai jamais voulu te dire ces choses-là...

Couchée sur le côté, Magda lui tournait le dos et ne bougeait pas. Luba la secoua doucement.

— Allons, Magda, ne fais pas semblant de dormir. Dis-moi que tu me pardonnes.

Elle la prit par l'épaule, la remit sur le dos. Magda se laissa faire sans résister. Luba se sentit soudain glacée d'effroi. En tendant la main pour allumer la lampe de chevet, elle renversa une fiole vide. Magda gisait, inerte, la bouche béante, le regard aveugle.

Paralysée d'horreur, Luba se mit à hurler.

— Magda! Magda!

Elle la gifla de toutes ses forces. Un gargouillement, un râle s'échappait de ses lèvres. Elle respirait à peine. En sanglotant, Luba la secoua plus fort et se remit à la gifler pour tenter de la faire revenir à elle.

***

HOLLYWOOD

Danny n'était jamais entré avec autant d'appréhension dans le bureau d'Art Gunn. Depuis des années, à chaque nouveau film, Milt organisait le rendez-vous, Art Gunn le laissait parler et l'interrompait au bout de quelques phrases en disant « Allez-y ». Cette fois, Danny allait lui proposer un film totalement étranger à ses goûts et les choses ne se passeraient sans doute pas aussi bien.

— Asseyez-vous, dit Art Gunn sans se lever de derrière le terrain de football qui lui tenait lieu de bureau. De quoi parlons-nous d'abord, *Paris Rock* ou *Rome Rock* ?

Danny lança à Milt un regard implorant.

— Ne commencez pas, Art ! le rabroua l'agent. Vous savez bien que nous sommes venus discuter d'un nouveau film. *Everyman*.

Art Gunn tira une bouffée de son cigare, sans se soucier de faire tomber des cendres sur sa cravate, et jeta ostensiblement un coup d'œil à sa montre.

— Bon, j'écoute. Mais faites vite.

A travers l'écran de fumée, Danny distinguait mal l'expression de son visage. Depuis qu'il le connaissait, Art Gunn avait perdu des cheveux et gagné des kilos ; seul son caractère bourru restait inchangé.

— Il s'agit d'un film, commença Danny, que je sens là, dans mes tripes, depuis des années...

— Ça m'a déjà l'air trop mélodramatique.

— Je vous en prie ! intervint Milt. Ne critiquez pas avant de savoir.

— D'accord. Racontez-moi ça en trois phrases.

D'un seul coup, Danny eut un trou. Un trou noir. Il ne savait plus par où commencer. Seul chez lui ou à son bureau, tout était limpide, il voyait chaque scène avec précision. Maintenant, tout se brouillait, il ne voyait plus rien. Pour se donner une contenance, il se leva et fit les cent pas.

— J'ai déjà réalisé quinze films pour Ace Films...
— Et ils ont bien rapporté, grommela Art Gunn.
— Vous n'avez jamais eu besoin de lire mes scénarios...
— Inutile, j'ai du flair.
— Vous m'avez fait confiance...
— Absolument.
Les deux poings sur le bureau, Danny se pencha vers lui :
— Me faites-vous toujours confiance ?
Immobile, Art regardait alternativement Milt et Danny. Les cendres s'accumulaient dans un repli de sa cravate.
— Pourquoi ai-je la pénible impression d'être soumis à un chantage ? dit-il enfin.
— Avez-vous confiance en moi ? répéta Danny.
Art hésita.
— Oui, bien sûr. Mais combien cela va-t-il me rapporter ? Donnez-m'en au moins un *vague* aperçu, dit-il avec un ricanement qui fit tomber la pile de cendres sur son pantalon.
— C'est un thème universel qui passionnera tous les publics — il s'agit de faire l'inventaire de son existence...
— Si nous parlons d'inventaire, l'interrompit Art avec un gloussement, je vais faire venir mon comptable.
— Je vous en prie ! s'indigna Milt.
— Bon, d'accord, restons sérieux. J'écoute.
Danny s'éclaircit la voix.
— Je vais essayer de vous le résumer en trois phrases. Au début, un artiste est sur son lit de mort. Il récapitule sa vie passée et nous voyons comment il a prostitué son talent. Quand il décide de se repentir, il est trop tard.
Danny se rassit. Art dévisagea alternativement Milt et Danny en exagérant sa mine effarée.
— C'est *ça*, votre film ?
— Oui.
— Je sens comme une odeur de navet.
— On ne résume pas un thème universel en trois phrases, répliqua Danny en s'efforçant de garder son calme.
— Je veux bien, mais.... c'est ce thème-là qui vous est resté sur l'estomac pendant des années ? Vous auriez pu vous en débarrasser avec une pincée de bicarbonate !
Milt bondit sous l'outrage :
— Je ne laisserai pas insulter mon client !
— Calmez-vous, mon vieux...

— Je tiens à vous rappeler, poursuivit Milt en agitant un index vengeur, que Danny se tenait ici même il y a des années en essayant de vous vendre un film pour la jeunesse adapté du conte *Le Prince et le Mendiant*. L'idée ne vous plaisait pas non plus — jusqu'à ce que vous ayez vu les recettes. Combien de millions ces « films de gosses », comme vous disiez, vous ont-ils rapporté depuis ?

— Ne nous énervons pas ! dit Art en mordillant son cigare réduit à l'état de mégot. Ce que vous dites était vrai à l'époque, aujourd'hui il est question d'autre chose. Mais continuez, Danny, je vous écoute.

Danny garda le silence.

— Eh bien, Danny, vous êtes fâché ? dit Art avec un large sourire.

— Je ne suis pas fâché, je suis furieux ! répondit-il en se levant. J'estime avoir payé assez cher le droit de ne pas mendier pour faire un film qui me plaise. Je m'en vais. Adieu.

— Quoi ? s'exclama Art, qui de stupeur lâcha son mégot.

— Vous m'avez compris : J'en ai fini avec Ace Films.

Danny tourna les talons et fonça vers la porte. Levé d'un bond, Milt le retint et l'exhorta à garder son sang-froid. Art lui-même se leva pesamment et, pour la première fois de sa carrière, contourna son bureau.

— Vous ne pouvez pas nous quitter comme ça ! Vous êtes sous contrat avec nous.

— Votre contrat, mettez-vous-le où je pense ! Je trouverai un autre studio pour réaliser mon film comme je l'entends.

— Suffit, Danny ! dit Art en l'empoignant aux épaules. Le studio, vous l'avez déjà : Ace Films.

Danny se laissa entraîner jusqu'au canapé. Art le fit asseoir à côté de lui et lui passa un bras sur les épaules.

— Voilà ce que je vous propose : vous ferez votre film chez nous, mais avec un budget limité — et vous aurez intérêt à ne pas le dépasser.

Danny se détendit. Art Gunn possédait le don unique de se faire apprécier alors même qu'on était prêt à le haïr...

Milt rapprocha son siège.

— Je vais tout de suite préparer les contrats.

— Pas si vite ! dit Art en le foudroyant du regard. J'y mets une condition : à titre de garantie financière, vous nous ferez *Paris Rock*...

Il sortit un nouveau cigare de sa poche et lui trancha le bout avec ses dents avant d'ajouter :

— Et *Rome Rock*.

Milt bondit de sa chaise :

— Quoi ? hurla-t-il. *Rome Rock* ? Et puis quoi encore ? Pas question, vous entendez ? Pas question !

— OK, je suis un homme raisonnable, dit Art en allumant son cigare. Supprimons *Rome Rock*. De toute façon, les Ritals l'auraient sans doute foiré

Danny n'écoutait déjà plus, il était aux anges. Il allait enfin pouvoir commencer à réaliser son chef-d'œuvre.

*
**

— Je ne t'avais jamais vu aussi enragé, bonhomme, lui dit Milt quand ils eurent quitté le bureau d'Art Gunn. Tu m'as fait peur quand tu l'as menacé de partir. Tu étais sérieux ?

— Tout à fait.

— Tu es cinglé ? Si Ace Films avait refusé, quel autre studio espérais-tu trouver ?

— J'aurais pu le vendre à la Columbia.

— Columbia ? Ils changent de patron plus vite que Zsa Zsa Gabor de mari ! Aucun n'y reste assez longtemps pour qu'on lui raconte une histoire du début à la fin. Et maintenant, il est question qu'ils soient repris par les Japonais.

— Quand ils font une grosse connerie, eux, au moins, ils se font hara-kiri.

Le bruyant éclat de rire de Milt fut interrompu par le voiturier qui lui ramenait sa Mercedes.

— Je ne me souviens pas bien de ton *Everyman*, dit-il en remontant Gower Street, je l'ai lu il y a trop longtemps. Mais le résumé que tu en as fait pour Art Gunn — la vie, la mort, l'inventaire, tout ça...

— Quoi, ça ne te plaît pas non plus ?

— Je ne veux pas dire ça mais... je ne sais pas. Ça me rappelle un peu trop Kafka.

Danny lui lança un regard interrogateur.

— Mais si, rappelle-toi, je t'en avais parlé. Le film de Joe Epstein.

— Ah, oui ! Un de tes premiers clients. De quoi s'agissait-il, déjà ?

— D'un Juif qui attend à la porte d'un juge pour savoir de quel crime il est accusé.

— Et alors? Que se passe-t-il?

— Rien. C'est toute l'histoire.

— C'est absurde!

— Tu es un goy, Danny. Il faut être Juif pour comprendre. Joe était simplement un peu trop Juif.

— *Everyman* ne parle pas de rien! Il est question de...

— Ecoute, bonhomme, je t'adore mais ton histoire est trop intellectuelle pour mon goût. Laisse-moi parler! De toute manière, mon opinion ne compte pas. Je m'occupe des contrats, tu t'occupes de ton film. Art Gunn t'a donné le feu vert, c'est l'essentiel. Alors vas-y. Fonce — et ne te casse pas la figure.

***

BEVERLY HILLS

A la fois heureux et inquiet, Danny endossa sa veste de tweed préférée et se prépara pour son déjeuner avec Patricia. En descendant Rodeo Drive, il vit un gros ours en peluche dans la vitrine d'un magasin de jouets et, sur une impulsion, entra l'acheter. Craignant d'être en retard, il paya et partit en courant sans attendre qu'on l'emballe.

Son ours sous le bras, il arriva à El Padrino et s'avança dans la salle en cherchant Patricia des yeux.

— Hé! Danny! le héla une voix.

Bruce Ryan était assis entre ses deux âmes damnées, en face d'une jolie fille qui le contemplait avec adoration.

— Enchanté, dit Bruce en serrant la patte de l'ours.

Ses commensaux rirent servilement. Danny l'imagina en négligé de dentelle, le salua d'un geste et voulut poursuivre son chemin. Bruce le retint par la manche.

— Désolé que ça n'ait pas marché pour le film tiré du bouquin de Sidney Sheldon. Je me suis bagarré pour t'avoir, mais *on* a imposé Jeff Kanew.

— Jeff est un excellent réalisateur. Et puis, je suis occupé en ce moment.

— Ah, oui? Qu'est-ce que tu nous prépares?

Le maître d'hôtel le sauva en venant lui annoncer qu'on l'attendait à sa table.

Le cœur battant, Danny se faufila entre les tables. Il arrivait devant celle qu'il avait réservée quand il s'arrêta net: J.L. Stoneham dardait sur lui son regard glacé.

— Où est Patricia?

— Asseyez-vous. Je vous présente M. McCracken.

Un gros homme boudiné dans un costume à carreaux inclina la tête. L'estomac noué, Danny se laissa tomber sur la banquette, le plus loin d'eux possible, et posa l'ours à côté de lui.

— Que désirez-vous boire?

— Rien, merci. J'attendrai Patricia.

— Elle ne viendra pas.

— Plaît-il?

J.L. Stoneham avala posément une longue gorgée de son cocktail. L'autre, un verre d'eau devant lui, ne bougeait pas.

— J'ai rendez-vous avec ma fille, reprit Danny.

— Elle ne veut pas vous voir, répondit Stoneham sans changer d'expression.

Danny lutta contre la nausée.

— Je ne vous crois pas. Je l'attendrai.

— Eh bien, vous attendrez longtemps, répondit Stoneham avec un sourire sarcastique.

Il fit signe à son compagnon, qui posa un billet sur la table. Quand les deux hommes se levèrent pour se retirer, Danny n'y tint plus.

— Vous n'avez pas le droit! Je suis son père...

— La Nature commet parfois des erreurs.

— Espèce de salaud!

A demi levé, Danny l'empoigna à la gorge. Avant qu'il n'ait pu réagir, le gros homme lui avait saisi le poignet qu'il serrait avec la force d'un étau et le rabattait brutalement sur la table. Indifférent aux regards curieux qui se tournaient vers eux, Stoneham rajusta sa cravate et se pencha vers Danny.

— Surveillez vos manières, petit voyou. Et n'oubliez pas que vous êtes divorcé.

— De votre fille, pas de la mienne! Je n'ai jamais signé ces torchons de papier...

— Stéphanie l'a fait. Consultez donc un avocat. Elle a la garde de sa fille, dont je suis le tuteur légal.

Aveuglé par une brume noire, Danny baissa la tête. Il sentit qu'on lui lâchait le poignet, il entendit les pas des deux hommes s'éloigner. Un serveur vint prendre les verres vides et le billet de vingt dollars.

— Monsieur désire-t-il consulter la carte?

Danny releva la tête.

— Non. Apportez-moi une double vodka.

A la deuxième, sa nausée s'apaisa mais son poignet restait douloureux. A côté de lui, l'ours semblait l'observer de son regard inexpressif. Quand le serveur lui apporta sa troisième double vodka, Danny lui demanda une feuille de papier et une enveloppe. Il chercha longuement quoi écrire. Quand le verre fut vide, il se rabattit sur une banalité:

Courage, ma chérie, ton papa n'est pas loin.

Il laissa de l'argent sur la table, prit l'ours sous son bras, se leva — et dut se rattraper au dossier de la banquette. Conscient d'être plus ivre qu'il ne le pensait, il s'efforça de quitter la salle sans tituber. Le maître d'hôtel le suivit des yeux avec inquiétude.

Il traversa le hall jusqu'à la réception et posa l'ours et l'enveloppe sur le comptoir.

— Veuillez faire porter ceci à Patricia Dennison, dit-il en essayant de ne pas bafouiller.

— Un instant, s'il vous plaît.

Avec un regard dédaigneux à l'ivrogne qui vacillait devant lui, l'employé prit l'enveloppe et alla consulter un registre. Danny se cramponna au comptoir dans l'espoir de conserver un minimum de dignité. L'ours semblait le dévisager de ses yeux en boutons de bottine.

Le réceptionniste revint un instant plus tard en déclarant d'un ton hautain qu'il n'y avait pas de Patricia Dennison enregistrée à l'hôtel.

— Si, j'en suis sûr! dit Danny d'une voix pâteuse.

— Je regrette, monsieur.

Un déclic se fit dans son esprit embrumé:

— Patricia Stoneham, alors?

— Oui, en effet, Mlle Stoneham est chez nous.

L'employé ratura *Dennison* et écrivit *Stoneham*, sous le regard de Danny qui luttait pour retenir ses larmes.

***

Il se fit remmener chez lui en taxi. Une fois arrivé, il monta en trébuchant l'escalier de la terrasse, entra dans le court de tennis, remplit de balles le lanceur automatique et prit la première raquette qui lui tomba sous la main. Quand la machine commença à cracher ses projectiles, il tapa de toutes ses forces, comme si c'était la tête de J.L. Stoneham qui s'écrasait sur la raquette et qu'il renvoyait au diable, par-dessus le grillage, jusque dans le bois dominant la terrasse.

La machine vide, Danny éprouva une merveilleuse exaltation, comme s'il avait réellement massacré J.L. et son gros porc de compagnon. Avec un cri de victoire, il jeta sa raquette en l'air, prit son élan, bondit par-dessus le filet — et s'écrasa à plat ventre de l'autre côté.

Il revint à lui en entendant crier son nom :

— Danny, j'arrive ! Désolé d'être en retard !

Milt surgit en tenue de tennis au coin de la maison et stoppa net en voyant Danny, accroupi par terre, qui s'essuyait machinalement les mains sur sa chemise.

— Qu'est-ce que tu fabriques ? Je croyais que nous devions jouer ?

Danny leva vers lui un regard flou.

— Tu es saoul, ma parole ! reprit Milt.

Danny se leva et se dirigea en titubant vers la maison. Milt lui ramassa sa veste et courut le rejoindre à la porte de derrière. Danny se tâta les poches sans y trouver sa clef, brisa la vitre d'un coup de pied et ouvrit de l'intérieur. Milt ne l'avait jamais vu dans un état pareil. Avec un haussement d'épaules fataliste, il le suivit dans la cuisine en évitant les éclats de verre. Danny se mit longuement la tête sous le robinet de l'évier et s'essuya avec son pan de chemise.

— Il n'est pas un peu tôt pour boire autant ? demanda Milt. As-tu déjeuné, au moins ?

— Non. On m'a posé un lapin.

La tête lui tournait encore. Il précéda Milt dans le living et s'allongea sur le canapé, les mains sous la nuque.

— Je me sens comme eux, si tu veux tout savoir, dit-il en montrant l'aquarium où deux autres poissons flottaient, le ventre en l'air.

Milt ôta ses lunettes, frotta les verres.

— Qu'est-ce qui ne va pas ?

— Rien qui t'intéresse, Milt. De toute façon, je n'ai pas envie d'en parler.

— Allons, bonhomme ! Je te raconte tous mes problèmes, moi. Vas-y, dis-moi ce que tu as sur le cœur.

— Si tu savais dans quel merdier je suis...

Danny prit une profonde aspiration, ferma les yeux et déballa d'une traite sa mésaventure d'El Padrino. Quand il les rouvrit, Milt l'observait de derrière ses lunettes.

— Tu sais, Danny, je crois que ton beau-père t'a quand même donné un bon conseil.

— Lequel ?

— Aller voir un avocat. Fais-le, Danny. Informe-toi précisément sur tes droits et tes possibilités de recours. Je parie que Steve Gordon sera capable de débrouiller ton affaire. Appelle-le le plus tôt possible.

Danny réussit à sourire.

— Un ami comme toi, Milt, c'est précieux. Je me sens presque mieux.

— Dans l'immédiat, tu as surtout besoin de manger quelque chose. Reste ici, regarde le match, dit Milt en lui lançant le boîtier de commande à distance du téléviseur. Je vais te préparer un sandwich — à condition que je trouve quelque chose dans cette fichue baraque.

Danny zappa distraitement à la recherche du match annoncé. Malgré son humeur sombre, le tintamarre provenant de la cuisine le fit sourire. Il était sur le point de se lever pour aller aider Milt quand le son de la télévision attira son attention.

« *L'ambition, l'appât du gain peuvent être des sentiments très sains. Il ne faut pas en avoir honte.* » Le sourire satisfait d'Ivan Boesky s'étalait sur l'écran. On entendit les acclamations de la foule, puis la voix du présentateur : « *Nous venons de voir M. Boesky s'adresser il y a deux ans à une promotion d'étudiants en économie de UCLA. Aujourd'hui, M. Boesky purge une peine de prison pour délit d'initié...* »

— Tu vois ! Voilà un type qui a de vrais problèmes, dit Milt qui revenait avec une assiette sur laquelle il avait jeté pêle-mêle des tranches de pain de seigle et le contenu d'une boîte de sardines. Quand on pense qu'il a claqué cent millions de dollars pour gratter deux malheureux millions.

— Quel besoin cet imbécile avait-il de voler ? grommela Danny. Lui et ses semblables gagnent légalement tous les ans des dizaines de millions.

— Ils en veulent toujours plus... A propos de « toujours plus », bonhomme, je vais être obligé de te laisser manger seul, j'ai rendez-vous avec Marylin. Tu as son numéro, n'est-ce pas ?

— Oui. Si Sarah t'appelle, je lui dis que tu viens de partir et je sonne l'alarme, promis.

— Toi, tu es un frère !

— Comment ça marche, avec elle ?

— Du tonnerre !

Danny se leva et regarda l'assiette sans appétit. Les sardines le firent penser à ses poissons morts. Il repêcha les deux qui flottaient dans l'aquarium, les posa sur l'assiette et saupoudra des graines à la surface de l'eau. Les quatre survivants se précipitèrent pour les avaler.

La télévision bourdonnait en sourdine. Un mot ressortait çà et là — *junk bonds*, OPA hostiles, fusions —, le nouveau vocabulaire de la corruption... Danny sursauta soudain en entendant : « *Et voici M. Ted Rosemont, ancien président de la Security Bank de Los Angeles, franchissant la porte de la prison fédérale de Lompoc.* » Danny se retourna, stupéfait : Rosemont, le protégé de Stoneham ! Son sourire semblait nettement moins éclatant derrière les grilles que refermaient les *marshals* fédéraux. « *M. Rosemont a été condamné à deux ans de prison pour des détournements de fonds portant sur plus de cinq millions de dollars.* »

Danny éteignit le téléviseur, mais le reportage continua de l'obséder. Boesky, Rosemont — de vulgaires chapardeurs à côté de J.L. Il était habile, le salaud ! Il savait comment dévaliser ses semblables sans encourir les foudres de la loi.

Danny alla vider l'assiette dans la poubelle. Le visage de J.L., en face de lui à la table du restaurant, le hantait. En voilà un qui devrait faire son examen de conscience. Le jour du Jugement, son trésor ne le sauvera pas de la damnation...

Danny assena un coup de poing sur le comptoir et poussa un juron. *Everyman* était un conte moral qui fustigeait le lucre et la corruption. Il ne s'agissait pas du tout d'un artiste qui prostitue son talent, il s'était laissé aveugler par son propre complexe de culpabilité. Le parallèle était évident ! Pourquoi n'y avait-il pas pensé plus tôt ? Danny savait désormais où il devait mettre en scène *Everyman*.

A Wall Street.

⁂

Danny eut autant de mal que d'habitude à dénicher un emplacement libre dans le parking souterrain du 1888 Avenue of the Stars, à Century City. Il s'en répéta le numéro, tout en sachant qu'il l'oublierait et passerait une heure à chercher sa Jaguar dans le labyrinthe des rampes et des niveaux du parking. Son anxiété monta presque aussi vite que l'ascenseur qui l'emportait vers le dix-huitième étage. Le cabinet d'avocats comportait un nombre d'associés aussi impressionnant que celui qui représentait J.L. On l'introduisit sans attendre dans le bureau de Steve Gordon. Danny lui exposa la situation en faisant les cent pas devant la baie vitrée — sans même se rendre compte que, pour une fois, le smog n'obstruait pas la visibilité et que, de là-haut, on voyait scintiller le Pacifique.

— Voilà où j'en suis, Steve, conclut-il en s'appuyant au dossier d'un fauteuil. Comment vais-je récupérer ma fille ?

L'avocat réfléchit.

— Pour commencer, Danny, asseyez-vous et détendez-vous.

Danny ne bougea pas.

— Inutile de me faire des discours et de m'abrutir avec votre jargon, Steve. Oui ou non, puis-je faire quelque chose ?

— Calmez-vous, mon vieux. Je suis père de famille, moi aussi, je comprends ce que vous éprouvez. Quel âge a Patricia ?

— Dix-sept ans.

— Soyez gentil, venez vous asseoir là, à côté de moi. Vous me donnez le tournis.

Danny se laissa entraîner vers le canapé.

— Pour répondre en deux mots à votre question, reprit Steve, je crains qu'il n'y ait pas grand-chose à faire.

— Vous voulez dire que je n'ai plus aucun droit ? Que Stéphanie m'en a dépouillé en signant ce torchon ?

— Non, Danny. La signature de Stéphanie n'a aucune incidence réelle sur ce qui nous occupe.

— Alors, pourquoi ne pas intenter un procès ? Je veux me battre contre ce fumier, même si j'y laisse mon dernier sou !

— Toute votre fortune n'y suffirait sans doute pas et vous seriez empêtré dans les procédures et le jargon que vous voulez justement éviter, sans pour autant vous garantir de récupérer votre fille, répondit l'avocat. Supposons que nous allions en justice : Patricia sera appelée à témoigner. Elle a dix-sept ans, presque l'âge de la majorité. N'importe quel juge, quels que soient les arguments juridiques en cause, lui demandera de choisir entre son grand-père et vous. Souhaitez-vous vraiment la soumettre à une telle épreuve ? En ami, autant qu'en avocat, je ne puis vous y encourager. Ne mettez pas votre fille au pied du mur, Danny.

Les dents serrées, une paupière clignant nerveusement, Danny l'avait écouté sans mot dire.

— Que puis-je faire, alors ?

— Patientez, ne perdez pas le contact avec votre fille. Faites-lui savoir que vous l'aimez quoi qu'il arrive. Elle vous reviendra d'elle-même, vous verrez.

— Stoneham l'empêche de me voir ! Il la garde comme une prisonnière. Je n'arrive même pas à lui téléphoner.

— Persistez, Danny. Ce ne serait pas la première fois qu'on verrait l'amour paternel l'emporter sur la Justice.

⁂

Avant de quitter l'immeuble, Danny fit halte au bureau de Milt, deux étages plus bas. Milt avait changé de camp quelque temps auparavant et quitté la *Famous Artists* pour la *PCA*, où il occupait un vaste bureau. Danny y venait rarement et ne pouvait s'empêcher de rire des touches décoratives imposées par Sarah. La mode Far-West battait alors son plein ; Milt siégeait donc à une table de bois mal équarri dont les pieds semblaient menacer de s'écrouler d'une minute à l'autre.

Milt était au téléphone. Quand Danny entra, il écourta la conversation.

— Alors, comment ça s'est passé avec Steve ?

— Tu avais raison, je me sens mieux. Merci.

— De rien. Je peux faire autre chose pour toi ?

— Oui : m'accorder ton attention pendant cinq minutes.

Milt se carra dans son fauteuil Navajo.

— Je suis tout oreilles, bonhomme.

— J'ai complètement modifié *Everyman*. Le film débutera sur une séance de conseil d'administration, présidé par un redoutable *raider* de Wall Street...

— Halte là ! Ce film a déjà été fait.

— Lequel ?

— *Wall Street*, tu en as entendu parler?

— Cela n'a rien à voir, Milt! Il n'y aura que le début et la fin qui se passeront à Wall Street.

— J'ai quand même une impression de déjà vu.

— Ecoute-moi, au moins! Pendant le générique, on entend une sirène d'ambulance. Le président Edward Everyman, victime d'une crise cardiaque, est emmené d'urgence à l'hôpital. A partir de là, on découvrira sa vie en flash-back pendant qu'il attend la mort.

— C'est gai! Il n'y aurait pas un peu de sexe dans ton histoire, par hasard?

— Rien que pour te faire plaisir, j'y mettrai deux ou trois filles à poil, dit Danny en se forçant à sourire.

— C'est toujours ça... Et après?

— Nous passerons sa vie en revue, scène par scène. On verra, par exemple, des travailleurs réduits à la misère parce qu'il aura démantelé leurs usines — cette partie-là n'est pas finie, j'y travaille. Peu à peu, Everyman se rendra compte de tout le mal qu'il a fait par cupidité, mais il n'aura plus le temps de s'amender. Pour la fin, je pense à quelque chose de spectaculaire — dans le délire de l'agonie, par exemple, il se reverra jeune courtier au Stock Exchange, et tombera foudroyé en pleine séance, quelque chose de ce genre. Qu'en penses-tu?

— Au moins, ton histoire est d'actualité. On voit ça tous les soirs à la télévision.

— Exactement, Milt! C'est une histoire d'aujourd'hui.

Danny se leva, content d'avoir enfin réussi à faire comprendre son idée. Il ouvrait la porte quand Milt le rappela:

— Dis donc, bonhomme, ce film va sûrement te mettre dans les petits papiers de ton charmant beau-père!

Ses gloussements de joie résonnèrent jusqu'au fond du couloir.

***

En mettant la clef dans la serrure de la porte d'entrée, Danny entendit la sonnerie du téléphone. Peut-être était-ce Patricia, elle avait dû recevoir son ours et son petit mot. Il se précipita et décrocha, hors d'haleine:

— Patricia?

— Non, Danny, c'est Stéphanie.
— Où est Patricia?
— Dieu sait où avec J.L., comme d'habitude.
Stéphanie parlait d'une voix calme, posée. Danny sentit revenir la douleur au creux de son estomac.
— A-t-elle reçu mon cadeau?
— Oui, je m'en suis moi-même assurée.
— Merci. Il lui a plu?
— Enormément.
La douleur s'apaisa un peu.
— Je t'appelle parce que... je me demandais si nous pouvions dîner en parlant tranquillement. Je pourrais venir préparer quelque chose, tu sais que je suis bonne cuisinière.
Les délicieuses recettes de Stéphanie lui auraient fait plaisir, en effet. Il s'entendit cependant répondre:
— Non, merci, je n'ai vraiment pas faim.
— Dommage. J'aurais aimé que nous nous rencontrions une dernière fois avant mon départ.
— Où pars-tu?
— En Inde.
— Que vas-tu faire là-bas?
— Echapper aux psychiatres de J.L.
— Ils te feraient peut-être du bien.
— Toute ma vie, j'ai été submergée sous les psys! J'ai besoin d'autre chose. On m'a parlé d'un monastère bouddhiste au sommet d'une montagne. Peut-être y trouverai-je des réponses aux questions que je me pose.
— Pourquoi aller si loin, Stéphanie? Réfléchis.
— J'ai déjà réfléchi. Il me faut enfin un peu de paix.
— Un monastère bouddhiste... Cela me paraît absurde.
— Pour toi, toutes les religions sont absurdes.
— Que veux-tu dire, au juste?
— Depuis le baptême de Patricia, tu n'as pas remis les pieds dans une église.
Cette réflexion l'agaça.
— En réalité, tu fuis tes responsabilités, Stéphanie! Tu devrais rester, Patricia a besoin de toi.
— Je ne peux plus rien pour elle, Danny. J.L. a déjà trop profondément planté ses griffes.
— Elle est quand même encore notre fille!
La voix de Stéphanie se brisa.

— Crois-tu ? dit-elle juste avant de raccrocher.

Danny resta devant le téléphone, songeur. Il regrettait de s'être montré si dur. Stéphanie faisait des efforts, mais son projet de départ en Inde ressemblait plutôt à un geste de désespoir. Inquiet, il faillit la rappeler. Il préféra commander à un fleuriste une gerbe de roses blanches. Stéphanie adorait les roses blanches. Il jugea inutile de joindre sa carte. Elle comprendrait.

***

Le lendemain, déterminé à voir Patricia avant que J.L. ne la remmène à Long Island dans son jet, Danny retourna au Beverly Wilshire.

Posté dans le hall, près de la porte tambour, il observa l'entrée du nouveau bâtiment de l'hôtel, de l'autre côté de la cour intérieure. Au bout d'une longue attente, il vit enfin J.L., suivi de son gros garde du corps, qui marchait d'un pas vif en tenant Stéphanie par le bras. Stéphanie tenta deux fois de se dégager avant d'être poussée dans la limousine. Pauvre Stéphanie, pensa-t-il. Se faire traiter à son âge comme un enfant indiscipliné. Ce tyran infligerait-il un jour à Patricia ce genre d'humiliations ?

A peine la voiture se fut-elle éloignée que Danny traversa la cour et prit l'ascenseur pour la suite privée de J.L. Patricia ouvrit la porte et se jeta dans ses bras avec un cri de joie.

— Papa ! C'est toi !

Elle courut chercher son ours en peluche.

— Si tu savais comme il m'a fait plaisir ! Il est encore plus beau que celui que j'avais quand j'étais petite.

— J'espérais bien que tu ne l'avais pas oublié.

Il la contemplait, ému aux larmes. Elle ressemblait à sa mère, elle était déjà presque une femme — mais encore enfantine, avec son ours dans les bras...

— Oh, papa, j'étais désolée que tu aies dû décommander notre déjeuner. J.L. m'a transmis ton message. J'avais de la peine, mais je sais que tu es débordé de travail.

Stupéfait, Danny aurait voulu crier que J.L. était un ignoble menteur. Il garda pourtant le silence. A quoi bon blesser davantage cette pauvre enfant désorientée ?

Patricia appuya l'ours contre le vase de roses blanches que Danny avait fait livrer à Stéphanie.

— Nounours aime beaucoup s'asseoir dans le jardin, dit-elle avec un rire espiègle.

— Il a raison, les fleurs sont très jolies.

— Elles sont à maman. Je ne sais pas qui les a envoyées, il n'y avait pas de carte, mais elle était très contente.

Danny la fit asseoir à côté de lui sur un canapé.

— Où est ta mère?

— J.L. l'a emmenée chez le médecin. Elle ne voulait pas y aller. Je ne comprends pas ce qu'elle a, poursuivit Patricia en déchiquetant nerveusement un pétale de rose. Elle se dispute tout le temps avec J.L. Il est pourtant si gentil, il fait tout ce qu'il peut pour l'aider.

— Les choses ne sont pas toujours aussi simples qu'elles n'en ont l'air, ma chérie.

— Je comprends pour le divorce, papa. J.L. m'a expliqué. Cela ne nous empêchera pas de travailler ensemble sur un de tes films, j'espère? dit-elle en le regardant avec tristesse.

— Bien sûr que non, ma chérie.

— J.L. n'aime pas le cinéma. Tu pourrais peut-être lui expliquer comment on fait des films, il n'y comprend rien. Parle-lui, papa, il ne va pas tarder à rentrer.

— Une autre fois, ma chérie. On m'attend au studio, il faut que je m'en aille. Occupe-toi bien de Nounours, dit-il en la serrant dans ses bras.

— Promis!

— Et n'oublie jamais, quoi qu'il arrive, que je t'aime de tout mon cœur.

– Moi aussi je t'aime, papa.

— Tu seras toujours ma petite fille à moi?

— Toujours, toujours.

Dans l'ascenseur, Danny essuya ses larmes. Dieu merci, il n'avait pas perdu sa fille. Un jour, ils redeviendraient proches l'un de l'autre comme ils l'étaient naguère.

Les portes de l'ascenseur s'ouvrirent au rez-de-chaussée. Danny leva les yeux. En face de lui, J.L. Stoneham le dévisageait. Immobiles, les deux hommes s'affrontèrent du regard.

— Ne prenez pas mes menaces à la légère, dit enfin J.L. Je vous écraserai.

Chapitre 14

1987 : NORTH PHILADELPHIA, PENNSYLVANIE

— Grand-père ! Grand-père !

La fillette sauta de sa bicyclette et monta en courant les marches de la véranda.

— Quoi encore, petiote ?

A demi étendu sur une balancelle, le grand Noir à la carrure athlétique malgré son âge essuya d'un revers de main la sueur qui lui perlait au front et se remit à sculpter l'empennage d'un avion en bois.

— Il y a un monsieur important qui veut te parler !

Par-dessus la tête de la petite fille, il vit un gros homme boudiné dans un complet à carreaux qui louvoyait entre les bacs de géraniums fabriqués avec de vieux pneus.

— Important, tu dis ?

Le gros homme arriva et lui tendit la main.

— Je m'appelle McCracken et je cherche Tyrone Louis.

— Ne cherchez plus, vous l'avez trouvé.

— Avez-vous servi dans le quarante-quatrième bataillon de parachutistes du corps des *marines*, pendant la Seconde Guerre mondiale ?

— Je plaide coupable ! répondit Tyrone en riant.

— Accepteriez-vous de me raconter certains de vos souvenirs de guerre, monsieur Louis ?

Tyrone lui fit de la place sur sa balancelle.

— Venez vous asseoir, monsieur McCracken.

***

Deux sets de tennis et douze longueurs de piscine avaient fait de Danny un autre homme. Il se surprit à siffloter en se rendant à son cabinet de travail, sa pièce préférée, construit sur la terrasse, contre le mur de la chambre à coucher, après la naissance de Patricia. Il y travaillait mieux que dans son bureau du studio; il aimait surtout s'y sentir libre de regarder les arbres ou de piquer une tête dans la piscine quand l'inspiration le fuyait ou quand les soucis l'accablaient.

Lily Kane, l'assistante que Milt lui avait dénichée, démarrait le traitement de texte pour leur séance de travail. Récemment diplômée de l'école de cinéma de USC, Danny appréciait son intelligence, sa franchise et son caractère enjoué.

— Vous êtes de bonne humeur ce matin, monsieur Dennison.

— Oui. Tâchons de ne pas m'en faire changer.

— D'accord, dit-elle en riant. Allons-y.

Danny commença à dicter:

— Scène de l'assemblée générale des actionnaires. Un ouvrier métallurgiste se lève dans le public et s'adresse au président, Edward Everyman: « Vous piétinez les Dix Commandements, vous idolâtrez le Veau d'Or, vous voulez... »

— Excusez-moi, l'interrompit Lily. Dans la bouche d'un ouvrier, ne trouvez-vous pas cela un peu... pompeux?

Danny lui lança un regard agacé.

— Non, de grâce, monsieur Dennison, ne changez pas d'humeur! s'écria-t-elle avec un clin d'œil complice.

Danny sourit malgré lui.

— OK, essayons autre chose. Mais, pour l'amour du ciel, cessez de me donner du « Monsieur Dennison ». Je m'appelle Danny.

— Oui, monsieur... Danny.

— Bon, il y a du progrès. Et maintenant, que diriez-vous de ceci: « Vous vous en mettez plein les poches à nos dépens! L'argent, il n'y en a pas pour tout le monde. Quand vous vous enrichissez, nous autres on s'appauvrit. »

— C'est mieux, oui.

Danny l'observa discrètement. Sans maquillage, ses yeux bleus aux reflets verts, à la fois pleins d'innocence et pétillants d'intelligence, simplement soulignés d'un trait de crayon, elle avait une beauté fraîche et robuste évoquant les jeunes paysannes qu'on voit rire au soleil dans des tableaux de peintres français. Elle faisait parfaitement son travail. Ses questions, toujours pertinentes, le forçaient à réfléchir et à peser avec plus de soin les mots qu'il mettait dans la bouche d'Everyman.

Il reprit sa dictée en faisant les cent pas:

— Le président répond avec froideur: « Vous semblez ignorer que j'ai des obligations à remplir envers les actionnaires de cette société. » Le métallurgiste s'écrie: « Mais c'est vous le principal actionnaire! C'est votre peau que vous défendez! » Le président bondit, furieux: « C'est cela le capitalisme! Que voudriez-vous, le communisme? »

— Pardon, monsieur Den... Danny, l'interrompit de nouveau Lily, le président n'a-t-il pas raison?

— Pas dans ce sens-là, Lily. Je veux dénoncer ceux qui abusent du système capitaliste pour s'enrichir par un trafic de bouts de papier. Les spéculateurs, les manipulateurs boursiers ne produisent aucune richesse tangible.

— Ne produisent-ils pas, justement, des capitaux qui permettent à des cinéastes comme vous de faire leurs films?

— Belle mentalité, bougonna Danny.

Nullement démontée, Lily attendit sa vraie réponse.

— Dans ce film, dit-il en s'asseyant près d'elle, je parle des *raiders* qui ravagent l'économie. Ils ne créent pas d'entreprises, ils ne bâtissent pas d'usines, ils n'investissent pas dans la recherche ou la mise au point de nouveaux produits. Ces gens-là s'emparent d'une société, liquident tout ce qui a de la valeur et empochent le bénéfice. Je sais de quoi je parle: mon beau-père est un champion, à ce jeu-là.

— Comment peut-on les stopper?

— Je ne sais pas. J'espère simplement que mon film braquera les projecteurs sur le problème. Je voudrais faire comprendre au public que le jour du Jugement approche plus vite qu'on ne croit et qu'il est temps de faire son examen de conscience — que faisons-nous, où allons-nous, qu'attendons-nous de la vie? J'espère poser dans mon film les questions essentielles. J'en ai assez des navets comme *London Rock*.

— Je l'ai vu en avant-première. Il m'a plu.

— Vraiment ?
— Oui. Je l'ai trouvé léger, distrayant.
— Dans ce cas, *Everyman* doit vous faire périr d'ennui.
— Pas du tout ! Je n'avais jamais travaillé sur un projet de cette envergure. *Everyman* pourrait devenir un classique, dit-elle avec un regard chargé d'une sincère admiration.
Danny se sentit rougir. Quand elle se retourna vers l'écran de l'ordinateur, il regarda ses doigts danser sur le clavier. Consciente d'être observée, elle leva les yeux.
— Quelque chose qui cloche ?
— Non, rien... Je pensais simplement à ce poème de Robert Browning, vous savez : « Dieu est dans Son paradis, tout va bien dans l'Univers. »

*
**

BEVERLY HILLS

— Tu feras ce que je te dis ! tonna J.L. Le chauffeur viendra te chercher ici, à l'hôtel. Tu seras prête à temps et tu iras à ce rendez-vous. Est-ce clair ?
La discussion durait depuis une demi-heure. Une fois de plus, Stéphanie refusait de se rendre chez le psychiatre.
— Non, papa ! Je vous en supplie ! Je ne veux pas, je ne *peux* pas ! Il voudra encore m'enfermer dans une maison de fous, comme il m'en a déjà menacée. Pour une fois, laissez-moi mener ma propre vie et me débrouiller seule.
— Je ne veux plus entendre parler de ta lubie d'aller en Inde. Je sais mieux que toi ce qu'il te faut.
— J'ai passé ma vie à voir des médecins ! s'écria-t-elle. Vous m'avez mis dans des maisons de santé ! Rien ne m'a aidée à devenir ce que je voudrais être !
— Assez ! dit J.L. en se dirigeant vers la porte. Tu es exactement comme ta mère.
— Vous savez comment elle a fini !
Il lui lança un regard méprisant.
— Quand m'accepterez-vous enfin telle que je suis ? cria Stéphanie d'un ton implorant. Je suis adulte...
— Non. Tu n'es qu'une enfant irresponsable.
Désespérée, Stéphanie courut vers lui et le prit par le bras pour tenter de l'empêcher de sortir.
— Je n'irai pas ! J'ai une famille, une fille, un mari. Mon mari saura m'aider, lui.

Un sourire sarcastique apparut sur les lèvres de J.L.

— Décidément, Stéphanie, tu as perdu contact avec la réalité. Tu n'as plus ni fille ni mari.

Elle lui lâcha le bras, se laissa tomber à genoux.

— Je rammène Patricia à Long Island cet après-midi. Toi, tu resteras ici jusqu'à ce que tu aies retrouvé un peu de sens commun. Si tu en es capable.

Et la porte claqua derrière lui.

⁂

NEW YORK

Le combiné à l'oreille, Danny faisait les cent pas dans sa chambre du Waldorf. En passant devant la fenêtre, il pouvait voir au-dessous de lui Slim qui l'attendait devant la limousine. Ils avaient rendez-vous à Wall Street avec le décorateur et le régisseur pour le petit déjeuner, ils étaient en retard, mais Danny voulait auparavant téléphoner à la Stoneridge Academy. Quand on décrocha enfin, on lui dit que Patricia était partie en avance passer les vacances de Noël à Gstaad. Danny fut cruellement déçu. Il avait espéré reprendre leur affectueuse mais trop courte conversation du Beverly Wilshire et, peut-être, passer le week-end avec elle.

Quand il apparut enfin sur le trottoir de Park Avenue, Slim consulta ostensiblement sa montre.

— C'est bien toi, patron, qui insistais pour commencer de bonne heure?

Danny ne répondit pas. Le décorateur et le régisseur avaient été chargés de repérer les lieux et d'obtenir les autorisations de tournage le dimanche, quand le Stock Exchange est désert. Il ne restait à Danny et à Slim qu'à approuver et finaliser les dispositions prises par les deux autres.

Par la vitre, Danny regarda défiler le paysage urbain, en transposant par l'imagination les tours de verre du World Trade Center dans celles de la cathédrale de Salzbourg, qui formaient le fond du décor de *Jedermann*.

— Cette fois, je tiens la scène qui donnera son impact au film, Slim... Hé! Tu veux bien m'écouter?

Habitué à véhiculer des banquiers, le chauffeur avait placé deux exemplaires du *Wall Street Journal* sur la banquette arrière. Slim fixait des yeux la une du journal. Danny suivit son regard. Une manchette s'étalait sur trois colonnes :

STONEHAM RAFLE LES ACTIONS ACE FILMS.
RAID BOURSIER OU ACQUISITION ?

Danny lut fébrilement. L'article disait que les achats massifs des titres Ace Films effectués par J.L. Stoneham avaient déjà fait grimper leur cote de douze points ; on s'interrogeait sur l'objectif poursuivi : simple spéculation, dans ce secteur de la communication toujours volatile, ou prélude à une OPA hostile ? Danny décrocha le téléphone de la limousine et réveilla Milt à Los Angeles.

— J'ignore tout, bonhomme ! Je n'ai encore rien lu.

— Qu'est-ce que je deviens, moi, dans cette histoire ?

— Calme-toi ! Il ne s'agit peut-être que d'un faux bruit. Laisse-moi le temps d'en parler à Art Gunn. Je le vois mal se faire avaler sans réagir.

— Tout le monde a un prix, tu le sais mieux que moi.

— Oui, mais l'objet d'un studio de cinéma consiste quand même à faire des films, bonhomme. Cela ne changerait rien.

— Je te dis que Stoneham veut s'emparer d'Ace Films à seule fin de m'éliminer, Milt !

— Il pourrait aussi bien t'écraser comme un cancrelat sans y engloutir un demi-milliard de dollars.

— Tu ne connais pas cet individu.

— Pas de panique ! N'oublie pas que tu es sous contrat, Art te l'a lui-même rappelé avec son exquise délicatesse. Continue comme si de rien n'était et laisse venir.

Pendant leur conférence, Danny eut du mal à prononcer deux phrases cohérentes. Slim discuta seul du choix des lieux de tournage et des autorisations.

De retour au Waldorf, Slim prit Danny aux épaules :

— Si je pouvais t'aider en quoi que ce soit...

— Merci, Slim. Depuis vingt ans, j'essaie de monter ce film. Maintenant que j'ai trouvé le traitement et que je dispose de l'argent pour le réaliser, mon ex-beau-père vient tout flanquer par terre.

— Allons, rien n'est encore perdu, Danny.

Découragé, Danny remonta dans sa suite. Il ouvrit la porte et s'arrêta, effaré : assis sur le canapé, le gros homme en complet à carreaux se leva.

— Qu'est-ce que vous foutez là? gronda Danny.

L'autre sortit de sa poche une liasse de papiers.

— Je suis venu vous communiquer un message de M. Stoneham.

— Communiquez-le et sortez.

— M. Stoneham me charge de vous dire qu'il renoncera à prendre le contrôle d'Ace Films si vous signez ces documents.

— Allez dire à M. Stoneham que je l'emmerde!

— Je vous remercie.

Le gros homme replia ses papiers, les remit dans sa poche et sortit en bousculant Danny sur le seuil.

***

Cette nuit-là, littéralement asphyxié par sa haine envers J.L. Stoneham, Danny fut incapable de trouver le sommeil. Il se sentait seul, impuissant. Il avait besoin de parler, d'entendre une voix amie. N'y tenant plus, il décrocha le téléphone.

— Luba... Danny, parvint-il à articuler.

Le silence fut si long qu'il crut qu'elle avait raccroché.

— Luba, tu es toujours là?

— Oui.

— J'aurais dû t'appeler plus tôt, mais...

— Mais quoi?

— Je te dois des excuses.

— N'en parlons plus.

Il y eut un nouveau silence.

— Luba... tu me manques, laissa-t-il échapper.

— Moi aussi — et je m'en veux.

Il eut du mal à reprendre la parole.

— Voilà, je me disais que... Je suis à New York pour quelques jours et...

— Tu n'es donc pas loin.

— Trois heures en Concorde.

Le silence retomba.

— Viens, Danny. J'ai envie de te revoir.

— Je ne pourrai rester que le week-end.

— Eh bien, tu descendras chez moi.

***

Luba lui parut sincèrement heureuse de le revoir. Elle accrocha ses vêtements dans la penderie, rangea son pyjama et sa trousse de toilette.

— Où est Magda ?

— Elle a été malade.

— Rien de grave, j'espère ?

— Elle va mieux. Elle récupère chez des amis, à Weymouth.

— Je suis désolé de l'avoir manquée.

— Elle le regrettera aussi. Elle s'est prise de beaucoup d'affection pour toi, au Portugal.

— Vraiment ?

Danny ne décela dans son expression aucun sous-entendu.

— Va te rafraîchir pendant que je prépare le dîner. Tu verras, je suis presque aussi bonne cuisinière que Magda.

— Veux-tu un coup de main à la cuisine ?

— Tu te débrouilleras sûrement mieux au lit ! répondit Luba en riant. Va faire ta toilette et sers-toi à boire.

Danny explora les lieux, dont il n'avait rien vu lors de sa seule visite nocturne. Il s'y sentit bien. L'appartement était petit, modeste mais impeccable. Il y avait des géraniums aux fenêtres. Sur une table, il vit des photos de Luba qui essayait de se vieillir et de Magda qui s'efforçait de se rajeunir. Il les trouva aussi belles l'une que l'autre. Elles auraient fait fortune à Cracovie, se dit-il en se versant un verre de vodka.

Il s'allongea paresseusement sur le tapis. Luba revint avec deux bougies allumées. Elle les posa sur la table et éteignit les lampes.

— Je suis heureuse que tu sois venu, Danny.

— Moi aussi. Raconte-moi une histoire.

Luba éclata de rire.

— Ne me dis pas que tu as fait cinq mille kilomètres rien que pour entendre un conte de fées !

— Tu n'y couperas pas par de mauvaises plaisanteries !

— Décidément, tu ne changeras jamais...

La sonnerie du four électrique retentit.

— Sauvée par le gong ! Ton histoire attendra.

Quand elle fut retournée à la cuisine, Danny poursuivit son exploration. Ayant remarqué dans un coin plusieurs toiles tournées vers le mur, il en prit une au hasard et poussa

un cri de stupeur. Inquiète, Luba passa la tête par la porte.
— Mais... c'est nous, au Portugal !

Le tableau représentait deux silhouettes nues sur une plage. L'eau reflétait les rayons de la lune dans un ciel pourpre. Danny pouffa de rire.

— Cela n'a rien de drôle, dit Luba.

— C'est merveilleux, au contraire. Mais où est donc la pluie d'étoiles filantes ?

Luba ne se dérida pas.

— Remets ce tableau où tu l'as pris.

Elle regagna la cuisine, s'occupa à couper le pain. Danny vint s'adosser au montant de la porte.

— Ce tableau est très beau. Tu as beaucoup de talent, j'espère que tu en es consciente.

Luba n'était pas habituée à entendre des compliments sur sa peinture, qu'elle ne montrait à personne à l'exception de Magda. La tête baissée, elle ne sut que répondre.

Danny la prit au menton et la regarda dans les yeux. Elle rougit.

— Tu es réellement intimidée ! s'écria-t-il, stupéfait.

— Personne n'a le droit de regarder mes tableaux.

— Incroyable ! Tu es capable de t'exhiber nue sans ciller devant vingt personnes et tu rougis quand on te fait des compliments sur ta peinture !

— Tu ne comprendrais pas. Ma peinture, c'est trop... personnel, trop intime. Va, laisse-moi finir le dîner.

Danny regagna le coin de la pièce, retourna les tableaux les uns après les autres — et poussa un nouveau cri de surprise devant le dernier, un cheval à tête humaine. Luba entrait à ce moment-là avec deux assiettes à soupe.

— Danny, je t'en prie, laisse ces tableaux. Viens manger.

— Mais, c'est moi ! Tu m'as représenté en centaure !

— Je ne comprends pas de quoi tu parles.

— Le centaure est un personnage mythologique...

— Viens manger, la soupe va refroidir.

Danny obéit, sans cesser de regarder le tableau.

— Sais-tu ce qu'il me rappelle ? dit-il un instant plus tard. L'étalon gris que nous avions à la ferme quand j'étais petit. Je n'oublierai jamais la première fois que je l'ai vu monter une jument — je ne savais même pas ce qu'il faisait ! Ma sœur et moi le regardions, fascinés, jusqu'à ce que ma mère...

Il s'interrompit brusquement.

— Eh bien? Qu'a-t-elle fait, ta mère?
— Je parle trop, la soupe va refroidir.
— Où cela se passait-il?
— Quoi donc?
— Ta ferme. Où était-elle?
— Euh... aux environs de Syracuse.
— Elle était grande?
— Non, pas très.
— Vous aviez beaucoup de chevaux?
— Arrête cet interrogatoire. Laisse-moi manger ma soupe.

L'appétit coupé, il n'en avala cependant pas plus de deux cuillerées. Une fois de plus, il s'était laissé surprendre. Comment avait-elle réussi à lui en faire dire autant?...

Son brusque changement d'humeur désarçonna Luba. Qu'est-ce qui l'avait troublé de la sorte? Elle allait devoir inventer quelque chose pour lui changer les idées le plus vite possible.

***

Une sonnerie persistante tira Danny de son sommeil. Il ouvrit les yeux. Nue, assise en tailleur sur le lit, Luba buvait une tasse de café. La sonnerie retentit de nouveau.

— Qui est-ce? demanda-t-il.
— Rick, le petit livreur de journaux dont je t'ai parlé. Il vient se faire payer, comme tous les dimanches.
— Il a l'air de s'impatienter.
— Je vais lui ouvrir.

Elle se dirigea vers la porte, en négligeant de prendre son peignoir tombé par terre. Danny l'entendit parler dans l'interphone et déclencher la gâche électrique.

Danny se redressa. Au Portugal, il avait été plus irrité qu'émoustillé par l'allusion de Luba au jeune homme. Maintenant, il se sentait franchement mal à l'aise.

Il tendit l'oreille en entendant la porte d'entrée.

— Bonjour, Rick! Je dormais, je n'ai même pas eu le temps de passer un peignoir.

Danny ne comprit pas la réponse du jeune homme.

— Une tasse de café?
— Non, merci, m'dame, fit une voix à l'accent cockney.

Il y eut un silence, suivi de bruits indistincts et du rire de gorge de Luba.

— Au fait, Rick, M. Dennison est là. Tu voulais faire sa connaissance, viens donc.

— Non, non! dit l'autre, affolé.

— Mais si.

Luba entra. Elle tenait par la main un grand adolescent maigre, entièrement nu lui aussi. Effaré, Danny se demanda comment elle faisait pour manœuvrer les gens avec tant de facilité.

— Danny, je te présente Rick. Il rêve de devenir acteur. Il a un bon physique, qu'en penses-tu?

Elle s'exprimait comme s'ils étaient tous trois habillés et se rencontraient dans un cocktail mondain.

— Euh... bonjour, m'sieur, dit le jeune Rick, rouge de confusion, en se contorsionnant pour dissimuler son érection.

Danny ouvrit la bouche sans pouvoir proférer un mot. En parfaite maîtresse de maison, Luba continuait d'alimenter la conversation.

— Oh! Je sais ce qui ferait plaisir à Rick.

Elle prit un *popper* dans le tiroir de la table de nuit. D'un seul mouvement, elle brisa la capsule sous le nez de Rick qu'elle poussa sur le lit et elle en fit aspirer une bouffée à Danny, qui sentit aussitôt sa gêne se dissiper.

A compter de cet instant, Danny perdit tout contrôle de lui-même. Dans une succession confuse d'images plus puissamment érotiques les unes que les autres, il fut seulement conscient de son plaisir en sentant palpiter dans sa bouche le sexe de Rick que Luba y glissa ; il éprouva des sensations inconnues quand il atteignit l'orgasme dans la bouche de Luba en voyant Rick la pénétrer avec une frénésie maladroite. Luba brisait de temps à autre une capsule de ce produit miraculeux qui effaçait la honte et exacerbait le désir.

Danny baignait dans une sorte de stupeur irréelle quand il entendit Luba déclarer d'un ton plaisant :

— Oh! mais il est tard, Rick! Il faut que tu continues ta tournée. Je te paierai la semaine prochaine.

Sans mot dire, le jeune homme alla se rhabiller dans l'autre pièce. Une minute plus tard, la porte se referma.

Luba se tourna vers Danny avec un regard adorateur. Il restait immobile, les bras croisés au-dessus de ses yeux clos.

— Qu'ai-je fait, grand dieu? murmura-t-il enfin.

Elle l'embrassa affectueusement, lui passa la main dans les cheveux en riant.

— Pourquoi dis-tu cela ?

— Je me suis souillé, avili...

— N'exagère pas ! protesta Luba en riant de plus belle.

Danny ne répondit pas. Elle le couvrit de baisers sans qu'il réagisse.

— Je vais refaire du café, dit-elle.

Elle avait à peine quitté la pièce que Danny se leva et fit sa valise à la hâte. Luba revint, la cafetière à la main.

— Voilà, tout frais, tout chaud !...

Elle s'immobilisa sur le seuil, stupéfaite.

— Que fais-tu ?

— Je m'en vais.

Il finit de se rhabiller en évitant de la regarder.

— Pourquoi, Danny ?

Il ne répondit pas.

— Qu'y a-t-il ? Ce que nous avons fait t'a déplu ?

Il gardait toujours le silence.

— Je croyais que cela t'amuserait d'essayer quelque chose de nouveau. Tiens, bois du café, tu te sentiras mieux.

Il ne prit pas la tasse qu'elle lui tendait.

— Enfin, voyons, dit-elle en souriant, ce n'est pas de faire un pompier une fois qui te transformera en pédé...

Il la gifla avec une telle force que la tasse alla valser à l'autre bout de la pièce. Ebahie, incrédule, elle le vit prendre sa valise et sortir en courant presque.

Bien entendu, il n'y avait pas un taxi à l'horizon. Bouillant de fureur, Danny arpenta la rue. Il aurait voulu être déjà à cent lieues. Milt avait raison : une putain ne pouvait ne lui procurer qu'ennuis et désillusions. L'habileté avec laquelle Luba l'avait manœuvré le confondait, la honte de s'y être prêté aussi volontiers l'étouffait. Cette garce faisait de lui ce qu'elle voulait...

Peu à peu, cependant, sa colère envers Luba fit place au dégoût qu'il s'inspirait lui-même. Comment avait-il pu commettre un tel acte ? Comment avait-il pu tomber si bas ?

Il se souvint de ce que Tateh disait à Mameh : l'amour, le sexe sont importants dans la vie — mais fallait-il leur accorder la place prépondérante que leur donnait Luba ? Jamais il n'avait rien fait de semblable ni ne l'avait même envisagé. Le fait d'en avoir éprouvé du plaisir, même de façon fugitive, le terrifiait. La dépravation, la faiblesse étaient en lui, enfouies dans de sombres replis de son inconscient. Luba n'avait fait que les remonter à la surface.

Il revit la cigogne sur le toit de la grange, les ailes déployées, prête à prendre son envol. Son père lui disait qu'elle s'envolerait le jour où il deviendrait un homme. Danny savait désormais avec certitude que l'oiseau était toujours là.

Chapitre 15

1987 : LOS ANGELES

En sortant de l'aérogare, Danny fut étonné de voir Milt s'impatienter devant la limousine venue le chercher.

— J'ai essayé de t'appeler à New York. Où étais-tu, bonhomme? Tu étais allé voir ta fille en Virginie?

Incapable d'avouer, même à son meilleur ami, ce qui s'était passé à Londres, Danny préféra mentir.

— Oui, mais elle n'y était pas. Et toi, que fais-tu ici?

— Je tenais à t'annoncer moi-même la bonne nouvelle Tu n'as aucune inquiétude à te faire: j'ai vu Art Gunn, il est décidé à se bagarrer. Stoneham n'aura jamais le studio.

— Ton boniment ne me rassure pas du tout.

— Bon, j'exagère un peu, c'est vrai, dit Milt avec un soupir résigné. Mais supposons le pire: Stoneham met la main sur le studio. Tu es sous contrat, il sera forcé de l'honorer. Une fois le film terminé...

— Rien ne l'obligera à le distribuer.

— Bien sûr que si! Comment justifiera-t-il à son conseil d'administration qu'il refuse d'exploiter un film de plusieurs millions de dollars?

— Allons, Milt, ne te fais pas plus bête que tu ne l'es! Si Stoneham va jusqu'à claquer un demi-milliard pour se débarrasser de moi, il ne s'arrêtera pas à cinq malheureux millions de plus ou de moins.

Milt parut s'absorber dans la contemplation des voitures sur la San Diego Freeway et ne répondit pas aussitôt.

— Bon, je veux bien l'admettre. Mais nous n'en sommes

pas encore là, Danny. Tu as largement le temps de finir ton film. Une OPA, surtout une OPA hostile, ne se réalise pas du jour au lendemain et les obstacles ne manquent pas — règlements du SEC, assemblées générales, quorums, pouvoirs...

— Inutile, Milt. L'OPA aboutira. Et moi, je serai fini.

— Tu es trop fatigué pour penser juste, bonhomme. Nous en reparlerons quand tu te seras reposé et que tu auras les idées plus claires. Je pousserai même la bonté jusqu'à t'inviter à dîner chez Spago's. D'accord?

⁂

ROME

Le gros homme au complet à carreaux commençait à s'impatienter quand l'employé de la Croix Rouge revint enfin dans le bureau, un mince dossier à la main.

— Désolé de vous avoir fait attendre, monsieur McCracken, j'ai eu du mal à rechercher le renseignement que vous demandiez.

— Avez-vous quand même trouvé quelque chose?

— Les documents qui subsistent sur la libération du camp de San Sabba sont malheureusement succincts. Il n'y avait que très peu de survivants parmi les enfants — six en tout, quatre filles et deux garçons. Aucun ne s'appelait Daniel.

— En êtes-vous sûr?

— Oui. Naturellement, les registres sont peut-être incomplets. En tout cas, ceux que nous possédons ne font état que d'un David Solomon, âgé de sept ans, et d'un Moishe Neumann, âgé de douze ans.

— C'est tout?

— C'est tout. Je regrette de ne pouvoir mieux vous renseigner.

⁂

BEVERLY HILLS

Danny manœuvra sa voiture dans le parking de Spago's. Deux jours d'hibernation — nourrir les poissons, lézarder autour de la piscine et, surtout, dormir — lui faisaient voir l'avenir sous un jour moins sombre. Milt avait raison, la partie n'était pas jouée, il aurait largement le temps de terminer son film. Et si *Everyman* était aussi bon qu'il l'espérait, rien n'entraverait sa distribution dans un circuit ou un autre.

En traversant le parking, il vit la foule habituelle des paparazzis et des fans, de tous les âges et de tous les sexes, agglutinés autour de l'entrée. Ces gens ne cessaient de l'ébahir. Les photographes faisaient leur métier, mais les fans ? Pourquoi perdaient-ils leur temps à attendre des heures pour apercevoir une vedette une fraction de seconde ? Où trouvaient-ils l'argent pour acheter les photos, les albums sur lesquels ils espéraient recueillir un autographe ? Une fois, il avait vu un fan tendre à Bruce Ryan une grande photo en couleurs. Curieux, Danny lui avait demandé ensuite comment il se l'était procurée.

— Je l'ai achetée, répondit l'autre. Six dollars.

Six dollars la photo ! Certains en avaient des piles. Comment pouvaient-ils se permettre pareil gaspillage ? Quelle valeur ces griffonnages avaient-ils donc à leurs yeux ?

Le patron le conduisit à sa table, près de la baie vitrée dominant le Sunset Strip, en l'informant que Milt avait prévenu qu'il serait en retard. Il lui suggéra, en attendant, la pizza « kasher spéciale » — saumon fumé, crème fraîche et caviar — que Danny trouva délicieuse et qu'il accompagna d'une vodka bien frappée.

Le restaurant, toujours bondé, bruyant mais renommé pour sa cuisine, était devenu l'endroit *in* où l'on venait pour voir et être vu. Le spectacle ne manquait jamais de réjouir Danny : une starlette se penchait vers un producteur dans l'espoir que la vue plongeante sur sa poitrine lui ferait décrocher un rôle ; un macho réputé tenait discrètement sous la table la main de son petit ami du moment ; une star défraîchie s'efforçait de faire illusion en jonglant avec un interminable fume-cigarette en argent massif ; massés près de la porte, des touristes béats d'admiration attendaient leurs tables depuis des heures pendant que les célébrités leur passaient sous le nez.

A la table centrale, deux patrons de studios discutaient avec animation tandis que leurs femmes, mortes d'ennui, chipotaient dans leurs assiettes pour ne pas perdre la ligne. Anciens agents, ils n'avaient ni l'un ni l'autre réalisé le moindre film et, pourtant, ils décidaient souverainement de ceux qui devaient ou non être mis en chantier. Ils savaient qu'ils seraient remplacés s'ils se trompaient une fois de trop mais cela ne les inquiétait guère ; à Hollywood, l'échec est une référence et ouvre souvent la voie de la réussite.

Un peu plus loin trônait Harry Moss, conseiller financier inculpé d'avoir détourné les fonds de ses clients. Il était en liberté sous caution dans l'attente de son procès, ce qui ne lui coupait visiblement pas l'appétit. De l'autre côté de la salle, Danny reconnut le milliardaire Jonathan Shields, en chemise de soie, ascot et moustache teinte, qui débitait ses âneries habituelles. Ses convives l'écoutaient religieusement, comme s'ils espéraient que ses milliards déteindraient un peu sur eux. Les pauvres ! L'argent ne déteint jamais...

Soudain, une bruyante ovation et des applaudissements firent taire le brouhaha des conversations. Le sourire épanoui, saluant des deux mains comme un chef d'Etat prenant un bain de foule, Larry Pressman fit son entrée. Danny vit avec stupeur les gens se précipiter, lui serrer la main, embrasser sa femme. Président de World Wide Pictures, Larry Pressman avait été inculpé de contrefaire la signature de ses administrateurs afin d'encaisser leurs jetons de présence et, malgré tout, les actionnaires du studio voulaient lui conserver son fauteuil ! Un éminent psychiatre avait été chargé de convaincre le tribunal que l'inculpé avait succombé à un accès de démence — passager, bien entendu. Danny savait par Milt que Pressman, qui protestait contre cette tactique de défense, avait été réduit au silence par l'argument suivant : « Ou bien vous êtes un malade et vous pouvez diriger un studio, ou bien vous êtes un escroc et vous allez en taule. »

Quel étalage d'hypocrisie, de malhonnêteté, de faux-semblants ! se dit Danny. *Everyman* ferait justice de toute la pourriture qui l'entourait. On ne la trouvait pas seulement à Wall Street mais partout dans le monde. Son film dénoncerait la corruption, stigmatiserait les corrupteurs...

Un frisson de plaisir anticipé le parcourait quand Milt arriva, hors d'haleine, et se confondit en excuses. Son collier de barbe, toujours si soigné, paraissait hirsute et l'habituel éclair de gaieté avait disparu de ses yeux gris. Il se laissa tomber sur la banquette, avala le fond de la vodka de Danny et engloutit le dernier morceau de sa pizza.

— Tu as une mine à faire peur, lui dit Danny, inquiet. Que t'est-il arrivé?

— Sarah m'a flanqué à la porte.

— Quoi? Quand cela?

— Avant-hier, le jour où je suis allé te chercher à l'aéroport.

— A cause de Marylin?

— Oui. Elle a découvert le pot aux roses.

— Tu connaissais tes risques.

— Ne m'en parle pas!

— Alors, maintenant, tu es chez Marylin?

Milt poussa un soupir à fendre l'âme.

— Non, c'est fini avec elle aussi.

— Ça fait vraiment beaucoup à la fois!

— Tu ne me croiras jamais, Danny, mais...

L'arrivée du serveur avec leur commande l'interrompit. Milt prit le temps de décortiquer une pince de crabe avant de poursuivre le récit de ses malheurs.

— J'aurais dû me douter de quelque chose, elle était bizarre depuis la sortie de son film — un bide complet, d'ailleurs.

— Oui, j'en ai entendu parler.

— Après, elle se disait tout le temps en train de passer des auditions, elle n'avait jamais le temps de retourner mes appels, elle décommandait nos rendez-vous... Bref, j'étais tellement secoué le soir où Sarah m'a jeté dehors que je suis allé chez elle. Elle était sortie, je l'ai attendue dehors — trois heures, tu te rends compte? Elle est arrivée enfin. Et devine avec qui? John Washington!

— L'acteur noir?

— Oui, le *schwartzer*!

— Ne sois pas raciste.

— Je ne suis pas raciste, mais c'est quand même un *schwartzer*. En me voyant, elle est descendue de voiture — lui, il est resté dedans — et elle m'a demandé ce que je voulais. « Toi, Marylin », ai-je répondu. Elle m'a regardé, bouche bée. « Je viens de quitter ma femme pour toi », ai-je ajouté. Alors, elle m'a dit : « Milton, c'est fini entre nous »...

Milt baissa piteusement la tête.

— Je ne voulais pas qu'elle me voie pleurer, reprit-il, je ne savais plus que faire. J'ai appelé Sarah pour essayer de la calmer, elle a refusé de me parler. Mes enfants ne voulaient plus me parler non plus. Crois-tu qu'ils auraient fait l'effort de comprendre ? A leur âge, ils sont adultes, ils auraient pu... Qu'est-ce que je dois faire, Danny ? conclut-il la bouche pleine.

Pâle, la mine défaite, Milt n'en avalait pas moins allègrement sa vodka et attaquait son deuxième crabe. Danny se retint de sourire.

— Souviens-toi, Milt : un problème, c'est une question de point de vue. Si tu te places dans la bonne perspective, ton problème est résolu. Ne téléphone pas à ta femme, écris-lui.

— Lui écrire ? Je ne vois pas le rapport.

— Mais si. Dis-lui que tu as conscience de ton indignité, que tu es trop malheureux sans elle et que tu as rompu avec...

— Mais non ! Elle sait que c'est Marylin qui m'a jeté, c'était dans les échos d'Army Archerd !

— Dans ce cas écris-lui que tu as compris qu'elle est la seule femme de ta vie, qu'aucune ne comptera jamais davantage pour toi mais que tu sais qu'il est trop tard.

— Trop tard ?

— Parfaitement. Tu ne pourras jamais recréer les moments de bonheur que vous avez vécus dans le Bronx...

— Tu te fous de moi ?

— ... que tu l'as cruellement blessée, poursuivit Danny sans se démonter, que tu comprends qu'elle ne veuille plus de toi après ce que tu lui as fait subir et que tu t'y résignes... Laisse-moi finir, Milt ! Ajoute que tu n'oses plus te montrer devant elle après t'être conduit de façon aussi indigne, que tu as été fou de risquer de perdre son amour et son estime, que tu n'auras pas assez de ta vie entière pour expier tes fautes. Dis-lui enfin que tu lui écris parce que tu as trop honte de lui dire tout cela de vive voix. Mets ta lettre à la poste et ne lui téléphone pas pendant cinq jours, pas un de moins.

— Cinq jours ? dit Milt, ébranlé.

— Cinq jours. Crois-en mon expérience de scénariste.

— Bon, d'accord. J'espère que ça marchera.

— Moi, j'en suis persuadé, déclara Danny, fier de son esprit inventif.

— Merci, vieux frère...

Soudain, Milt faillit s'étrangler.
— Quoi, encore? demanda Danny.
— Là, regarde.
— Où cela?
— Là, je te dis. Marylin — avec son nègre.

Danny tourna les yeux et vit le superbe acteur noir qui avançait la chaise de Marylin, plus ravissante que jamais dans une robe de soie blanche moulant son irréprochable silhouette. Ils riaient, ils avaient l'air parfaitement heureux Pétrifié, béant d'horreur, Milt ne pouvait détourner son regard.

— Allons-nous-en, Milt.

Danny jeta des billets sur la table, prit son ami par le bras et l'entraîna vers la sortie. Quand ils furent dans le parking, il le prit affectueusement aux épaules.

— Tu as de la chance que ce soit fini, crois-moi.
— Ouais, dit Milt sans conviction.
— Mais si! Ça ne pouvait pas durer.
— Tu as peut-être raison, dit-il en soupirant.
— Allez, raconte-m'en une bien bonne.
— Je ne suis vraiment pas en forme.
— Fais un effort, Milt. Juste une toute petite.
— Bon, si tu y tiens... Quelle différence y a-t-il entre un premier et un second mariage?
— Je donne ma langue au chat.
— La première fois, ce sont les orgasmes qui sont vrais et les bijoux qui sont faux.

Milt gloussa sans entrain, Danny lui fit écho.

— Je ne m'inquiète pas trop sur ton compte, Milt. Tant que tu garderas ton sens de l'humour, tu t'en sortiras.

Ils marchèrent en silence jusqu'à la voiture.

— Au fait, demanda Danny, où loges-tu?
— A l'hôtel, dit Milt, du ton pathétique du petit garçon qui couche pour la première fois de sa vie à la belle étoile
— Viens à la maison, j'ai de la place.
— Merci, tu es gentil, mais je ne voudrais pas te déranger. J'ai pris la suite présidentielle du Beverly Hilton.

***

Danny rentra chez lui, satisfait d'avoir réussi à remonter

le moral de Milt. Il aurait dû se rendre compte plus tôt qu'on se faisait du bien à soi-même et qu'on oubliait ses problèmes en se penchant sur ceux des autres. Stéphanie avait essayé de le lui faire comprendre en lui proposant de l'aider à mettre au point le scénario d'*Everyman*. Il aurait déjà dû la rappeler et répondre au petit mot qu'elle lui avait fait parvenir pour le remercier de ses fleurs. « *Appelle-moi, je suis seule, je m'ennuie* », disait-elle. Pauvre Stéphanie... Danny eut une bouffée de remords. Peut-être avait-il eu tort de lui déconseiller d'aller en Inde. Peut-être pourraient-ils au moins rester bons amis. Et puis, ils faisaient si bien l'amour au début de leur mariage...

Il composa le numéro de l'hôtel, demanda Mme Dennison. Après lui avoir longuement fait entendre une musique insipide, la standardiste revint en ligne pour l'informer que le poste ne répondait pas.

— Est-elle encore enregistrée à l'hôtel ?

— Un instant, monsieur, je vérifie à la réception.

La musique recommença. Quand il apprit qu'elle était encore là, Danny demanda à laisser un message.

— Un instant, monsieur, je vous branche sur le service.

En entendant de nouveau la musiquette, Danny raccrocha.

⁂

Stéphanie avait entendu sonner. Affalée sur la table, elle se redressa en renversant la bouteille de scotch vide et se leva en titubant. Il y a quelqu'un à la porte, se dit-elle dans son ivresse, il faut aller ouvrir. Elle rajusta son peignoir, se passa la main dans ses cheveux ébouriffés.

Il n'y avait personne à la porte et, pourtant, la sonnerie persistait. Déconcertée, Stéphanie pensa alors au téléphone. Le temps qu'elle traverse la chambre et décroche, elle n'entendit que la tonalité. La tête lui tournait, elle se rattrapa à la table de chevet, mais le meuble trop léger bascula sous son poids et tout ce qu'il avait dessus — lampe, téléphone, cadres, flacons — s'écrasa par terre avec fracas.

— Pardon, pardon, je ne l'ai pas fait exprès...

En larmes, elle tomba à genoux, ramassa un des cadres. A travers le verre brisé, elle reconnut les visages souriants de Patricia, de Danny et d'elle-même sur la plage de Malibu.

Assise au milieu des débris, elle contempla la photo en fredonnant la chanson que Danny chantait à Patricia avant de l'emmener à l'école. Dommage qu'elle en ait oublié les paroles.

*
**

LONDRES

Dans sa cuisine, Luba ouvrait une boîte de thon volée au supermarché — depuis un mois, ce n'était pas la première fois qu'elle devait voler pour manger. Attiré par l'odeur, le chat vint se frotter contre ses chevilles. Luba lui donna à lécher la boîte où restaient quelques miettes, et mélangea le thon dans la salade. Magda bricolait on ne savait quoi dans le living, le caniche jappait. Les tranquillisants prescrits par le médecin faisaient du bien à Magda, mais ses deux semaines d'hospitalisation, en dépit de la protection sociale, avaient liquidé leurs derniers sous. Pourquoi avoir obstinément refusé l'argent de Danny? Il aurait été le bienvenu.

Danny avait bouleversé sa vie. Luba avait longtemps éludé les appels de l'agence à cause de lui, de sorte qu'elle s'était fait une réputation de fantaisiste. Maintenant que ses besoins d'argent étaient plus pressants que jamais, l'agence ne la contactait plus.

Prise à la gorge, elle avait finalement accepté de vendre à Mme McKeever le paysage qu'elle admirait. Alors, ayant sauté le pas, Luba ne comprit pas pourquoi elle avait si longtemps résisté. Loin de se dépouiller d'une partie d'elle-même, elle la faisait partager à d'autres ; elle était contente d'avoir touché de l'argent pour quelque chose qu'elle avait créé de ses mains, même si la somme ne couvrait que quinze jours de loyer ; quant aux compliments de Mme McKeever, qui exhibait fièrement sa toile devant tous ses amis et connaissances, ils lui faisaient sincèrement plaisir.

Par la fenêtre, elle vit Rick livrer les journaux et s'arrêter en levant les yeux vers elle. Luba ne se montra pas. A cause de lui, elle avait définitivement perdu Danny. En réalité, ce n'était ni la faute de Rick ni même la sienne ; elle avait cru que cette expérience, nouvelle pour lui, plairait à Danny, elle était même sûre qu'il y avait pris plaisir. Alors, que signifiait son explosion de colère? Elle sentait encore sur sa joue la morsure de la gifle.

Rick stationna longuement sous la fenêtre. Quand il se fut enfin résigné à partir, Luba descendit chercher le journal.

Une photo de catastrophe aérienne s'étalait à la une. Luba eut une pensée attristée pour les victimes et tourna les pages. La photo d'une très belle femme attira son regard, la manchette de l'article la fit sursauter :

SUICIDE DE STEPHANIE DENNISON,
FILLE DU RICHISSIME FINANCIER J.L. STONEHAM.

Une femme de chambre avait trouvé Stéphanie morte près d'une bouteille de scotch et de plusieurs fioles de médicaments vides.

Luba remonta l'escalier en courant et composa le numéro de téléphone de Danny. A la quatrième sonnerie, elle entendit le répondeur. Ne sachant d'abord que dire, elle faillit raccrocher. Puis, les mots lui échappèrent : « Danny, si tu as besoin de moi, je suis là. Appelle-moi. »

⁂

BEVERLY HILLS

Ce dimanche matin, Danny se réveilla de bonne heure. Il débrancha son répondeur et, voyant qu'il y avait eu un message enregistré pendant la nuit, il pressa le bouton d'écoute. Mais à peine eut-il reconnu la voix de Luba qu'il stoppa : il ne laisserait pas cette fille jeter encore le trouble dans sa vie alors qu'il avait le plus besoin de calme et de concentration.

Il s'habilla en tenue de tennis et se dirigea vers le court. Avant d'aborder un film, Danny aimait se mettre en forme comme un athlète se prépare à une compétition. Voulant particulièrement soigner sa condition pour *Everyman*, il s'appliquait ce matin-là à renvoyer les balles crachées par le lanceur automatique quand il entendit une voix qui l'appelait. Il arrêta la machine. Milt apparut, un journal à la main.

— Comment va ? cria joyeusement Danny. On joue un set ?

Milt ne souriait pas. Il lui tendit le journal :

— Elle a dû le faire hier soir, pendant que nous dînions chez Spago's, dit-il d'un air sombre.

Livide, Danny parcourut l'entrefilet et se laissa tomber sur une chaise longue, les yeux clos.

– Grand dieu... Où l'ont-ils emportée, Milt? demanda-t-il d'une voix rauque.

— Sans doute à la morgue, c'est habituellement ce que fait la police.

***

L'employé de la morgue était mal réveillé.

— Je suis M. Dennison, je viens au sujet de ma femme.

— Pour l'identification du corps? Un instant...

Il consulta un registre en bâillant:

— Deux cent quarante-huit.

Danny et Milt le suivirent le long d'un couloir carrelé qui empestait l'antiseptique. L'homme ouvrit une porte métallique d'où s'échappa un courant d'air glacé, se dirigea vers un casier portant le numéro 248 et tira la poignée.

Danny se prépara au choc.

Le tiroir était vide.

Perplexe, l'employé se gratta la tête:

— Par exemple... Je vais vérifier.

Il compulsa une liasse de bordereaux pendue à une ficelle.

— Ah! voilà. Le corps a été remis il y a quatre heures à une entreprise de pompes funèbres de Long Island, sur ordre d'un certain J.L. Stoneham. Un parent, sans doute?

Danny s'éloigna à pas lents.

— Tu n'y es pour rien, bonhomme, dit Milt d'un ton consolant. Ses problèmes étaient trop graves, trop profonds. Tu as fait ce que tu pouvais.

Milt le raccompagna chez lui. Silencieux, Danny regardait par la portière. Pendant qu'il essayait de la joindre au téléphone, Stéphanie était peut être déjà morte, seule dans une chambre d'hôtel. Elle lui avait tendu la main, elle avait voulu l'aider, lui préparer un bon dîner — faire l'amour, qui sait? — et il lui avait tourné le dos, sans comprendre.

— Elle serait encore en vie si j'avais répondu à ses appels à l'aide, Milt, dit-il enfin.

— Je ne crois pas, Danny. C'était écrit, rien ne pouvait plus détourner le cours de son destin.

— Si seulement je ne lui avais pas déconseillé de partir en Inde, comme elle l'aurait souhaité...

— Tu n'as rien à te reprocher, bonhomme. Ce n'est pas ta faute ni celle de personne.

— C'est tellement triste... Mourir ainsi, abandonnée, rejetée par tout le monde — même par moi...

— Tu as fait pour elle tout ce que tu as pu.

— Non, Milt. La dernière fois que je l'ai vue, elle m a demandé de lui dire « Je t'aime ».

— Et alors?

— Je n'ai rien dit.

— Pourquoi?

— Peut-être parce que je ne l'ai jamais vraiment aimée.

Par la vitre, Danny voyait les gens acheter des arbres de Noël — Noël à Los Angeles, une fête surréaliste! Des Pères Noël en traîneaux attelés de rennes accrochés en travers de rues n'ayant jamais reçu un flocon de neige. Quand il allait acheter un arbre avec Patricia, elle choisissait toujours celui qui était trop grand pour tenir dans la maison. Tous les ans, Stéphanie préparait un festin que couronnait son plum-pudding, un régal. Et il y avait toujours du gui pendu dans le vestibule.

Quel sinistre Noël pour Patricia...

***

Aucun des coups de téléphone de Danny à Long Island n'aboutit. Avec une politesse excessive, le majordome l'informa d'abord que Patricia assistait à un service religieux à la mémoire de sa mère, réservé aux membres de la famille proche — dont il était manifestement exclu par J.L. Le majordome daigna cependant accepter de transmettre son message à Patricia.

Danny attendit des heures. Le téléphone sonna enfin vers le soir. Il n'allait jamais oublier son cri hystérique: « Papa! Papa! Qu'est-ce que je vais devenir? » Il la consolait de son mieux quand la communication fut brusquement coupée. Hors de lui, Danny rappela aussitôt et tomba sur le majordome, à l'accent anglais encore plus snob que d'habitude, qui déclara: « Miss Patricia est indisponible. » Il recomposa sans arrêt le numéro; à chaque fois la ligne était occupée. Désespéré, il tourna dans la pièce comme un ours en cage. Cette enfant séquestrée par une brute, sa propre fille, l'appelait au secours. Il devait faire quelque chose.

Il sauta dans le premier avion pour New York, affréta un hélicoptère jusqu'à Long Island et se fit conduire en taxi à la propriété de J.L. Stoneham.

— Ça commence ici, l'informa le chauffeur.

Transi dans son pardessus trop mince, Danny vit un interminable mur de pierre bordant la rue où le taxi dérapait dans la neige boueuse. Arrivé à destination, il paya le chauffeur qui démarra sans attendre. Seul dans la rue déserte, Danny s'approcha de la haute grille de fer forgé ornée de guirlandes de Noël. On voyait à travers les barreaux une allée si scrupuleusement dégagée que les talus de neige de chaque côté paraissaient aseptisés.

Conscient d'être épié par une caméra de télévision, il pressa le bouton de l'interphone. Une mélodieuse voix de femme retentit aussitôt dans le haut-parleur :

— Joyeux Noël. Que puis-je faire pour vous ?

— Je suis Daniel Dennison, je désire voir ma fille.

— Un instant, monsieur, je vous prie.

Les pieds gelés dans la neige, il attendit en battant la semelle. Une voix masculine déclara d'un ton rogue :

— Miss Patricia ne reçoit pas de visites.

Danny bondit et pressa de nouveau le bouton. La voix de femme se refit entendre :

— Joyeux Noël. Que puis-je faire pour vous ?

— Je suis venu voir ma fille et je ne partirai pas sans l'avoir vue ! cria-t-il.

Pas de réponse. Danny garda le doigt sur le bouton, sans plus de succès. L'interphone restait muet.

De guerre lasse, il regarda le trottoir à gauche et à droite et remarqua, près de la porte de service, une grosse poubelle qu'il poussa contre le mur. Il grimpa dessus, parvint à agripper le sommet du mur. En affermissant sa prise avant de se hisser, il sentit soudain une vive douleur : la crête était couverte de casseaux de verre. Le sang coulait de sa main profondément entaillée. « Enfant de salaud ! » gronda-t-il en s'efforçant d'enjamber le mur sans se blesser davantage. Il retomba de l'autre côté dans cinquante centimètres de neige, se fit un pansement de fortune avec son mouchoir. Le pantalon détrempé, les chaussures pleines de neige fondue, il se fraya un chemin entre des ifs taillés et déboucha dans une allée.

Des aboiements éclatèrent. Deux dogues allemands se ruaient vers Danny quand une voix cria « Halte ! ». Les deux chiens s'arrêtèrent devant lui en grondant, prêts à bondir, la gueule ouverte, les crocs menaçants. Deux gardes en uniforme apparurent, le pistolet à la main.

— Que faites-vous ici? demanda le plus grand.

— Je suis M. Dennison, j'exige de voir ma fille Patricia.

L'autre garde parla dans son walkie-talkie. Danny ne put rien entendre à cause des grondements des chiens.

— Allez-vous-en sans faire d'histoires, monsieur Dennison, dit le garde, sinon nous serons contraints d'appeler la police.

— Appelez-la! J'ai légalement le droit de voir ma fille.

Les gardes se consultèrent du regard. Le porteur du walkie-talkie parla de nouveau dans son appareil. Au bout d'une assez longue conversation, il le raccrocha à son ceinturon et fit signe à Danny de le suivre jusqu'à la maison.

Le gros homme, que Danny commençait à bien connaître, l'accueillit courtoisement sur le perron. Il le fit entrer dans une vaste bibliothèque, dont un immense arbre de Noël scintillant d'ornements occupait le milieu, et lui indiqua un canapé. Danny préféra rester debout. Sa main lui faisait très mal, le sang gouttait de son mouchoir saturé sur le précieux tapis d'Orient où il se tenait. Danny fourra sa main dans la poche de son pardessus et attendit. Des haut-parleurs cachés distillaient une musique de circonstance.

Un instant plus tard, Patricia apparut.

Son visage angoissé, désorienté, le bouleversa au point qu'il resta paralysé. Il voulait la serrer dans ses bras, la couvrir de baisers, lui dire qu'il l'aimait plus que tout au monde, faire n'importe quoi pour effacer cette expression tragique et pitoyable — et il fut incapable de faire un geste.

— Je suis venu, Patricia, parvint-il enfin à dire d'une voix étranglée par l'émotion. Je ne sais comment te dire...

Il lui tendit les bras, elle recula comme s'il lui faisait peur. Elle lui parut amaigrie, émaciée, différente de l'adolescente qu'il avait vue à Beverly Hills, si joyeuse encore, quelques semaines auparavant.

— C'est moi, Patricia, ton père!...

Il attendit vainement une réponse, une réaction.

— Ecoute, ma chérie, ce qui est arrivé est un choc pour nous deux. Essayons de guérir ensemble, de nous parler...

Des larmes apparurent dans les yeux de Patricia. Puis, d'un seul coup, elle éclata en sanglots hystériques.

Danny s'avançait vers elle quand deux hommes firent irruption dans la pièce, l'empoignèrent, lui tordirent les bras derrière le dos. Une grosse femme en uniforme d'infirmière fit sortir Patricia.

C'est alors que J.L. Stoneham fit son entrée.

— Vous lui avez fait assez de mal. Sortez.

— Elle est ma fille! J'ai le droit de...

— Vous n'avez aucun droit. N'espérez plus la revoir.

— Vous avez peut-être réussi à la séparer de sa mère, mais vous n'arriverez jamais à me l'arracher!

J.L. congédia ses gorilles d'un signe de tête. Seuls dans la pièce, les deux hommes s'affrontèrent.

— Je vous ai prévenu, je vous écraserai. Quand j'en aurai terminé avec vous, vous regretterez d'être venu au monde, sale Juif!

Danny se figea.

— Oui, je sais tout — San Sabba, l'adoption. Dommage que vous n'ayez pas fini dans un four crématoire, vermine...

La grimace de douleur qui échappa à Danny fit apparaître un sourire de plaisir sadique sur les lèvres de Stoneham.

— Vous vous imaginiez peut-être avoir bien trompé votre monde? Eh bien, je veillerai maintenant à ce que votre infâme supercherie éclate au grand jour.

Assommé, Danny ne bougea pas. Comment cet homme avait-il déterré son secret, enfoui à l'autre bout du monde? La colère et l'indignation l'emportèrent cependant sur l'accablement.

— Peu importe ce que vous me ferez. Seul le sort de ma fille m'intéresse, dit-il enfin en brandissant son poing ensanglanté. Apparemment, sa souffrance ne vous concerne pas! Vous préférez me haïr plutôt que la soigner!

— Je lui paierai les meilleurs médecins...

— Votre argent ne guérit pas tout! Croyez-vous lui faire oublier sa mère à coups de bijoux ou de croisières? Vous avez assassiné Stéphanie...

— Taisez-vous! cria J.L.

Les veines de son cou saillaient.

— Vous avez détruit votre propre père, vous avez tué votre femme...

– Silence, vous dis-je!

Stoneham devenait cramoisi.

— Vous êtes un monstre ! poursuivit Danny en le faisant reculer d'un pas. Je n'attendrai pas les bras croisés que vous massacriez Patricia — ma fille. Oui, *ma* fille ! A moitié *juive* !

J.L. eut un haut-le-corps.

— Je vous tuerai s'il le faut, gronda-t-il.

Danny s'approcha, le domina de toute sa taille.

— Eh bien, tuez-moi tout de suite, ordure ! Parce que je ne lâcherai jamais prise, entendez-vous ? Jamais !

— Sortez ! Dehors ! Sortez ! hurla Stoneham dont le visage virait au violacé.

Entendant ses cris, les gardes du corps firent irruption et entraînèrent Danny sans ménagements. Stoneham haletait. La dernière image que garda de lui Danny en quittant la pièce fut celle d'un vieillard écroulé dans un fauteuil, le regard rivé aux taches de sang sur le tapis.

*
**

En embarquant dans le 747 à l'aéroport Kennedy, Danny croyait que sa tête allait éclater. Elle résonnait de tintements assourdissants, pas assez puissants cependant pour couvrir les sanglots de Patricia. Il fallait qu'il découvre vite le moyen de l'arracher aux griffes de J.L. Stoneham.

« Sale Juif »... En deux mots, J.L. avait pulvérisé cette façade qu'il s'était donné tant de mal à bâtir, à consolider au fil des ans et qu'il avait crue indestructible.

Comment Patricia réagirait-elle en apprenant le secret de son père ? Dirait-elle, comme il l'avait lui-même fait, « Je ne veux pas être Juive » ? Jamais Danny ne s'était senti plus accablé, plus impuissant devant la vie.

— Joyeux Noël ! lui dit l'hôtesse d'une voix suave.

Il éprouva soudain l'étrange envie de rire jusqu'à en pleurer — et de pleurer jusqu'à n'avoir plus la force de penser.

Chapitre 16

1988 : LONDRES

Le chat sauta sur la table et vint se frotter contre la main de Luba, qui le repoussa doucement. Nullement découragé, il louvoya entre les piles de factures jusqu'à ce qu'il en ait trouvé une lui convenant pour se pelotonner à l'aise.

Luba poussa un grognement : charmante façon de débuter le Nouvel An ! Elle ne s'attendait pas à ce qu'il y eût tant de factures à payer. Elle avait fait le portrait du chien de la sœur de Mme McKeever pour 100 livres et vendu un dessin 25 livres au plombier, mais c'était loin de suffire ! Dorothy lui avait retenu sa soirée avec un groupe de rock — au moins était-elle revenue dans les bonnes grâces de l'agence. Cela ne lui souriait pas le moins du monde, mais le moyen de faire autrement ? Le montant de ses dettes la faisait frémir. Où trouver l'argent ? Ce n'était pas une soirée avec des gratteurs de guitare boutonneux qui la sortirait du pétrin...

Depuis quelque temps, une idée lui revenait avec insistance. Pourquoi ne pas la mettre à exécution ? Après tout, elle n'avait rien à perdre.

***

Le lendemain, sans prévenir Magda, Luba alla en bus à la gare de Victoria et prit un aller-retour pour Brighton.

Sous le crachin hivernal, Greenfield's Inn lui parut lugubre. Devant la porte, sur la pelouse en friche, un écriteau A VENDRE engageait les acquéreurs éventuels à s'adresser à la Royal Bank de Brighton. Luba jeta un rapide coup d'œil autour d'elle. La rue était déserte. Elle monta les marches, plongea la main dans le bac de géraniums. A son vif soulagement, la clef qu'elle y avait cachée s'y trouvait encore.

Ses pas résonnèrent dans le hall désert et glacé. Luba connaissait assez la mentalité du colonel Johnson pour être certaine que l'argent était caché quelque part dans la maison. Au bout d'une brève réflexion, elle décida de commencer par le sous-sol. S'il lui avait fait transporter les fournitures au grenier, ce n'était peut-être pas simplement par méchanceté mais, plutôt, pour l'empêcher d'y aller ensuite, donc afin d'y dissimuler quelque chose.

La porte du bureau était ouverte. Elle regarda en frissonnant malgré elle et s'avança lentement dans la pièce de ses cauchemars. Elle vit le bureau à cylindre béant et vide, le spencer blanc du colonel pendu à une patère. Machinalement, elle se demanda dans quels vêtements il avait été enterré. S'il avait eu son mot à dire, il aurait sans doute exigé que ce soit dans son uniforme... L'uniforme! Elle sursauta. Bien sûr, ce ne pouvait être que là.

Elle retraversa rapidement le hall vers le grand escalier. Qu'avait éprouvé la pauvre Magda en le gravissant, ce jour-là, avec sa dernière caisse de savon? L'après-midi touchait à sa fin, il commençait à faire sombre. Luba alluma sur le palier et monta au grenier en évitant de regarder les taches de sang au pied de l'échelle de fer. Les caisses de savon et de papier hygiénique étaient toujours empilées au même endroit. Combien de fois était-elle venue se réfugier là pour dessiner, jusqu'à ce que le colonel Johnson l'ait chassée?...

La grande malle de bois sur laquelle elle s'asseyait était à sa place habituelle, contre le mur de droite. Le couvercle était cadenassé.

Certaine désormais d'avoir découvert la cachette, elle descendit en courant à la cuisine, trouva dans un tiroir un pic à glace et un maillet et remonta aussitôt. Elle fit sauter sans trop d'effort une charnière, puis l'autre, souleva le couvercle. Ainsi qu'elle s'y attendait, la grande tenue du colonel Johnson était là, impeccablement pliée sous la casquette galonnée. Luba le souleva et découvrit en dessous un autre uniforme, un sabre d'apparat, une étrange statuette africaine, un casque colonial, une cravache. Il n'y avait rien d'autre. Quand elle eut tout enlevé, elle contempla, incrédule, la malle vide. Pourtant, elle aurait juré ne pas s'être méprise...

Par acquit de conscience, elle regarda de plus près. Le fond n'était-il pas légèrement plus haut que le niveau du plancher? Elle toqua du doigt, le bois sonna creux. Luba se pencha et vit alors un petit anneau métallique dans un angle. Elle y passa le doigt, tira — et le fond se souleva, révélant une boîte de métal large et plate. Avec un cri de triomphe, elle saisissait déjà le pic à glace pour en forcer la serrure quand un appel la fit sursauter.

— Qui va là? cria une voix d'homme.

En hâte, Luba reposa le double fond, remit les objets dans la malle, à l'exception de la boîte métallique et du grand uniforme, et referma le couvercle sans bruit.

— Il y a quelqu'un? redemanda la voix, plus proche.

Luba enveloppa la cassette dans la vareuse et, son paquet sous le bras, descendit l'échelle de fer. Debout sur le palier, un policier en tenue la regardait avec stupeur.

— Mon Dieu! s'écria-t-elle. Je suis contente que ce soit vous, sergent Sweeny, vous m'aviez effrayée.

— Miss Johnson! Nos rencontres auront donc toujours lieu dans les circonstances les plus extraordinaires. Puis-je vous demander ce que vous faites ici?

— Je pourrais vous poser la même question, dit Luba avec son sourire le plus innocent.

— En faisant ma ronde, j'ai vu de la lumière. Je suis entré pour l'éteindre et vérifier si un rôdeur ne s'était pas introduit dans la maison.

— Eh bien, moi, voyez-vous, je n'avais aucune envie de revenir seule ici, mais ma mère en était incapable, dit Luba en posant une main sur la sienne et en le regardant dans les yeux. Vous ne pouvez pas imaginer combien ce drame l'a affectée et...

— Mais enfin, Miss Johnson, l'hôtel est sous scellés jusqu'à ce qu'il soit vendu par la banque! Personne n'a le droit d'en soustraire quoi que ce soit.

— Je sais, sergent. Seulement, ma pauvre mère, dans son désarroi, est partie sans rien emporter. Elle tenait au moins à garder en souvenir l'uniforme de son mari, avec ses décorations gagnées au combat contre les rebelles Mau-Mau. C'est tout ce qui lui reste, comprenez-vous ? dit-elle en pressant discrètement un sein contre sa poitrine.

— Oui, bien sûr, je comprends qu'elle y attache une valeur sentimentale, mais enfin... je me demande si...

— Dans ce cas, sergent, si votre devoir l'exige... Tenez, reprenez-le, dit-elle d'une voix tremblante.

— Non, non, je ne voudrais pas... Après tout, il ne s'agit pas d'un vol, cela ne cause de tort à personne.

En descendant le grand escalier, Luba trébucha avec un art si consommé que le sergent ne put faire autrement que de la rattraper par la taille. Du coup, il en oublia d'éteindre la lumière. Luba se garda bien de le lui rappeler.

— Oserais-je encore vous proposer une tasse de thé? demanda-t-il en rougissant.

— Vous êtes trop aimable, sergent. J'accepterais avec plaisir si je ne devais pas reprendre le train pour Londres.

— Permettez-moi au moins de vous raccompagner à la gare.

— Oh! Je ne voudrais pas vous imposer...

— Cela me ferait grand plaisir, au contraire.

— Merci de votre gentillesse. Mais dépêchons-nous, je ne voudrais surtout pas le manquer, ma mère m'attend à la maison.

— Se remet-elle de son épreuve?

— Il lui faudra longtemps pour oublier une telle tragédie, répondit Luba en lui prenant le bras.

— Je la comprends, croyez-moi, dit le sergent avec compassion. J'espère que cette relique la réconfortera un peu.

— Vous n'avez pas idée du bien qu'elle lui fera, déclara Luba qui, entre-temps, avait réussi à faire perler des larmes au coin de ses yeux.

Quand ils arrivèrent à la gare, les haut-parleurs annonçaient le départ imminent du train de Londres. Sur le marchepied du wagon, Luba se pencha vers le sergent et l'embrassa sur la bouche en disant:

— Je ne vous remercierai jamais assez, sergent.

Bouche bée, rouge jusqu'à la racine des cheveux, le brave sergent Sweeny resta planté sur le quai sans comprendre ce qui lui arrivait.

*
**

— Luba, où étais-tu? s'écria Magda. Mais... où as-tu pris cela? ajouta-t-elle en voyant l'uniforme sous son bras.

— A Brighton, dans sa malle.

— Tu es malade, ma parole!

Sans répondre, Luba jeta l'uniforme par terre et posa la boîte métallique sur la table.

— Qu'est-ce que c'est? demanda Magda, soupçonneuse.

Luba prit un tournevis et un marteau, inséra la lame du tournevis sous le couvercle de la boîte, leva le marteau:

— Bonne année, Magda! dit-elle en souriant.

Elle frappa de toutes ses forces. Avec un craquement, la serrure céda, le couvercle sauta. Et une pluie de billets se répandit sur la table.

*
**

LOS ANGELES

Le studio ayant fermé ses portes pour la période des fêtes, Danny resta terré chez lui. L'accès de désespoir qui l'avait saisi pendant son voyage de retour ne le lâchait pas. Porte verrouillée, rideaux tirés, téléphone débranché, totalement coupé du monde, il tenta de se noyer dans l'alcool. Mais la vodka, loin de le rendre inconscient, ne faisait qu'aggraver son désarroi.

Quand Stoneham allait-il le démasquer? Comment le public réagirait-il? Qu'allait penser Milt? C'était plus que Danny ne pouvait supporter — et ce n'était rien par rapport à la terreur qu'il éprouvait en pensant à Patricia. Allait-elle se suicider, comme sa mère? Que pouvait-il faire pour elle? Serait-il même capable de l'aider si, par miracle, il l'arrachait aux griffes de Stoneham? Autant de questions sans réponses. Car en dépit de ses rodomontades devant J.L., il savait trop bien qui avait déjà gagné: Stoneham l'enfermait dans un piège inextricable qui ne pouvait que se resserrer autour de lui, jusqu'à l'empêcher d'agir, jusqu'à le paralyser — jusqu'à le tuer.

Les heures, les jours s'écoulaient sans qu'il en eût conscience. Sans manger, sans dormir, sans se laver, il buvait.

Il remplissait son verre pour la millième fois, peut-être,

quand il vit clignoter la lampe rouge du fax. Il en était au point où il aurait voulu s'endormir d'un sommeil pesant d'où il ne s'éveillerait plus. Le clignotement persistait, la lueur transperçait ses paupières closes. Il se leva d'un bond pour arracher la prise, mais le message était déjà tombé dans la corbeille de la machine. Un mot lui sauta aux yeux : Patricia.

Le cœur battant, il s'efforça d'éclaircir sa vision. Le fax venait des avocats de Stoneham :

Nous vous informons que Patricia se trouve dans une maison de santé où elle reçoit les meilleurs soins. Son état général est satisfaisant. Ses médecins prévoient un traitement de plusieurs mois. Dans son intérêt même, elle ne peut recevoir pour le moment aucune visite.

Danny lut et relut les mots « état satisfaisant ». Dieu soit loué ! Le message ne précisait pas où elle était, mais il se sentait cependant assez soulagé pour éprouver envers J.L. une certaine reconnaissance de lui avoir jeté cette miette. Peut-être, afin de sauver Patricia, Stoneham avait-il renoncé à détruire encore une personne qui lui était chère. Etait-ce plausible, ou Danny prenait-il ses désirs pour des réalités ?

***

Pendant la préparation du tournage d'*Everyman*, Danny se crut capable de dissimuler son angoisse. Deux mois durant, il s'absorba dans les auditions, les révisions de scénario, les décors, les extérieurs, les répétitions, sans se rendre compte à quel point son comportement inquiétait son entourage. Il fallut que Slim l'attire un jour à l'écart pour le lui faire toucher du doigt :

— Pourquoi es-tu toujours aussi crispé ? Ce n'est quand même pas ton premier film !

— Tu ne comprends pas ce qu'il représente pour moi ! Cela fait des années que j'y pense et que...

— A d'autres ! Je te connais, je sais ce qui te ronge de l'intérieur. Pourquoi trembler ? L'OPA de Stoneham est bloquée par les tribunaux, elle n'aboutira probablement jamais.

— Je me fous de cet individu ! répliqua Danny plus sèchement qu'il n'aurait voulu. Au travail.

— OK, patron, dit Slim, désarçonné.

Le tournage de la première scène se déroula sans problèmes. Devant des vues réelles d'une séance de la Bourse projetées en transflex, Danny fit jouer au premier plan par ses acteurs une mêlée symbolique de courtiers et de spéculateurs brandissant des actions en criant : « De l'argent ! Qui veut de l'argent ? Du frais et du moisi, du sale et du blanchi, de l'emprunté et du volé ! Prenez, donnez, vendez ! Toujours plus ! Toujours plus ! » La prise terminée, quand il cria : « Coupez ! », l'équipe l'applaudit spontanément. Il s'inclina en souriant ; au premier rang, Lily applaudissait avec enthousiasme. Sa collaboration était devenue indispensable à Danny. Elle respectait son anxiété en ne posant jamais de questions inutiles, elle était toujours là, d'humeur égale, quand il avait besoin d'elle. Danny éprouvait pour elle une affection croissante.

La première semaine de tournage se termina le vendredi soir, ce qui laissait à Danny le week-end pour travailler sur les révisions du scénario. Jusque-là, tout s'était bien passé et, pourtant, il restait nerveux. Le samedi vers midi, tandis qu'il attendait à la fenêtre avec impatience l'arrivée de Lily, il remarqua une voiture qui remontait lentement la rue, comme si le conducteur cherchait une adresse. L'automobile s'arrêta devant chez lui. Un petit homme rondouillard vêtu de noir en descendit et se dirigea vers la maison. Danny distingua alors son col romain et la croix au revers de sa veste. Un prêtre catholique, se dit-il avec agacement, sans doute venu quêter pour une quelconque œuvre charitable...

Décidé à le congédier, Danny ouvrit la porte et s'avança au-devant du visiteur importun. Son visage joufflu et imberbe était surmonté d'une couronne de cheveux d'un roux éteint, son crâne chauve était lisse et luisant comme une calotte. Sans se rappeler où et quand, Danny eut l'impression d'avoir déjà vu son large sourire qui dévoilait des dents mal plantées.

— Danny Dennison ? dit le prêtre.

— Oui.

— Puis-je entrer quelques instants ?

— Eh bien, c'est-à-dire que...

Le sourire du prêtre s'épanouit davantage :

— Je suis le père Callahan. Mais tu m'as mieux connu, jadis, sous le nom de Roy.

— Roy? Roy, c'est toi?

— Oui, Danny.

Danny se jeta dans ses bras, le serra sur sa poitrine.

— Oh, Roy! Je n'espérais plus te revoir un jour! Dieu sait si j'ai essayé de retrouver ta trace, mais l'orphelinat n'a jamais voulu me donner le moindre renseignement.

— Je sais, j'ai essayé moi aussi.

Danny contemplait son ami en pleurant de joie.

— Comment m'as-tu retrouvé?

— Eh bien, j'ai récemment eu l'occasion de voir un film d'un certain Daniel Dennison — *London Rock*...

— Ce navet? J'en ai honte.

— Pas du tout, il m'a bien plu... Bref, je me suis souvenu que Mme Dennison t'emmenait tous les samedis au cinéma et j'ai pensé que cette piste était peut-être la bonne. J'ai fait ma petite enquête, j'ai obtenu ton adresse auprès du syndicat des réalisateurs et me voilà, Danny — un peu plus gros qu'avant, comme tu vois.

— J'étais sûr que tes parents allaient t'engraisser.

— Oh! Pour cela, ils ont réussi! Ils n'en faisaient jamais assez pour moi, ils m'ont mieux choyé que leur propre enfant. Ils ne me grondaient même pas quand il m'arrivait de faire pipi au lit, dit Roy en éclatant de rire.

Danny lui donna une nouvelle accolade.

— Je n'arrive pas à croire que c'est bien toi... Viens, asseyons-nous dehors à côté de la piscine, buvons à nos retrouvailles! De quoi aurais-tu envie?

— D'une bière, si tu en as. N'importe quoi sauf du vin rouge! J'en bois tous les matins en disant la messe.

Tout à leur plaisir de se revoir, ils partirent d'un fou rire inextinguible. Les mains tremblantes d'émotion, Danny s'y reprit à trois fois pour décapsuler la cannette de bière avant de se verser une vodka.

— A nous! dit-il en levant son verrre

— A l'orphelinat St. Jean! répondit Roy en riant.

Danny fit la grimace.

— Si, si! reprit Roy. Tu ne peux pas savoir combien de fois j'ai repensé à cette époque de notre vie.

Ils s'assirent face à face et se dévisagèrent longuement en silence, chacun s'efforçant de retrouver le visage de l'enfant sous les traits de l'homme mûr.

— Roy, mon vieux Roy, dit enfin Danny. Je n'aurais jamais pensé que tu serais devenu prêtre.

— En tout cas, tu savais que je n'étais pas doué pour devenir champion de base-ball...

Ils rirent au souvenir de ses maladresses.

— Sérieusement, reprit Roy, je suis devenu prêtre à cause de toi.

— Allons, bon! Tout est de ma faute, maintenant!

Une nouvelle crise d'hilarité les interrompit.

— Vois-tu, Danny, dit Roy en lui donnant une affectueuse bourrade, je n'oublierai jamais la manière dont tu me protégeais, les histoires que tu me racontais. Ta bonté pour moi a influencé ma vie entière. Elle m'a donné l'envie de faire le bien à mon tour. J'ai servi Dieu un peu partout. On m'offre maintenant la chance de me dévouer aux aborigènes d'Australie.

— L'Australie! C'est à l'autre bout du monde! Maintenant que nous nous sommes retrouvés, tu ne pourrais pas aller un peu moins loin?

— Je dois suivre le chemin que Dieu veut bien me tracer.

Roy avait prononcé cette phrase avec un tel sérieux, une telle intensité que Danny en fut impressionné. Son ami puisait sa force dans la certitude de son destin.

— Tes parents doivent être fiers de toi.

— Sûrement, mais ils sont morts depuis trois ans, dans un accident de voiture provoqué par un conducteur en état d'ivresse. Que Dieu les bénisse.

— Oh! mon pauvre vieux... C'est affreux.

— Je me suis résigné à leur perte. Au moins, ils sont heureux là où ils sont. Celui que je plains de tout mon cœur, c'est le malheureux ivrogne qui doit vivre avec ses remords.

— Tu le plains? J'aurais voulu le tuer!

Le visage de Roy s'éclaira d'un sourire.

— Ce n'est pas à nous de juger, Danny. Notre rôle se borne à ressentir de la compassion pour les pêcheurs.

Danny le dévisagea avec incrédulité.

— Tu n'éprouves donc jamais de colère, jamais de haine?

— Oh, si! Cela m'est souvent arrivé, quand j'étais plus jeune. Maintenant, je comprends... Mais ne parlons plus de ces choses tristes. Raconte-moi ta vie. Je ne sais rien de toi, sauf que tu as été adopté par Mme Dennison et que tu es devenu un célèbre metteur en scène. Es-tu marié, as-tu des enfants ? Je constate que tu as une belle maison. Tu dois y être heureux.

Sans répondre, Danny se leva en tournant le dos à son ami et regarda les collines à l'horizon. Un moment plus tard, Roy le rejoignit, posa doucement la main sur son épaule.

— Je t'entends hurler en silence, Danny. Dis-moi ce qui te trouble à ce point.

— Je croyais que, dans un confessionnal, on se cachait derrière une grille, répondit Danny avec un ricanement amer.

— Je ne suis pas ton confesseur, Danny, je ne suis que ton vieil ami Roy. Parle-moi, si cela peut te soulager.

— Je vis dans un véritable enfer, Roy, dit-il entre ses dents serrées. La haine m'empoisonne le sang et l'esprit. Je hais mon beau-père pour ce qu'il a infligé à ma femme, pour ce qu'il fait à ma fille. Je m'exècre moi-même pour les secrets que je garde enfouis au fond de mon cœur et qui me rongent de remords. Si seulement je pouvais te les confier.

Roy lui prit les mains, les serra entre les siennes.

— A quoi bon te torturer, Danny ? Ne dis rien maintenant, cela vaut sans doute mieux. Mais réfléchis, regarde en toi-même. Le moment venu, sois assuré qu'une force supérieure te portera secours.

— Peut-être... Viens, buvons encore quelque chose.

— Je n'ai malheureusement pas le temps. Je dois prendre l'avion ce soir même et j'ai encore beaucoup à faire.

— Tu me quittes déjà ? Tu ne peux pas savoir à quel point je suis désolé de te voir partir si vite, Roy.

Ils descendirent l'escalier de la terrasse.

— Nous nous reverrons, Danny. Si Dieu le veut.

En s'approchant de la voiture, Danny sentit sa gorge se nouer comme lors de leur première séparation. A ce moment-là, il n'avait pas confié son secret à son ami. Aujourd'hui, il ne le pouvait pas davantage.

— Tu es heureux, dit-il en regardant son visage resté juvénile, que ne marquaient ni les rides ni les soucis.

— J'éprouve mieux que du bonheur ou du contentement, Danny. Je me sens comblé. En paix avec moi-même.

— Ce doit être bien agréable...

— Il est réconfortant de savoir ce que l'on veut faire de sa vie et de pouvoir le réaliser. De ce point de vue, j'ai beaucoup de chance, je l'avoue.

— Et c'est ce sentiment qui te procure la paix?

— On est toujours en paix, Danny, quand on reste fidèle à soi-même.

Ils s'embrassèrent une dernière fois. Roy démarra. Quand la voiture eut disparu au tournant, Danny regagna la maison en se répétant les dernières paroles de son ami.

⁂

Du living, Danny entendit de la musique dans son cabinet de travail, à l'étage. Lily avait dû arriver pendant qu'il était dehors avec Roy. Elle aimait travailler avec une musique de fond. Pour sa part, il ne se sentait absolument pas prêt à s'attaquer au scénario.

Il s'assit sur un canapé et réfléchit à sa conversation avec Roy en écoutant malgré lui les paroles de la chanson. Lily passait sa cassette préférée de Tina Turner, un tube auquel Danny n'avait jamais prêté attention jusqu'alors.

Les hommes sont tous les mêmes,
On ne regarde pas leur figure,
On ne demande pas leur nom,
On ne les traite pas comme des humains,
On ne pense qu'à leur fric.

La complainte de la pute... Luba pensait-elle de même? Elle n'avait pourtant jamais accepté de lui un sou. Pourquoi? Danny se leva, sans même chercher la réponse. Puisqu'il avait décidé de l'éliminer de sa vie, il n'allait pas recommencer à penser à elle, surtout maintenant. Il monta dans son cabinet de travail et éteignit la stéréo.

— Excusez-moi, dit Lily, je ne me rendais pas compte que c'était aussi fort. La musique est pour moi comme une drogue, il faudra que je me désintoxique.

— Non, au contraire. J'aime la musique, moi aussi.

— En fait, je vous avais vu à la piscine avec un prêtre et je ne voulais pas écouter votre confession.

— C'était presque cela, en effet.

— Je ne savais pas que vous étiez catholique, dit-elle en allumant l'ordinateur.

— Je ne le suis pas.

— Quelle est votre religion, alors?

Devant son regard franc, ouvert, qui attendait une réponse simple à une question simple, Danny hésita.

— Je suis épiscopalien. Ce prêtre est un vieux camarade d'école. Vous avez tous les deux quelque chose en commun.

— Vraiment? Quoi donc?

— Il a aimé *London Rock*, lui aussi.

— Alors, *Everyman* lui plaira encore plus! On s'y met?

— Ouais... Où en étais-je?

— Vous vouliez reprendre la partie où Everyman fait déverser des déchets toxiques dans une réserve d'oiseaux.

— Ah, oui! Je voudrais ajouter une scène où on le voit soudoyer le conservateur.

— Puis-je vous dire quelque chose? Je vous trouve trop dur avec Everyman.

— Comment cela?

— Vous le rendez trop méchant. Le personnage risque de perdre sa crédibilité en devenant caricatural.

— Je me crois capable d'éviter ce piège.

— Comprenez-moi, je ne veux pas faire ma petite peste...

— Vous y réussissez pourtant fort bien.

— Non, sérieusement! Vous dites toujours que la force d'une intrigue vient du contraste entre l'ombre et la lumière.

— Et je ne me dédis pas.

— Je crois qu'il faudrait une scène à la *Rosebud.*

— Copier *Citizen Kane*?

— Parfaitement! Rappelez-vous: Kane était un personnage diabolique, lui aussi. Pourtant, sur son lit de mort, il pense à ce qu'il avait de plus précieux quand il était enfant, à son petit traîneau qui symbolise son innocence passée.

— Pas Everyman! explosa Danny. Le personnage existe, je ne fais que le copier sur J.L. Stoneham, mon beau-père. J.L. n'a jamais été innocent. Il est né mauvais.

Déconcertée par ce soudain éclat, Lily ne répondit pas. Danny arpenta la pièce un long moment en s'efforçant de remettre de l'ordre dans ses idées.

— Je ne suis pas d'humeur à travailler, dit-il enfin.

— Vous voulez déjeuner?

— Je n'ai pas faim, il fait trop chaud.

— Eh bien, piquez une tête dans la piscine, rafraîchissez-vous. Je ne dirais pas non, moi non plus.

— Bonne idée. Il doit y avoir un maillot de bain à votre taille quelque part.

— Voyons, Danny ! Pour quelqu'un qui met en scène des femmes nues courant sur les toits, vous êtes bien pudibond ! La baignade à poil est une vieille tradition américaine, dit-elle en riant de son effarement. Je vais chercher des serviettes et je vous rejoins dans une minute.

Elle disparut dans la salle de bain. Ne sachant trop que faire, Danny fit glisser la baie vitrée donnant sur le jardin, hésita avant de se déshabiller et plongea. Quand il remonta respirer à la surface, elle se tenait au bord de la piscine. Nue, se dit-il, elle ressemble vraiment à une petite paysanne qui rit au soleil dans un tableau.

— Elle est bonne ? cria-t-elle.

— Idéale !

Elle exécuta un plongeon parfait et remonta aussitôt près de lui en l'éclaboussant.

— Menteur ! Elle est glaciale !

Ils s'ébattirent une dizaine de minutes en s'amusant comme des enfants en vacances. La première, elle sauta hors de l'eau et courut en frissonnant vers la maison. Danny la suivit. Elle se frottait avec une serviette au rythme de la chanson de Tina Turner, qu'elle avait remise en sourdine. Elle est belle, désirable et elle le sait, pensa-t-il.

— Vous vous sentez mieux ? demanda-t-elle en se séchant les cheveux.

— Beaucoup.

— Prêt à reprendre le collier ?

Encore ruisselant d'eau, il s'approcha à pas lents.

— Peut-être. Et vous ?

— Presque.

Elle lâcha la serviette et le prit dans ses bras.

Son contact fit à Danny l'effet d'une décharge électrique. Caressant fiévreusement ses épaules, ses seins, ses cuisses, il la fit doucement basculer sous lui sur le tapis. Son désir ne pouvait souffrir le moindre retard. Quand il se plongea en elle, elle était prête à le recevoir.

Tina Turner continuait à chanter en sourdine :

Les hommes sont tous les mêmes,
On ne pense qu'à leur fric...

D'un seul coup, Danny sentit qu'il se recroquevillait. Il tenta de se ressaisir. Rien n'y fit. Son désir était évanoui.

Mortifié, il se laissa retomber à côté d'elle.
— Je suis désolé, mais...
Elle posa un doigt sur ses lèvres.
— Chut ! Ne dites rien.
— Je ne comprends vraiment pas...
— Ce sont des choses qui arrivent.
— Pas de se retrouver impuissant !
— Les femmes aussi connaissent cela, mais les hommes ne s'en aperçoivent pas. Nous, nous pouvons faire semblant — vous autres, évidemment, c'est plus difficile, dit-elle en pouffant de rire. Qui prétend que les femmes sont inférieures aux hommes ?
— Pour une petite peste, vous êtes adorable, Lily.
— Il est tard, je vais vous préparer quelque chose à manger. Je suis excellente cuisinière, vous savez !
— Pourquoi les femmes de ma vie se croient-elles toutes obligées de me nourrir ? Ai-je l'air sous-alimenté ?
Lily pouffa de rire à nouveau.
— Pas du tout ! Je me disais simplement qu'un bon repas vous ferait du bien. Je pourrais aussi rester ce soir — pas pour « la chose », rien que pour la compagnie...
— Merci, Lily, merci pour tout. Mais je crois que je ferais mieux de rester seul — ce soir, du moins.
Après son départ, il se drapa dans un peignoir et sortit s'asseoir au jardin.
Sa déficience, aussi soudaine qu'imprévue, l'humiliait moins qu'elle ne le stupéfiait. Lily était parfaite sous tous les rapports — belle, intelligente, toujours gaie, sûre d'elle-même et, malgré tout, simple et saine. Il la revit debout au bord de la piscine, silhouette irréprochable, seins fermes et ronds — et ce petit triangle, entre ses cuisses, de la même couleur que ses cheveux... Il l'avait désirée, il la désirait encore. Alors, de quelle malédiction avait-il été frappé ? Une bouffée de colère le saisit : c'était cette foutue chanson ! Il allait écraser la cassette à coups de talons...
Conscient de son ridicule, il se reprit aussitôt avec un sourire ironique. Il ne pouvait quand même pas rendre Luba responsable de tout ce qui lui arrivait.

Chapitre 17

1988 : NEW YORK

Les pales de l'hélicoptère tourbillonnaient moins vite que les pensées de Danny. Il n'avait pas emmené Lily à New York pour la fin du tournage. Elle s'était montrée envers lui toujours aussi gaie, aussi serviable. C'est lui qui, trop mal à l'aise avec elle, avait préféré la laisser surveiller le tirage du film au laboratoire et les préparatifs du montage.

En virant autour du World Trade Center, l'hélicoptère lui révéla un nouvel aspect de l'impressionnant paysage urbain. Jusqu'à présent, tout s'était bien passé et Danny avait hâte de terminer son film. En dépit de tout, il éprouvait un sentiment de plénitude — le même, peut-être, que celui de son père quand il mettait la dernière main à sa crucifixion.

L'hélicoptère survolait maintenant Wall Street, déserte en cette journée de dimanche. C'est là que devait se dérouler la dernière scène, celle du délire et de la mort d'Everyman. Solidement arrimée près de la porte ouverte de l'appareil, la caméra se fixa sur l'acteur incarnant Everyman jeune, debout au coin de la rue. Le maquilleur pulvérisa de la « sueur » sur son visage, le coiffeur lui ébouriffa artistement les cheveux. Sur ordre de Slim, les techniciens coururent se dissimuler dans une entrée d'immeuble et il ne resta que la silhouette solitaire qui regardait le ciel.

— Moteur ! cria Danny dans l'interphone.

L'opérateur fit signe qu'il était prêt.

— Allons-y !

Le pilote piqua sur Everyman, affolé, les bras tendus pour implorer secours. Après un bref point fixe, l'hélicoptère remonta lentement le long de la façade de la tour ; à chaque étage, les rideaux des fenêtres se fermaient les uns après les autres, comme pour rejeter les appels d'Everyman. Arrivée au niveau du toit, la caméra découvrit une femme nue, aux longs cheveux blonds agités par un ventilateur, qui se penchait sur le vide en appelant : « Everyman ! Everyman ! »

L'hélicoptère vira de bord. La caméra fit un panoramique sur le coucher de soleil et découvrit, sur le toit de la tour d'en face, une autre femme nue, à la chevelure teintée en rouge feu par un projecteur, qui montrait la rue du doigt en criant elle aussi « Everyman ! Everyman ! ». Après un nouveau panoramique vers le bas, la caméra fit un zoom sur la silhouette d'Everyman qui s'écroulait par terre, mort.

— Coupez ! cria Danny.

— C'est tout bon ! répondit l'opérateur.

Danny fit signe au pilote qui reprit le chemin de l'héliport. Les derniers rayons du soleil s'éteignaient, les prises de vue étaient finies juste à temps. Enfin détendu sur son siège, Danny contempla la Statue de la Liberté, symbole d'espoir pour des millions d'immigrants fuyant l'oppression et la misère, des millions de réfugiés — comme Luba. Luba n'avait jamais vu la statue, mais elle apprécierait sûrement sa beauté. Danny l'imagina au pied du monument — le face à face de deux femmes fortes, exceptionnelles...

La statue semblait le saluer de son bras levé. Au moment où il la survola, la torche s'alluma. C'était de bon augure.

*
**

LONDRES

Magda préparait son fameux chou farci, dont Danny s'était régalé à Lisbonne. Luba était si heureuse, à ce moment-là ! Elle aimait Danny, il semblait aussi amoureux d'elle. Dès le début, cependant, Magda avait craint que leur aventure ne finisse mal. Pauvre Luba ! Maintenant, elle restait enfermée dans l'appartement et peignait sans arrêt. Pour une fois, Magda avait réussi à la convaincre de sortir faire les courses — les rôles étaient renversés ; avant, c'était

Luba qui essayait de faire sortir Magda. Et puis, Luba ne profitait même pas de leur nouvelle aisance. Elle aurait pourtant dû être contente, l'argent du colonel Johnson les avait presque rendues riches : finis les vols à l'étalage et les coups de téléphone de l'agence !

Pendant que le chou mijotait, Magda alla s'asseoir dans le living, encombré de pinceaux et de tubes de peinture. Une toile inachevée était posée sur le chevalet, acheté par Magda pour remplacer le vieux pupitre à musique branlant. Luba s'en était à peine rendu compte. Que pourrait-elle encore faire pour sa fille ? Une idée germa dans son esprit.

Après avoir longtemps refusé de montrer ses œuvres, Luba avait été très heureuse d'en vendre à Mme McKeever et à quelques-uns de ses amis. Magda alla prendre un tableau au hasard dans le placard de l'entrée — celui des silhouettes sur la plage, qui avait l'air très bien fait. Luba avait-elle autant de talent qu'on le disait ? Il n'y avait qu'un moyen de s'en assurer. Magda éteignit le fourneau, se lava les mains, enveloppa le tableau dans une nappe, mit son manteau et sortit.

Dix minutes plus tard, elle arpentait Mount Street en s'efforçant de rassembler son courage pour entrer dans une des élégantes galeries. Elle s'arrêta devant la vitrine de Geoffrey's, où d'assez beaux tableaux étaient exposés. Ceux de Luba lui semblaient beaucoup mieux peints, mais peut-être avait-elle tort — elle n'y connaissait rien, après tout. Derrière la vitre, une dame maigre avec de grosses lunettes la regardait d'un air soupçonneux. Magda aspira un grand coup et entra.

Des clients allaient et venaient. La dame maigre s'approcha aussitôt, comme pour lui barrer le passage.

— Vous désirez ?

— Ma fille a peint ce tableau, dit-elle timidement en déballant la toile de Luba. Qu'en pensez-vous ?

La dame maigre fit une grimace de dédain, sans même daigner regarder la toile.

— Je regrette, madame, nous ne traitons qu'avec des artistes confirmés.

— Excusez-moi.

Magda ramassa sa nappe tombée à terre. Elle s'apprêtait à remballer le tableau quand une voix se fit entendre.

— Un instant, je vous prie !

Un homme grand, élégamment vêtu d'un complet sombre de coupe irréprochable, fixait le tableau d'un regard fasciné

— Cette toile me plaît. Elle est superbe, dit-il enfin.

— Certes, Lord McFadden, s'empressa d'approuver la dame maigre. Elle semble intéressante, en effet.

Le regard de l'homme se posa alors sur Magda.

— Puis-je savoir qui est l'artiste?

***

LOS ANGELES

Il était minuit quand Danny arriva chez lui de l'aéroport, épuisé jusqu'aux os. Le tournage à New York était enfin terminé, il commencerait le montage le lendemain. En attendant, il n'aspirait qu'à un repos bien mérité. Jamais son lit ne lui avait paru plus attirant. Avec un soupir d'aise, il se glissa entre les draps frais et perdit aussitôt conscience.

A un moment, il entendit des coups de sonnette et des coups de poing sur la porte d'entrée et tenta d'ignorer le tintamarre. Celui-ci persistant — son réveil indiquait 1 heure 15 — il se résigna à aller voir ce qui se passait et descendit en pyjama. A peine eut-il ouvert la porte qu'il le regretta. Le gros homme en complet à carreaux se tenait sur le seuil.

— M. Stoneham désire vous voir.

Danny le dévisagea, effaré.

— L'avion attend à l'aéroport, ajouta l'autre.

— Vous êtes cinglé?

— M. Stoneham insiste.

— Au diable votre M. Stoneham!

— C'est extrêmement urgent. Vous pourrez être de retour à Los Angeles dans une douzaine d'heures.

Danny essaya de lui claquer la porte au nez, mais l'homme avait prévu son geste et repoussa le battant.

— Il s'agit de Patricia, dit-il.

— Que se passe-t-il? Où est-elle? demanda Danny, alarmé.

— Elle va bien, M. Stoneham vous le dira lui-même. Il doit absolument vous parler.

Danny s'habilla en hâte et suivit le gros homme vers la limousine stationnée dans la rue.

Dans le secteur privé de l'aéroport de Burbank, réacteurs

en marche, le Boeing 707 de J.L. Stoneham était prêt à décoller en bout de piste. Danny eut un mouvement de colère en voyant le nom de sa fille, PATRICIA, peint en lettres d'or sur le flanc de l'appareil. Un steward lui fit traverser successivement un bureau entièrement équipé, avec ordinateur, fax et téléphones ; une bibliothèque digne d'un château Tudor ; un salon Louis XVI ; une salle à manger, avec des fleurs et des fruits sur la table. Il arriva enfin dans une somptueuse chambre à coucher. La couverture était faite et un pyjama de soie préparé sur le lit à son intention.

— Si monsieur désire se restaurer, dit le steward, le chef peut lui préparer ce qu'il désire.

Danny refusa d'un signe. Le steward entreprit alors de lui expliquer la fonction des divers boutons alignés à la tête du lit, mais Danny ne l'écouta pas et le congédia avant de se jeter tout habillé sur le lit. Il était ivre de fatigue et tremblant d'inquiétude. A quelle détestable surprise devait-il encore s'attendre de la part de J.L. ? Tout se déroulait trop vite, tout était trop inattendu. On ne lui laissait pas le temps de réfléchir. En fait, il ne voulait pas réfléchir. Il ne souhaitait que revoir Patricia.

Voulant éteindre la lumière, il pressa des boutons au hasard, ce qui eut pour résultat d'allumer un écran géant où apparut une carte des Etats-Unis, sur laquelle un petit avion rouge se déplaçait en clignotant. Il ferma les yeux, mais ses pensées lui interdirent de trouver le sommeil. Il les rouvrit, pour constater que le petit avion survolait le Nevada. Au bas de l'écran, des chiffres constamment modifiés lui apprirent que l'appareil progressait à la vitesse de 1 024 kilomètres/heure, qu'il se trouvait à une altitude de 47 000 pieds, qu'il restait quatre heures et cinq minutes de temps de vol et que la température extérieure était de -42 degrés. Il comprit qu'il avait dormi en s'apercevant, un peu plus tard, que le petit avion rouge quittait le Nebraska et n'avait plus que deux heures et dix minutes de vol à accomplir.

A l'atterrissage à Kennedy, une limousine attendait sur la piste. Danny s'affala sur la banquette, sans parvenir à se convaincre que moins de six heures auparavant il s'était paisiblement endormi chez lui, à Beverly Hills. Décidément, Stoneham ne faisait jamais rien simplement..

La limousine s'arrêta, le chauffeur ouvrit la portière, Danny descendit. Il n'était pas à Long Island mais devant l'hôpital de Lennox Hill, au coin de la 75e Rue et de Park Avenue. Etait-ce là qu'on avait amené Patricia? Le gros homme lui avait pourtant dit qu'elle se portait bien. Prêt à toute éventualité, Danny suivit dans l'ascenseur un homme en blanc qui le guida jusqu'au service de réanimation.

La salle était plongée dans une semi-obscurité afin de faciliter la lecture des moniteurs cardiaques, dont les graphiques mouvants et les bip-bip créaient une animation morbide. Il y avait six lits disposés en demi-cercle, séparés les uns des autres par des rideaux. Le quatrième côté restait ouvert pour permettre la surveillance constante des patients par les infirmières de garde. J.L. reposait sur l'un d'eux.

Danny le reconnut à peine. Son teint avait pris la couleur de l'ivoire, des tuyaux étaient plantés dans ses bras et son nez. Seul son regard n'avait rien perdu de son intensité quand il le darda sur Danny, en disant d'une voix rauque:

— Je n'ai pour vous aucune sympathie.

— Moi non plus. Pourquoi m'avez-vous traîné jusqu'ici?

— Taisez-vous et écoutez-moi.

Ils se défièrent du regard. Stoneham respirait avec peine et parlait difficilement.

— J'ai un marché à vous proposer.

— Un... marché?

— Je vous ai déjà dit de vous taire!

Jusque sur son lit de mort, pensa Danny, il faut qu'il donne des ordres...

— Je renoncerai à mon OPA sur Ace Films, je détruirai tous les documents de mon enquête vous concernant. Gardez pour vous votre répugnant petit secret. A une condition...

Une quinte de toux l'interrompit. Danny attendit la suite en réprimant une grimace de douleur. Quel prix allait-il devoir payer?

— Patricia ne devra jamais savoir que vous êtes Juif.

Au tréfonds de lui-même, Danny sentit quelque chose bouillonner.

— C'est ça, votre *marché*? dit-il avec un rire amer. C'est trop drôle! Il y a quelques semaines, vous vouliez crier mon « répugnant petit secret » sur les toits. Aujourd'hui, vous voulez le cacher... Je ne prendrai aucun engagement au nom de ma fille. Faites ce que bon vous semble.

— Je fais toujours ce qui me plaît.

Danny tournait les talons quand Stoneham le rappela.

— Dennison!

Danny s'arrêta.

— Je subis demain une opération à cœur ouvert. On me dit que j'ai cinquante pour cent de chances d'y survivre...

Il reposa sa tête sur l'oreiller, comme pour rassembler ses dernières forces.

— Si j'y reste, Patricia hérite de tout. Je n'ai qu'elle au monde, dit-il d'une voix affaiblie.

Danny fixait des yeux le liquide qui s'écoulait dans les tubes. J.L. reprit péniblement sa respiration.

— Si je meurs, je vous demande de veiller sur elle.

Danny sentit son cœur battre plus fort. La réalité rejoignait-elle la fiction? Cette scène, il venait de la tourner — Everyman faisant le bilan de sa vie et cherchant désespérément l'absolution de ses fautes... Il eut presque pitié de l'homme à demi mort qui gisait devant lui.

— Il va de soi que je prendrai soin de ma propre fille.

— Ne faites pas tant le faraud, Dennison! Si vous ne voyez pas ma notice nécrologique dans le journal de lundi, dites-vous que je serai en vie. Et que je n'aurai pas changé

*
**

LOS ANGELES

Pour la troisième fois consécutive, Danny demanda au monteur de passer les premières images du film. Il avait beau essayer de se concentrer, il ne voyait rien. Les événements des dernières quarante-huit heures l'obsédaient: au seuil du Jugement, son ennemi lui avait offert de retenir ses coups et de garder son secret! Il n'arrivait pas encore à y croire.

Milt fit irruption dans la salle de montage, une bouteille de champagne et un journal à la main.

— As-tu vu ça, bonhomme? s'écria-t-il en brandissant le dernier numéro de *Variety*.

Danny lut la manchette:

STONEHAM RENONCE A SON OPA SUR ACE FILMS

— Je te l'avais bien dit ! jubila Milt. Comme disait un type supérieurement intelligent, un problème est une question de perspective... Il faut arroser ça !

— Les journaux ne parlent pas de son opération ?

— Les bêtes malfaisantes de son espèce ne crèvent jamais ! Il a dû ressusciter en voyant combien de millions lui rapportait la hausse des actions d'Ace Films.

Tout en parlant, Milt déboucha la bouteille de champagne et fit gicler la mousse sur sa chemise.

— Sarah va me tuer !...

— Au fait, comment vont tes affaires avec elle ?

— Tu peux être fier de moi, Danny. Je me conduis comme un vrai petit ange. Buvons !

Ils lampèrent le champagne tiède dans des gobelets en plastique.

— Oh, j'allais oublier ! dit Milt. Art Gunn veut savoir quand il pourra visionner le pré-montage. As-tu une idée du temps qu'il te faudra ?

— Je verrai, je te tiendrai au courant.

Danny bâilla. Le champagne lui faisait l'effet d'un soporifique. Milt le regarda par-dessus ses lunettes.

— Dis donc, tu n'as pas l'air en forme.

— Je n'ai pas beaucoup dormi, depuis hier. A peine rentré de New York, j'ai dû y refaire un aller-retour.

Milt rit de ce qu'il prit pour une plaisanterie.

— Ne te tue pas au travail, on a encore des occasions de se réjouir. Sarah veut t'inviter à dîner — avec Lily Kane.

Danny ne réagit pas au clin d'œil de son ami.

— On en reparlera plus tard, dit-il avec lassitude. Pour le mois qui vient, je reste enfermé ici avec la table de montage.

***

Incapable de travailler correctement, Danny rentra chez lui prendre le repos dont il avait grand besoin. De la porte, il vit clignoter la lampe du fax. Le message venait de tomber dans le panier de la machine.

M. Stoneham vous informe que le médecin traitant de Patricia autorisera prochainement les visites. Elle se trouve actuellement à la Clinique du Mont, à Lausanne. Sous réserve de votre approbation, elle sera inscrite à sa sortie dans un établissement scolaire suisse où elle pourra terminer ses études.

Danny relut « Sous réserve de votre approbation ». Ces mots étaient-ils réellement sortis des lèvres de J.L. ? Mais surtout, il allait enfin pouvoir revoir Patricia ! Des larmes lui brouillèrent la vue. Subsistait-il un peu d'humanité chez J.L. ? Peut-être le suicide de sa fille l'avait-il traumatisé au point de craindre le même sort pour sa petite-fille. Peut-être avait-il appris quelque chose de la vie quand la mort s'était penchée sur son épaule. Pour la première fois, Danny éprouva pour son beau-père un sentiment qui n'était pas la haine.

*
**

Danny ne pouvait pas éternellement éviter Lily. Quand il la revit, elle fit comme si rien ne s'était passé entre eux ; mais il était plus gêné que jamais et il s'efforça de rester le moins souvent possible seul avec elle pendant le montage. Il ne pouvait s'empêcher, devant son joli visage ouvert et gai, de penser qu'elle avait pitié de lui. Il la verrait partir avec soulagement à la fin de son engagement.

Son film, en revanche, lui apportait d'immenses satisfactions. Il ne se lassait pas de revoir le panoramique de la dernière scène, partant du personnage solitaire d'Everyman pour balayer les façades, aux fenêtres identiques comme les alvéoles d'une ruche vénéneuse, et finir sur la silhouette sensuelle de la femme nue profilée contre un ciel menaçant.

Lily, qui regardait par-dessus son épaule, le tira de ses réflexions.

— Excusez-moi, Danny. Je suis peut-être idiote — non, inutile d'approuver ! — mais pouvez-vous me dire pourquoi ces deux femmes sont nues ?

— Je les voulais dépouillées de tout accoutrement matérialiste, répondit-il.

Il s'en voulut aussitôt d'avoir employé un ton et des mots aussi ridiculement pompeux et essaya de se racheter.

— Si vous préférez, elles incarnent la séduction du pouvoir, de la cupidité, de la vanité. Quel meilleur symbole de la séduction qu'un corps de femme nue ?

— J'espère que ça marchera, dit-elle à mi-voix

— Je croyais que vous aimiez le film.

— Oui, bien sûr, mais...

— Mais quoi ?

— Rien, Danny, rien.

Il s'absorba de nouveau dans le montage, mais les mots de Lily, « J'espère que ça marchera », lui tournèrent longtemps dans la tête.

***

Vingt-cinq ans plus tard, Kathy jouait toujours aussi mal du piano et la cuisine de Sarah n'avait fait, non plus, aucun progrès. Dieu merci, Jonathan n'avait pas pu venir ce soir-là. Il était encore plus odieux à trente-trois ans qu'à huit et, comme si cela ne suffisait pas, il devenait obèse et perdait ses cheveux. Pendant le dîner, Sarah fut aux petits soins pour Milt.

— Tiens, mon chéri, ton plat préféré, de la carpe farcie que j'ai préparée exprès pour toi !

— Oh, mon amour, tu n'aurais pas dû !

Milt était sincère, Sarah n'aurait pas dû. Il n'exécrait rien tant que la carpe farcie, qu'il comparait à du ventre de grenouille confit dans du formol.

Danny regarda les convives autour de la table. Tout le monde mangeait de bon appétit, Milt dévorait ses boulettes de carpe en feignant de se régaler et lançait des sourires langoureux à Sarah. Quel homme ! se dit Danny. Un quart de siècle s'était-il vraiment écoulé depuis qu'il était venu voir son court métrage à USC ? Désormais, les agents ne se donnaient plus la peine de rechercher les nouveaux talents ; ils attendaient que vous soyez devenu une star avant de daigner s'occuper de vos affaires. Milt était sans doute le seul à se rendre encore tous les ans à USC pour visionner les films d'élèves.

Milt surprit Danny qui l'observait affectueusement. Il lui fit un clin d'œil complice, donna trois coups de fourchette sur son verre et se leva :

— Je bois à Danny, un de mes tout premiers clients. Quand il est venu me voir pour la première fois, à la *Famous Artists*, j'occupais le dernier bureau au fond du couloir et il venait de faire un court métrage qui s'appelait *Au Secours !* — c'est bien ça, n'est-ce pas ?

— Mais non, *Sauvée !*, le corrigea Sarah.

— Je n'oublierai jamais, reprit Milt sans se démonter. Je

savais déjà qu'il avait du talent et, croyez-moi, je ressens une légitime satisfaction en constatant que ma confiance en lui était amplement justifiée. Regardez! Ses dix pour cent ont tout payé dans cette pièce. Tout — y compris le papier peint...

Danny ne sut s'il plaisantait ou parlait sérieusement. Milt reprit sans sourire le fil de son discours.

— Demain, nous verrons pour la première fois *Everyman*, le dernier film de Danny. Je sais ce que ce film représente pour toi, Danny, mon meilleur ami, dit-il d'une voix tremblante d'émotion tandis que Sarah s'essuyait les yeux. Je sais que grâce à lui tu atteindras un nouveau sommet du Septième Art. *Mazel tov*, Danny! Bonne chance et que Dieu te bénisse!

Là-dessus, Milt avala son verre d'un trait.

***

Adossé au mur de la salle de montage, Danny regarda le grouillot charger les bobines d'*Everyman* sur un diable. Ce soir, tout le studio allait visionner pour la première fois le pré-montage. Le sort était jeté. En voyant s'éloigner le diable, il dut résister à l'envie de reprendre les boîtes et de les emporter chez lui.

Lily entra, son cartable à la main.

— C'est le moment des adieux, Danny.

— Pourquoi?

— Mon job est terminé, vous n'avez plus besoin de moi. Pour rien, ajouta-t-elle.

Son calme, son ton direct le désarçonnèrent.

— Vous n'attendez pas les réactions?

— Bonnes ou mauvaises, je n'y changerai rien.

— Pourquoi cette attitude négative? répliqua Danny, qui sentait ses nerfs le lâcher.

— Je ne suis pas négative, Danny. J'espère sincèrement qu'ils aimeront le film.

— C'est donc qu'il ne vous plaît pas!

— Ecoutez, Danny...

— Il vaut mieux que vous partiez, en effet, dit-il sèchement en feignant de compulser des papiers.

Il sentit qu'elle le regardait, il l'entendit sortir. Il aurait préféré se séparer d'elle avec moins de brutalité — de grossièreté. Mais il maîtrisait trop mal ses nerfs et cette conversation n'avait rien arrangé, au contraire.

Rentré chez lui, il écouta les messages enregistrés sur son répondeur en tournant comme un ours en cage. Celui de Milt lui donna les mains moites : « Je t'aime, bonhomme. Je te verrai à la fin de la projection et je fais une prière pour toi. »

La femme de ménage avait posé le courrier sur son bureau. Il le tria distraitement, jeta les publicités à la corbeille et découvrit une carte postale représentant deux bébés koalas sur une branche d'eucalyptus.

Les aborigènes sont des gens merveilleux, je me suis déjà fait de nombreux amis. Mais je n'en aurai jamais qu'un seul tel que toi. Dieu te bénisse. Roy.

Pourquoi fallait-il que les deux personnes qu'il aimait le plus au monde soient si loin de lui, Roy en Australie et Patricia en Suisse ? Dès demain, il prendrait l'avion pour aller la voir. Ils se promèneraient en montagne, feraient du bateau sur le lac Léman. Seuls ensemble, ils pourraient enfin se parler à cœur ouvert. Mais que lui dirait-il ?...

L'horloge sonna bruyamment cinq coups. *Ils* devaient être en train de prendre leurs places. C'est lui qui avait préféré que la projection ait lieu en fin d'après-midi plutôt qu'après le dîner, quand on est alourdi par le vin et la nourriture et qu'on s'endort dans son fauteuil. Cinq heures du soir, le début du crépuscule, lui semblait l'heure idéale pour voir *Everyman*, comme il l'avait vu à Salzbourg.

Incapable de tenir en place, il retourna au studio, où il eut beaucoup de peine à trouver une place pour se garer tant son film avait attiré de monde. Contact coupé, il attendit. Au bout de quelques minutes, à bout de nerfs, il entra dans le bâtiment par une issue de secours et parcourut lentement le couloir désert, tapissé d'affiches de chefs-d'œuvre du passé, *Sur les quais*, *Lawrence d'Arabie*, *Le Pont de la rivière Kwai*. Ce serait bien, se dit-il, si une affiche d'*Everyman* venait un jour s'ajouter à cette prestigieuse collection... Devant la cabine de projection, il se colla l'oreille à la porte. Aucun bruit ne montait de la salle. Les spectateurs devaient être fascinés. Avec un profond soupir, il sortit en faisant une prière, se rassit dans sa voiture, se trémoussa sans trouver une bonne position. Les yeux fixés sur la pendule de bord, il imaginait, à mesure que s'écoulaient les minutes, quelles images étaient en train de passer à l'écran. La scène finale, le long panoramique tourné d'hélicoptère en une seule prise — un tour de force technique —, survint enfin à 18 heures 50. Quelques minutes après, en entendant des voix, il descendit et s'accroupit derrière sa voiture afin d'observer les spectateurs, professionnels du cinéma et invités de marque, qui regagnaient le parking. Le cœur battant, il tendit l'oreille.

— On se demande ce que signifie cette connerie!

— C'est encore plus mauvais que *L'Année dernière à Marienbad*!

— Pour voir un navet comme celui-là, le public tiendrait à l'aise dans une cabine téléphonique!

Assommé, Danny se redressait lentement quand un bras se posa sur ses épaules. Il se retourna. Milt le regardait avec tristesse et compassion.

— C'était vraiment mauvais? lui demanda-t-il dans un murmure, comme un enfant puni qui retient ses larmes.

— Mais non, Danny. C'était bon, trop bon même. Vois-tu, le public n'est pas assez éduqué...

La voix d'Art Gunn derrière eux l'interrompit:

— Vous avez passé trop de temps en Europe, mon vieux.

Cigare au coin de la bouche, le grand patron d'Ace Films le toisait en hochant la tête d'un air perplexe.

— Bien entendu, il n'est pas question de distribuer ce chef-d'œuvre. Notre ami Dennison, poursuivit-il en se tournant vers Milt, s'imagine sans doute gagner la Palme d'Or à Cannes avec un film qui ne serait compris que d'une demi-douzaine d'intellectuels au chômage.

— N'en rajoutez pas, Art! le rabroua Milt. On trouvera une solution.

— Elle est toute trouvée! Heureusement que c'était un petit budget et que j'ai insisté pour lui donner *Paris Rock* en garantie. Allez, Danny, ne vous en faites pas, ce n'est pas la fin du monde, conclut-il en s'éloignant.

Soudain, entre deux éclats de rire, quelqu'un cria « Everyman! » d'une voix de fausset. Sur le même ton, une autre voix reprit l'appel en écho. Danny recula dans un recoin obscur tandis que, par-dessus la cacophonie des rires et des moteurs des voitures de luxe, retentissaient les cris de dérision « Everyman! Everyman! »

Quand le silence retomba, Danny était insensible, comme anesthésié. Milt ne l'avait pas quitté.

— Viens, on va manger quelque chose chez Chasen's.

— Je n'ai pas faim.

— Tu te sens bien?

— Oui. Merci, Milt.

— Ecoute, Danny, ton film était génial, mais...

— Laisse tomber, veux-tu?

— Je voulais dire que ce ne sont pas les films géniaux qui se vendent en ce moment. Le public demande du sang, des vampires, des tronçonneuses.

— Ou *Paris Rock*, dit Danny amèrement.

Milt le prit par le bras:

— Viens, bonhomme. Rentrons chez toi.

⁂

Ils se précipitèrent droit vers le bar. Milt leur versa à chacun une double vodka qu'ils avalèrent en silence.

— Et moi qui voulais faire quelque chose de différent, de profond, dit enfin Danny tristement.

— Non, bonhomme, tu voulais te venger de ton beau-père, répondit Milt en remplissant les verres. N'y pense plus, fait *Paris Rock* et empoche le fric.

La moitié de la bouteille s'était évaporée avant qu'ils ne rompent le silence.

— Est-ce qu'il t'a plu au moins? demanda Danny.

— Quoi?

— *Everyman*! riposta Danny, agacé.

Il tendit le bras, remplit les verres sans quitter Milt des yeux et répandit de la vodka sur le bar.

— Réponds, bon dieu! Le film t'a plu, oui ou non?

— Kafka, dit Milt avec un soupir.

— Kafka?

Milt approuva d'un signe et avala une lampée de vodka.

— Tu compares mon *Everyman* à l'histoire d'un quelconque imbécile de vieux Juif?

— Ne sois pas bêtement antisémite, répliqua Milt. Je te parle en ami. Ton film est trop intellectuel, trop tarabiscoté. Il est à côté de la plaque, comme le film adapté de Kafka. Il sonne faux.

— Mais ça n'a rien à voir! Cette histoire de Kafka était

idiote — un Juif qui attend de savoir quel crime il a commis !...

— Il n'empêche que le roman est un classique.

— Un classique ? ricana Danny avec mépris. Son seul crime, c'est d'être Juif.

— Attention, Danny. N'oublie pas à qui tu parles.

— Je n'oublie pas non plus que tu m'as dit que c'était mon meilleur film !

— Que veux-tu entendre, Danny ? La vérité ou du boniment ?

— La vérité.

— Eh bien, puisque tu y tiens, c'est un navet.

— Et toi, tu es un con !

— Toi aussi !

— Ne compare pas mon histoire à celle d'un vieux minable de Juif tremblant de trouille !

— Va te faire foutre, connard de protestant ! Ton film ne vaut pas un clou !

— Ta gueule, tu entends ? Ferme ta gueule !

Surexcités l'un et l'autre par l'alcool, ils en étaient arrivés aux hurlements. Levé d'un bond, dominant Milt de toute sa taille, Danny ne lui laissa pas le temps de placer un mot.

— Tu as encore soif ? Tiens ! hurla-t-il en lui jetant sa vodka à la figure.

Dégoulinant de vodka, un verre de lunettes brisé par un glaçon, Milt resta assis, paralysé de stupeur. La rage de Danny alla croissant jusqu'à la frénésie :

— Je me fous de tes opinions débiles ! Je me fous pas mal de toi, de ton andouille de bonne femme, de tes sales gosses et de tes sordides histoires de cul ! J'en ai marre de me demander si tu baises avec Marylin ou Sarah ! Fous le camp !

Milt ne bougea pas.

— Tu as compris ? Dégage ! DEHORS !

Danny l'empoigna par ses revers, le propulsa vers le vestibule. Milt se rattrapa à la porte d'entrée

— Fumier d'antisémite ! Tu me dégoûtes ! hurla-t-il en claquant la porte derrière lui.

Danny lui courut après. Il voulait crier : « Non, je ne suis pas antisémite ! Moi aussi, je suis Juif ! »

Mais les mots lui restèrent dans la gorge.

Chapitre 18

1988 : BEVERLY HILLS

Après le départ de Milt, Danny rentra dans la pièce en titubant, la bouteille de vodka presque vide à la main. Il trébucha contre une chaise, faillit s'étaler, se redressa de justesse et but le fond de la bouteille au goulot.

Son regard tomba sur l'aquarium. Les quatre derniers poissons flottaient à la surface, le ventre en l'air. Alors, avec un hurlement de bête, il jeta de toutes ses forces la bouteille vide. La paroi de verre éclata. Hébété, il regarda l'eau jaillir, se répandre en cascade sur les scénarios de ses films. Du premier au dernier, Milt l'avait aidé de ses conseils et de son expérience. Sans lui, il ne les aurait sans doute jamais réalisés. Milt était son meilleur, son plus cher ami. Ils s'aimaient. Comment avait-il pu l'insulter de manière aussi indigne, aussi abjecte ?

Ecroulé sur une chaise, éprouvant plus de haine, plus de dégoût que jamais pour lui-même, il éclata en sanglots, la figure entre les mains. « Pardonne-moi, Milt, pardonne-moi », murmura-t-il inlassablement. Effacerait-il jamais de sa mémoire l'image de son ami, la barbe ruisselante de vodka, qui le contemplait avec horreur à travers ses lunettes brisées ? Il devait immédiatement implorer son pardon, il était peut-être encore temps. Il décrocha le téléphone, composa le numéro.

Ce fut Sarah qui répondit.

— Danny à l'appareil. Milt est là ?

— Je croyais que vous étiez ensemble... Ah ! Le voilà qui rentre. Une seconde, je l'appelle

Danny poussa un soupir de soulagement. Il ferait amende honorable. Milt comprendrait. Milt pardonnerait.

— Danny? fit la voix de Sarah.

— Oui.

— Milt dit qu'il ne veut plus te parler. Plus jamais, ajouta-t-elle juste avant de raccrocher.

Danny se tassa sur son siège. C'est ma faute, se répéta-t-il, tout ce gâchis est de ma faute. Au prix d'un effort, il se leva, alla dans la salle de bain, s'essuya le visage avec une serviette et se regarda dans la glace.

Pour la première fois, il vit avec lucidité le visage d'un homme mûr qui vivait dans le mensonge, d'un Juif pour qui c'était un crime d'être Juif. Luba avait raison: il n'était qu'un menteur, un frimeur. Si son film ne valait rien, il ne devait pas en chercher plus loin la raison.

***

LONDRES

Danny n'avait pas appelé pour prévenir de son arrivée, Luba l'aurait sans doute empêché de venir alors qu'il avait le plus besoin d'elle. Parce qu'il n'avait plus qu'elle au monde.

Comme toujours à Londres, il pleuvait. A la sortie de l'aéroport, sa valise à la main, Danny prit un taxi. Devant l'immeuble de Luba, il eut soudain peur: et si elle refusait de le laisser entrer? Il faillit dire au taxi de l'attendre, se décida à le renvoyer et pressa le bouton de l'interphone. Il reconnut la voix de Magda dans le haut-parleur.

— C'est moi, Danny, annonça-t-il.

Elle ne répondit pas. Il attendit longtemps le déclenchement de la gâche électrique. La porte de l'appartement s'ouvrit quand il arriva sur le palier. Danny resta sur le seuil. En voyant ses cheveux collés par la pluie, sa barbe de deux jours, ses yeux rouges et cernés, Magda poussa un cri:

— Vous avez une mine épouvantable!

— Où est Luba?

— Je ne sais pas, dit-elle en hésitant.

— Va-t-elle bientôt rentrer?

— Je ne sais pas.

— J'aimerais l'attendre. Puis-je entrer, Magda?

Visiblement embarrassée, Magda s'effaça néanmoins. Le living était encombré des tableaux de Luba, certains dans des caisses en carton, d'autres appuyés aux murs.

— Vous déménagez? demanda-t-il.

— Non, Luba les prépare pour une exposition dans une galerie de Mount Street, répondit Magda en souriant fièrement.

— Très bon quartier, pour la peinture.

— Ils apprécient beaucoup celle de Luba

— Moi aussi

Le silence retomba. On n'entendait que le crépitement de la pluie sur les vitres.

— Danny, dit Magda en baissant la voix, ne faites pas de mal à ma fille.

— Luba a toujours été merveilleuse pour moi, Magda. Elle m'a tant aidé! Comment pourrais-je lui faire du mal?

— Menteur! cria Luba en surgissant de la chambre. Espèce de salaud, espèce d'égoïste! Tu m'as traitée comme une roulure de trottoir, tu m'as laissée tomber comme si je n'existais pas! Qui t'a demandé de revenir?

— Je voulais te demander pardon, dit Danny, déconcerté par sa véhémence.

— A d'autres! Dis plutôt que tu as des problèmes et que tu viens te faire consoler, comme un gamin!

— C'est vrai, Luba...

— Tu m'as extorqué mes secrets, tu m'as pressée comme une éponge pour me jeter quand tu ne voulais plus de moi!

— Non, Luba. J'ai toujours voulu de toi...

— Menteur!

Magda avait quitté la pièce sans bruit. Luba se jeta rageusement sur le canapé.

— Je suis désolé, Luba, mais les problèmes que j'avais...

— Tout le monde a des problèmes!

Magda revint avec un bol de bouillon de légumes fumant qu'elle posa devant Danny sur la table basse.

— Enlevez votre veste, elle est trempée.

Il obéit sans discuter. Magda emporta la veste à la cuisine pour la faire sécher.

Danny goûta le bouillon. Il était délicieux.

— Ça va mieux? demanda Luba quand il eut terminé.

– Oui, merci.

— Moi aussi. J'avais cela depuis trop longtemps sur le cœur, il fallait que je te le sorte une bonne fois.

Elle dit quelques mots à Magda en polonais. On entendit bientôt le chien japper et l'eau couler dans la salle de bain.

— Tu as une mine à faire peur. Prends un bon bain et va te coucher. Tu iras dans le lit de Magda.

Luba quitta la pièce. Danny vida ses poches et posa son portefeuille sur la table. Luba revint un instant plus tard avec un peignoir.

— Voilà pour toi, dit-elle en le lui jetant dans les bras. Va dormir avant de tomber raide.

— Prends ce qu'il te faut pour le loyer, dit-il en montrant son portefeuille.

— Je ne veux pas de ton argent, je n'en ai jamais voulu.

— Je sais, mais...

Le peignoir sur le bras, il se crut revenu à l'orphelinat, en train de subir une réprimande de la mère supérieure.

— Servons-nous de cet argent pour faire un voyage, reprit-il. Allons n'importe où, comme il te plaira.

Luba ne répondit pas. Magda sortit de la chambre, ses vêtements dans les bras, le caniche sur ses talons.

— J'ai honte de vous chasser de votre lit, Magda.

— Pas du tout. Luba a raison, allez vous reposer.

Quand Danny se fut détendu dans l'eau chaude, il trouva sa valise défaite, le lit prêt, son pyjama déplié. Mort de fatigue, il se glissa entre les draps. Il n'avait pas encore fermé les yeux quand Luba entra avec un verre d'eau et lui tendit un comprimé de somnifère.

— Avale cela, tu en as besoin.

Il tendit la main vers elle. Elle se recula en riant :

— Non, merci ! Je ne veux pas me retrouver couchée sous un cadavre !

— Viens t'asseoir une minute, au moins.

— Bon, mais pas question de conte de fées ce soir... Comment s'est passé *Everyman* ? ajouta-t-elle en hésitant.

Il ne répondit pas. Luba lui prit la main.

— Ils en ont ri, murmura-t-il enfin. Ils ont ri de mon film et ils se sont moqués de moi.

Danny dut fermer les yeux pour retenir ses larmes. Luba lui caressa la main et attendit qu'il se ressaisisse.

— Les choses ne s'arrangent pas toujours comme nous le

voudrions, dit-elle avec douceur. Dors. Demain, il fera jour. Nous irons quelque part et nous en reparlerons.

— Où cela?

— Je trouverai un endroit. Tu me fais confiance?

— Oui.

Il ferma les yeux, le somnifère commençait à faire son effet. Luba se pencha vers lui, posa un petit baiser sur ses lèvres. Au moment de sombrer dans le sommeil, il crut l'entendre murmurer: « Je suis contente que tu sois là. »

***

Danny dormit dix heures d'affilée, de neuf heures du soir à sept heures du matin. En se rasant, il sentit d'appétissantes odeurs de bacon et de café. Luba était au téléphone. Ils déjeunèrent ensemble à la cuisine, en famille. Danny finissait de dévorer tout ce que Magda avait mis dans son assiette quand on entendit sonner.

— Le taxi est là, dit Luba. Allons-y.

Danny remarqua alors les valises près de la porte.

— Où allons-nous?

— Tu verras.

Les deux femmes paraissaient d'excellente humeur. Il s'étonna de voir qu'ils partaient tous ensemble. Sa surprise ne connut plus de bornes quand, à leur arrivée à l'aéroport, Luba retira trois billets pour Cracovie au comptoir de la compagnie polonaise LOT.

— Vous avez quitté le pays clandestinement! s'écria-t-il. N'avez-vous pas peur d'y retourner?

— Pourquoi? Nous sommes citoyennes britanniques, nous sommes libres d'aller et venir, répondit Luba. D'ailleurs, c'est toi qui as suggéré de faire un voyage.

— Oui, mais... en Pologne?

— Cracovie est une si belle ville! Tu verras, Danny.

Dans l'avion, Luba et Magda s'assirent côte à côte. Placé derrière elles, Danny les entendait pouffer de rire et bavarder sans arrêt en polonais. Peu à peu, *Everyman* s'effaçait de sa mémoire. Il regrettait seulement de ne rien comprendre à ce qu'elles se disaient.

***

Leur taxi franchit la Vistule. Les yeux écarquillés, Magda et Luba contemplaient leurs repères familiers en poussant des cris de joie — le vieux château royal, la cathédrale, la statue de Kosciuszko. En contournant la place du Rynek, Magda montra les étalages des fleuristes près de la Halle au Drap.

— Regarde, Luba, rien n'a changé !

— Ils vendent les mêmes fleurs qu'il y a huit ans. On dirait qu'ils attendaient notre retour.

Danny s'étonna de leur gaieté nostalgique. Elles avaient risqué leurs vies pour fuir cette ville — mais elle leur avait aussi réservé des joies. Elles préféraient, comprit-il, ne se souvenir que des moments heureux et oublier leurs épreuves.

En passant devant la gare routière, Luba dit au chauffeur de ralentir et montra le bâtiment à Danny :

— C'est de là que je suis partie pour te trouver, dit-elle en souriant.

Ils descendirent à l'hôtel Orbis, où Luba avait retenu une suite comportant deux chambres et deux salles de bain. Danny prit la plus petite, les deux femmes la plus grande.

— Rafraîchissons-nous avant que nous te fassions visiter la ville, dit Luba.

Magda ajouta quelques mots en polonais, Luba approuva avec enthousiasme.

— Autant que vous le sachiez tout de suite, dit Danny en riant, je ne parle pas polonais.

— Magda proposait simplement que nous allions dîner de bonne heure à l'Hippocampe — le Kon Morski, le restaurant dont je t'avais parlé.

Danny s'en souvenait. C'était là que Stash les emmenait et que Luba avait bu de la vodka pour la première fois.

Pendant que Magda défaisait les valises, Danny alla se préparer dans sa chambre. Luba l'y rejoignit presque aussitôt.

— Je n'oublie jamais une promesse, lui dit-elle.

— Tu veux dire... Magda et toi ?

— Oui. Elle est d'accord.

— Quoi ? Tout de suite ?

— Non, plus tard, quand nous aurons dîné.

Bien sûr ! se dit-il en souriant. En quel autre endroit pouvaient-elles mieux satisfaire ce fantasme ? Par la fenêtre de sa salle de bain, il regarda la ville dont Luba lui avait tant parlé, les rues qu'elles avaient parcourues, les cafés où elles rencontraient leurs amis, leurs clients, sans parler des policiers qu'elles s'efforçaient d'éviter... Rafraîchi, reposé, il avait hâte d'explorer la ville avec elles. Il les avait maintenant toutes les deux pour lui, pour lui seul. Il s'en remettait aveuglément à Luba.

Quand il les vit sortir de leur chambre, Danny hésita à les reconnaître. Ses cheveux coiffés en deux tresses, Luba portait une jupe courte avec une blouse ruchée, Magda une jupe longue serrée à la taille par une large ceinture ; sa blouse décolletée dévoilait la naissance de ses seins ; elle avait les yeux cernés d'un large trait de mascara, les lèvres très rouges. Ce n'était plus une femme mûre, usée par le travail, mais une jeune femme séduisante et sensuelle, telle que Danny l'avait vue sur ses anciennes photos.

En riant comme des écolières, elles prirent Danny chacune par un bras en se serrant contre lui.

— Maintenant, nous partageons tout, dit Luba.

— Absolument, approuva Magda.

Il sentait d'un côté l'opulente poitrine de Magda se presser contre lui, de l'autre celle plus menue de Luba. D'un élan impulsif, il les embrassa l'une après l'autre. En riant, Magda effaça du doigt le rouge resté collé sur ses lèvres.

— Allons conquérir Cracovie !

La place du Rynek était noire de monde. On déployait des guirlandes sur le kiosque à musique, des drapeaux aux fenêtres ; dans un coin de la place, on voyait de grosses têtes de carton pâte appuyées aux murs.

— Que préparent-ils ? Un carnaval ?

— Nous avons de la chance, c'est la fête du *Lakjonik*. Cracovie célèbre sa victoire contre les Tatars.

Luba se tut soudain et tendit l'oreille, en extase. On entendait au loin la musique d'un limonaire.

— Allons dîner ! dit-elle quand la musique eut cessé.

Danny reconnut l'endroit comme s'il y était déjà venu, tant la description de Luba avait été précise : le long comptoir d'acajou à l'entrée, les filets de pêcheur, les murs blancs. Il était encore tôt, le restaurant était presque désert. Magda commanda pour eux trois de la carpe, qu'ils dévorèrent de grand appétit. Ils n'avaient rien mangé depuis leur départ de Londres. Etait-ce le matin même? Danny avait l'impression d'être dans un autre monde, dans un autre siècle.

— Oh, regarde! dit Luba. Le même musicien!

Un homme en costume tzigane venait d'entrer. Magda se leva et alla lui parler.

— Es-tu content d'être ici? demanda Luba à Danny.

— Oui, très.

— Tu le seras encore plus tout à l'heure.

Tout se passait si facilement, si normalement... Il dut faire un effort pour contenir son impatience. Le serveur leur rapporta de la vodka. Magda revint en battant des mains, comme une écolière:

— Il va jouer ma chanson préférée!

La mélodie était belle. Magda chanta à l'unisson d'une jolie voix chaude et sensible. Danny prit la main de Luba.

— Traduis-moi les paroles.

— *Quand tu es entré dans ma vie, je t'ai donné mon cœur. Et quand tu es parti, je n'avais plus de cœur à donner à personne,* fredonna-t-elle en l'embrassant sur l'oreille.

Ils applaudirent le musicien, burent à sa santé. Mis de joyeuse humeur par la vodka, ils quittèrent enfin le restaurant. Tirant Danny chacune par un bras, Luba et Magda discutèrent de ce qu'il fallait faire. Avec un fou rire, ils tombèrent finalement d'accord pour traverser le Rynek où la fête battait son plein. Montés sur des chevaux de carton, des hommes en costumes tatars faisaient semblant de se battre avec les Polonais.

Dans la bousculade, Danny perdit de vue les deux femmes et se fraya un chemin dans la foule en criant leurs noms, en regardant de tous côtés. Il allait paniquer quand il se sentit empoigné par les bras:

— Tu ne nous échapperas pas comme ça! dit Luba en riant.

Elles l'entraînèrent vers un café installé sous les arcades de la Halle au Drap. Il y avait des tables jusque sur la chaussée, un orchestre jouait une polka, les gens dansaient. La patronne reconnut Magda et l'embrassa, dans un déluge de paroles et de rires. Elle apporta une bouteille de vodka à leur table et donna une tape dans le dos de Danny:

— Bienvenue, *Amervkanski*! Amusez-vous!

Magda versa à boire :
— Un dernier verre et nous rentrons mettre Danny au lit !
Pendant qu'ils buvaient, des hommes s'arrêtèrent devant la table, firent des réflexions qui soulevèrent l'hilarité de Magda et de Luba et les invitèrent à danser. D'un geste de la main, Magda les éconduisit avec bonne humeur.
— Le dernier ! répéta-t-elle en remplissant de nouveau les verres. Après, nous ramenons Danny à l'hôtel.
En riant, ils vidèrent leurs verres cul sec. Un jeune marin s'approcha et offrit un œillet rouge à Magda.
— Cela vaut bien une danse, Magda, dit Danny. Allez-y !
Magda mit l'œillet à son oreille et partit en tournoyant dans les bras du marin. Luba se serra contre Danny.
— Je suis si contente de voir ma mère s'amuser autant.
— Moi aussi, elle a rajeuni de dix ans.
La grâce, la légèreté de Magda l'étonnaient, sa gaieté faisait plaisir à voir. Comment, se demanda-t-il, cette femme avait-elle pu se prostituer ? Et Rachel, sa sœur ? La réponse lui vint d'elle-même : parce que si l'on veut survivre, on fait ce que l'on doit — si on en a le courage. Magda serait-elle une autre femme si son mari ne l'avait pas abandonnée ? Sans doute serait-elle devenue une bonne ménagère et aurait fini ses jours à Brodki. Mais sûrement pas Luba, se dit-il en la voyant vibrer au rythme de la musique et taper dans ses mains. D'une manière ou d'une autre, Luba serait partie.
En passant devant la table dans les bras de son danseur, Magda lança son œillet à Luba. Danny lui sourit, leva son verre. Oui, se dit-il, Magda est une bonne mère. Elle ferait n'importe quoi pour faire plaisir à sa fille. N'importe quoi...
Cette réflexion lui ouvrit tout à coup les yeux et le mit mal à l'aise. Luba le tira par la main :
— Viens, Danny ! Amusons-nous comme les autres. Je vais t'apprendre des danses polonaises.
— Merci, ce n'est plus de mon âge ! répondit-il en riant. Va danser, toi. Je crois que je vais rentrer à l'hôtel.
— Alors, je rentre avec toi.
— Non, non, reste avec Magda. Je suis fatigué, je préfère aller me coucher.
Le sourire de Luba s'effaça.
— Mais... je t'avais promis...

— Je sais, Luba, et je t'en suis reconnaissant. Mais, dis-moi, pourquoi avoir attendu si longtemps ? Pourquoi n'avoir pas tenu plus tôt ta promesse ?

— Parce que je ne voulais pas te perdre, dit-elle en le regardant dans les yeux. Je croyais que c'était le seul moyen qu'il me restait pour te faire revenir à moi.

— Non, Luba. Je suis revenu parce que j'ai besoin de toi. Et puis, entre-temps, j'ai appris quelque chose...

Il lui prit le visage entre ses mains, le leva vers lui :

— Vois-tu, Luba, je sais maintenant qu'il y a certains rêves qu'il vaut mieux ne jamais réaliser.

Elle le regarda pensivement. Danny se leva.

— Tu ne veux vraiment pas que je te raccompagne ? Tu ne connais pas la ville, tu vas te perdre.

— Rassure-toi, je retrouverai mon chemin.

***

Quand Danny ouvrit les yeux, Luba dormait paisiblement à côté de lui, un léger sourire aux lèvres. Rêvait-elle à ce qui s'était passé la veille au soir, quand elle s'était glissée dans son lit et l'avait réveillé par le contact de sa peau nue ? Sans dire un mot, ils avaient fait l'amour avec tendresse avant de se laisser emporter ensemble par le sommeil.

Au loin, Danny entendit l'écho d'un limonaire. Il eut une vision du manège qui ralentissait, s'arrêtait, des chevaux peints de vives couleurs, écaillées par endroits. Il était las de tourner en rond. Maintenant, il voulait descendre. Il avait autre chose, il avait mieux à faire.

Levé sans bruit, il se doucha et s'habilla, en éprouvant l'étrange sensation d'être très jeune et très vieux à la fois. Il sentait confusément qu'un événement était sur le point de se produire, qu'il allait faire une importante découverte. Sa toilette achevée, il se rendit au petit salon qui séparait les chambres, décrocha le téléphone et dit au concierge de confirmer la réservation du billet d'avion qu'il avait commandé la veille au soir. Il regagna ensuite sa chambre pour faire sa valise. Luba se réveilla, bâilla, s'étira.

— Je te croyais mort de fatigue, dit-elle en souriant.

— Je suis habitué à me lever de bonne heure.

Elle baissa les yeux et remarqua alors la valise.

— Où vas-tu?
— En Suisse, à Lausanne.
— Viens, Danny.
Il s'assit près d'elle sur le lit.
— Hier soir, au café, tu m'as dit que tu avais appris quelque chose. Eh bien, moi aussi
— Quoi donc?
— Je me suis beaucoup amusée hier soir avec Magda, comme nous le faisions naguère, dit-elle en le regardant dans les yeux. Mais je sais maintenant que je ne serai jamais plus une putain. Qui sait? ajouta-t-elle en pouffant de rire. Je deviendrai peut-être une artiste célèbre.
— Je te le souhaite du fond du cœur, dit-il en lui prenant la main. Tu le mérites, Luba. Toi, au moins, tu as su rester honnête et franche dans un monde de mensonge et de malhonnêteté. Moi aussi, je m'en suis rendu coupable.
Il se leva, prit sa valise.
— Ne pars pas, Danny!
Poussée par une crainte soudaine, elle courut dans le petit salon et se tint devant lui, nue, fragile, vulnérable.
— J'ai besoin de toi, murmura-t-elle.
— Moi aussi, j'ai besoin de toi. Je te dois tant...
Une larme roula sur la joue de Luba. Pour la première fois, il la voyait pleurer.
— Te reverrai-je un jour?
A la porte, il se retourna avec un large sourire:
— Pas plus tard que la semaine prochaine — à Londres!
Elle courut se jeter dans ses bras. Et tandis qu'il la serrait contre lui, il se rendit compte combien il était facile de prononcer certains mots, du moment qu'ils exprimaient un sentiment sincère.
— Je t'aime, Luba. De tout mon cœur.
Ce n'est qu'après l'avoir dit qu'il fut capable de s'écarter d'elle.

Epilogue

1988 : TRIESTE

Penché au hublot, Danny regarda le paysage qui défilait sous lui. Un train, pas plus gros qu'un jouet, serpentait le long d'une rivière. Luba et sa mère étaient-elles passées par là en fuyant la Pologne? Magda, Luba, aussi indissolublement liées l'une à l'autre quand elles étaient captives à Cracovie que pendant et après leur évasion vers la liberté. Leurs liens étaient trop étroits, trop puissants pour se briser jamais.

Il ne souffrait plus en pensant à *Everyman*. Il avait réalisé ce dont il rêvait depuis des années, il avait échoué faute de discerner le ferment de corruption qu'il portait en lui. Pour avoir trop longtemps travaillé dans un univers de faux-semblants, il avait confondu le mensonge et la vérité.

Danny se rendait en Suisse, comme il l'avait dit à Luba. Il avait seulement omis d'ajouter qu'il voulait faire auparavant une escale indispensable.

A peine l'avion eut-il atterri à Trieste que Danny sauta dans un taxi.

— Quel hôtel, monsieur? demanda le chauffeur.

— Je ne vais pas à l'hôtel. Conduisez-moi à San Sabba.

— A San Sabba?

— Oui.

Le chauffeur haussa les épaules et démarra.

La voiture s'arrêta devant un bâtiment sombre, situé désormais près du centre de la ville dont le développement l'avait absorbé au fil des ans. Au-dessus de la grille, sur un panneau aux caractères délavés, on pouvait encore déchiffrer LA RISIERA DI SAN SABBA.

Il était revenu. La boucle était bouclée. Ici avaient péri sa mère, son père, sa sœur. Ici, dans ce lieu de ténèbres, restaient tapis les fantômes qui l'avaient hanté toute sa vie. C'est d'ici qu'émanaient les souvenirs qui n'avaient cessé de le tourmenter, c'est ici que grouillaient les démons qui avaient empoisonné son existence. Comment pouvait-il espérer sauver Patricia tant qu'il ne se serait pas libéré de leur emprise ? Comment prendrait-il soin des vivants sans avoir d'abord enterré les morts et donné le repos à leur âme ?

Il contempla l'entrée. On avait changé la grille. Dans une guérite, un vieil homme vendait les tickets d'admission. Danny paya, entra à pas lents. Cette étroite allée sablée, il l'avait parcourue pour la première fois en tenant la main tremblante de Tateh. Le soupirail où il se perchait et d'où il avait été témoin de tant d'horreurs était toujours là mais, aujourd'hui, la grande cour était déserte.

Il était le seul visiteur. La Terre tourne, la vie continue, les gens oublient. Certains nient la réalité de ce qui s'était produit. Danny avait lui aussi voulu la nier. Et pourtant, elle était là, tangible, à San Sabba, lieu de souffrance et de mort — comme d'autres, trop d'autres lieux. Il entra dans un local aux murs blancs, immaculés, sans rien de sinistre en apparence. Dans la pièce voisine, on voyait deux fours côte à côte, pourvus de châssis métalliques mobiles longs d'environ deux mètres. Etait-ce vraiment là qu'on incinérait les corps ? N'y faisait-on pas plutôt cuire du pain pour nourrir les pauvres Juifs affamés ?...

Danny franchit une autre porte. De chaque côté, sur des étagères, des calottes et des livres de prière en hébreu étaient à la disposition des visiteurs. Il en prit un de chaque et s'avança le long d'un corridor, jusqu'à la salle où se déroulaient les simulacres de procès des Juifs accusés de crimes imaginaires.

Il fit le tour de la pièce. Aux murs, des photos bouleversantes, des dessins, beaucoup de dessins d'enfants — des fleurs, des oiseaux, des animaux dont ils avaient emporté dans la mort le souvenir gaiement colorié. Danny trouva enfin ce qu'il cherchait et qu'il n'avait plus revu depuis que son père avait achevé son dernier point de soudure: la Crucifixion.

Il reconnut aussitôt le socle, accumulation de boulons et d'engrenages symbolisant la machinerie nazie, le torse décharné, formé de bandes de métal mat enserrant un morceau de cuivre brillant — le *neshamah*, l'âme du crucifié. De l'un des bras cloués au bois pendait le morceau de tissu blanc, maintenant jauni, où l'on distinguait encore l'Etoile de David bleue. Le regard de Danny s'attarda sur le visage douloureux qui exprimait toute la souffrance du peuple juif. Depuis son enfance, il s'était renié en prétendant ne pas être Juif. Devant la sculpture de son père, il se posa de nouveau la question : et si le Christ était vraiment le Messie ? Pourquoi ne pas l'admettre une fois pour toutes et se libérer à jamais de l'écrasant fardeau d'une religion qui plonge ses fidèles dans de constants tourments ? Pourquoi ne pas choisir le paisible repos de la conversion ? Pourquoi s'accrocher à une croyance millénaire, à cette tradition d'un Dieu vengeur et redoutable, exigeant la soumission absolue à des règles impossibles à respecter ? Il avait voulu devenir un gentil par refus des épreuves auxquelles s'expose un Juif. En réalité, il n'y avait jamais échappé.

S'Il semble impitoyable, le Dieu des Juifs réserve pourtant des récompenses à ceux qui portent le fardeau sans murmurer. N'a-t-Il pas toujours vaincu les ennemis de Son peuple — Babyloniens, Egyptiens, Romains, nazis ? N'a-t-Il pas accordé aux Juifs des talents d'autant plus éclatants que leur nombre sur Terre est infime — composer des chansons que chantent tous les hommes, écrire des livres que lit le monde entier, reculer sans cesse les limites de la science ? Et même, faire des films qui émeuvent ou distraient tous les peuples ?

Ici, à San Sabba où sa famille avait souffert et péri, Danny comprit enfin qu'on n'échappe pas à son destin.

Je dois endurer mon tourment, dit-il à voix haute, parce que je suis un Juif. Coiffé de la calotte, les yeux clos, il se prosterna devant la Crucifixion. Dans les flammes vacillantes des bougies du Sabbat, il revit le doux visage de sa mère, les traits ascétiques de son père. Leur amour l'avait fait venir au monde, lui, Moishe. De l'autre côté de la table, il revit le beau visage sensuel, les hautes pommettes, les cheveux soyeux et les grands yeux sombres, à la fois tendres et ardents, de sa sœur Rachel.

Ils étaient morts tous les trois, morts ici, avant sa bar-mitsva. Seul devant le tribunal du souvenir, il prononça les mots que tout jeune garçon juif proclame quand il atteint l'âge de treize ans: « Aujourd'hui, je suis un homme! »

Il rouvrit les yeux et contempla le crucifix à travers ses larmes. « Tateh, je vous avais renié — et vous aussi, Mameh et Rachel, murmura-t-il. Pardonnez-moi. »

Alors, il se releva, ouvrit le livre et entonna d'une voix forte la prière des morts que, depuis quarante ans, il refusait à l'âme des siens.

Après avoir enfin enterré ses morts, il était capable de s'occuper des vivants. Maintenant, il avait le courage de clamer son secret à la face du monde, d'effacer les misérables mensonges sur lesquels il avait cru pouvoir bâtir sa vie.

Maintenant, il pouvait aller en Suisse. Il était prêt pour Patricia.

En franchissant les grilles de San Sabba, Danny crut sentir la grande main de Tyrone qui le tenait fermement. Il s'arrêta sur le seuil, se retourna, contempla une dernière fois la haute cheminée noire qui se profilait sur l'azur du ciel.

***

Quelque part dans le Sud de l'Allemagne, sur le toit de chaume d'une vieille grange, une cigogne de métal battit des ailes et s'envola vers le soleil.

Cet ouvrage a été composé par EUROCOMPOSITION (Sèvres)
et imprimé par la SEPC à SAINT-AMAND-MONTROND (Cher)
pour le compte des Éditions Olivier Orban
3, rue de l'Éperon, 75006 Paris

Achevé d'imprimer le 19 octobre 1990

Imprimé en France

N° d'édition : 661 - N° d'impression : 2392.
Dépôt légal : octobre 1990.